別讓壓力毀了你

壓力會毀了一個人
壓力也能造就一個人

overwhelming force

揹負壓力前行是我們的時代特徵，人生要過得精彩，就要不斷找尋壓力，

學會釋放壓力，在二者之間找到平衡點。

正確的看待壓力、利用壓力，一個人才能活出自己應有的風采。

「我們錯誤地理解了世界，卻說世界欺騙了我們。」泰戈爾如是說。

人們為自己創造了無窮無盡的壓力，卻說壓力使一切都變得痛苦、變得陌生、變得很難，這是多麼的可悲。要知道，正是因為壓力的的存在，才推動著時間的車輪在進步的通路上不停地滾動著，前行著，你才能享受到今生今世的舒適與美好。

是的，壓力無處不在。雖然它不以實體形式出現在世人面前，但卻沉甸甸地駐紮在心靈城堡之中。它無時無刻不在以自己特有的方式粉墨登場，侵襲著你的身體、你的意志、你的靈魂。在壓力面前任何人都只有兩種選擇：成者王侯敗者寇。

壓力困擾著你的身體，奪走健康，奪走活力，不過是個小小的警告，讓你對待寶貴的生命態度認真起來。

壓力打亂了生活的安逸，偷走你的得意和失意，只

不過是施展畫筆讓你的時光變得五彩斑斕。

壓力席捲了工作和事業，成就了英雄，製造了小丑，只不過是為了篩選出讓幸運之神鍾愛的人。

壓力改變著生存的環境，紅了櫻桃，綠了芭蕉，只不過是提醒人們珍視一切存在的美麗。

對待壓力，你逃避，它就恥笑你；你爭鬥，它就崇拜你。對待壓力，不僅需要一種從容的豁達，更需要懂得讓它為生活添上神來一筆，對待壓力，智者樂於與之為伍，勇登華山之巔，愚者恐避不及，將自己緊緊裹在平庸的殼裏，作繭自縛。

既然我們生活在這個時代，不能選擇，不能逃避，就要明白，種下一棵果樹，就會收穫滿樹的果實；種下一株花朵，就能擁有流溢的芬芳；種下一種積極的心態，就將得到幸福的生活。

壓力不是魔鬼，不是噩運，而是你成功之路上同甘共苦的親密夥伴。

每個人都渴望成功，夢想著開闢出自己的一片天地。如果沒有動力，「人」這台高精確的機器是不會運

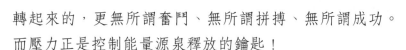

轉起來的，更無所謂奮鬥、無所謂拼搏、無所謂成功。而壓力正是控制能量源泉釋放的鑰匙！

然而，值得注意的是壓力也是出色的變臉演員，當加在身上的負擔過了沉重時，也足以讓你剎那間土崩瓦解，灰飛煙滅。

所以人生要過得精彩，就要不斷找尋壓力，學會釋放壓力，在二者之間找到制衡點，才能讓生命之花在最合適的季節開得燦爛輝煌，才能以成功的姿態，驕傲的在時光日記裏加入自己的名字。

別讓壓力毀了你，不僅是成功者的告誡，不僅是時間證明的一種態度，更是處在挑戰之中的你不斷叮囑自己、催促自己、保護自己的有力武器。人不可一日無壓，否則生命將會被耽擱，機會將會被浪費。只是面對壓力，要用的巧、用的妙，讓它自始至終都在為你服務，切不可喧賓奪主。

現在，讓我們一起來領略壓力、欣賞壓力、排解壓力的人生智慧吧，相信萬事俱備只欠東風的你，在品嘗文字的時候，能夠感受到釋放出來力量的光輝。

Contents
目次

chapter 03
別讓壓力毀了心理健康

chapter 04
別讓壓力毀了工作和事業

chapter 05
別讓壓力毀了親情和友情

chapter 06
別讓壓力蒙蔽了感受美好的眼睛

chapter 07
把外在壓力化為激發自己的動力

chapter 08

遵循緩解壓力的黃金法則

chapter 09
沒有壓力，人生註定黯淡無光

chapter 01
不得不生活在壓力之中

當有人問你為何總是忙忙碌碌，你會抬起頭來無可奈何地報之一笑：「壓力大啊。」

壓力！沒錯，就是它進攻著我們寶貴的青春年華和美麗人生。但是在生活中，在這個四周充滿競爭的社會裏，誰要是拒絕壓力，誰就註定無法生存。

這個世界上未知的事情太多，我們無法超越科技，卻可以接受現實；我們無法預知未來，卻可以把握現在。作為一個現代人，只有善於找出壓力、控制壓力並且合理地排解壓力、利用壓力，才能以從容的姿態去積極面對生活，進而向人生更高層次求得發展。

1／壓力猛於虎

　　每個現代人都承受著許許多多的壓力，無論你是剛上學的孩子、大學生，還是為人父母者；無論你是普通職員、企業老闆、演藝明星還是賦閒在家，早已退休。壓力都是促使我們奮發向上或是過早的退出人生舞臺的決定性力量，並且在某種程度上，可夠得上被稱作為一種真理的資格。難道不是嗎？沒有壓力的生活就意味著不必在乎時間，不必在乎上學、工作，不必在乎職位，不必在乎親朋好友，不用關心你的伴侶、孩子和寵物……這樣的生活，你能忍受得了嗎？而忍受本身就是一種明顯的壓力吧？你說你能逃離壓力的控制嗎？

　　如果不相信，請試想一下，你是否曾經出現過危機意識？是否消沉過，是否有過深深的憂慮和懊悔？是否莫名其妙地感到苦惱、嫉妒、痛苦？是否猜忌過某人某事，是否悲哀和厭煩過？其實，只要擁有正常的人生，就會明白這些東西猶如空氣一樣緊緊籠罩著你，一天二十四小時，包括你的做夢時間，而你卻無法拒絕它的存在。

　　因此我們每天每時每刻每分每秒，可以說都不會有脫離壓力的真空狀態！如果你覺得不可思議的話，那生活就消失得一點不剩了。

　　在這裏先舉一個簡單的例子，當你站在海邊高聳的岩石上，肯定會感受到腳底下洶湧的海潮撲面而來的危險氣息。這時候你也肯定已經對自己說了幾千幾百個小心、小心、再小心。除非你早已想自殺，否則一定沒有傻呼呼的還在岩石上亂跑亂鬧的可能。這就是壓力所帶給你的感覺，有點恐怖，同樣有點奇妙。

　　可以說，適當的壓力能使你以積極樂觀的態度，在這個我們必須為了滿足越來越高的期望值變得日益複雜的社會中努力工作、生存；然而，承受過高的壓力卻不見得是一件好事情，超標的壓力就像超重的大漢一樣，乍一來到身邊就會讓你感到威脅，精神遭到沉重的打擊，行為也會不由自主地惡化，不過話說回來，過低的壓力更會使你

對生活感到厭倦而毫無勇氣和信心。

　　所以千萬別小看壓力！它可是擁有指揮一個人存在這個世上的強大力量的！

　　今天的你我，雖然不必再為了食物而與野獸博鬥。但自從進入工業社會至今，人們再也無法享受心靈的寧靜卻是個不爭的事實。機器的鐵血侵入，使本來就已複雜的令人頭痛的人與人之間的競爭，人與自然之間的競爭，又多了一個可怕的同盟者——人與機械的競爭。無辜的人們束手無策的生活在這據說是讓我們越來越舒適，而壓力卻無休無止的生活中難以自拔。如果你選擇了逃離壓力，你也就不會再去創造，對社會也就毫無價值可言了。所以在你拋棄努力的同時，世界也無情的拋棄了你。

　　翻一翻報紙，會發現人原來是這樣脆弱的一種生物！在號稱高科技的今天，越來越多的菁英分子因為壓力而以「犧牲」健康為代價，獻給了所謂的帶給他們「幸福生活」的工作，「鞠躬盡瘁，死而後已」；有多少不堪重負的稚嫩心靈，滿懷痛苦和失望的踏上了報復社會的不歸路；有多少「邊緣人」在現實和理想的夾縫中苦苦掙扎以求生存呢？

　　壓力猛於虎絕不是誇大其談，更不是危言聳聽，如果不對它提高警惕，你的生活就會被剝奪的只剩下「糟糕」二字了！

2／敢問壓力在何方

　　壓力這個東西，歸根究底是來源於你的日常生活，是你對生活的需求或是一些特殊的標準，並且為了這個目的不停的尋找轉變的方式和能量（金錢）。在你有了理想、有了希望的同時，壓力也就應運而生了。這時如果你不能擺正心態，不能端正態度，不能學會控制，壓力就會得寸進尺的進一步侵入，引發一系列的身體和精神上的不適。

在你的生活中，你有沒有「一日而三省吾身」？

食品：有沒有每天都吃健康的水果、蔬菜，吃的食物夠健康、搭配夠科學嗎？是否泡在成堆的垃圾食品中變成「癮君子」還不知道及早抽身？

睡眠：你每天一早醒來，能感到放鬆和神清氣爽嗎？是不是迫不及待地想做伸展運動呢？心情愉快嗎？有沒有微笑著想和每一個人打招呼的衝動？在入睡前，你是否很快的就能見到周公，還是服用了安眠藥才能擺脫「長夜漫漫，孤枕難眠」的苦惱呢？

環境：你與周圍的鄰居相處和諧嗎？你對所在的城市環境和空氣品質是否滿意？車子是否能在馬路上凱旋高歌暢通無阻呢？你能友善的對待每一個人嗎，包括怯生生的向你走過來乞討的老者？

身體：最近有沒有不舒服？別人是怎麼看我的，覺得我不夠年輕，不夠迷人嗎，還是太胖了？

習慣：你有喝酒、吸煙的習慣嗎？你每天都兢兢業業的「遵守」和履行這些習慣嗎？

工作：你能給現在的工作打幾分？對老闆的評價如何，在老闆身邊工作是否感到安全？對於競爭，你應付得來嗎？你對公司來說有沒有被委以重任的價值？你對薪酬感到還滿意嗎？

家庭：你的家庭是不是很幸福？伴侶、子女、父母、親戚之間是否都能相處的十分融洽？如果出現問題，你會不會感到措手不及而毫無招架之力呢？所有的家庭關係玩的轉嗎？要知道，如果一招不慎，你很可能就滿盤皆輸了！

從上述問題中，我們很清楚地看到這樣一個事實：壓力源於生活又作用於生活。很有點哲學的味道吧，確實如此。壓力所帶給人們的不單純是對外在世界的一種匱乏感受，更是一種心理上的壓迫和折磨，並由此所造成的足以將人毀滅的各種各樣的疾病，甚至是自我了斷。

在標榜自由至上的美國，當一些人被問到：「每天生活中多久會

經歷一次壓力」時，40%的人回答是一直；39%的人則認為是有時候。因此也就是有 79%的人，肯定地認為在日常生活中受到壓力的威脅。還有一些調查顯示，一般的上班族到醫院看醫生時，醫生經常對他們所說的一句話就是：「不要有太大的壓力，放輕鬆一點。」它的出現機率達 60%以上。

　　因此如果你想掙脫壓力的束縛，給自己鬆綁，保持各方面平衡發展，處理各種亂糟糟的事情還遊刃有餘的話，主要的可行措施就是想盡一切辦法去努力完善自己、學習生活技能，並積極地挖掘你的個人能力。

　　這一切你都可以以生活為老師，並從中學到足以應付一切麻煩的能力和技巧。生活技能學得越多、越好，你應付生活蹺蹺板另外一邊需求的能力也就越強。這也就是說你應付壓力的技能越好，技術熟練程度越高，你對生活中的各種需求的控制也就越好。換一種說法，就是需要你練就出色的自控力，不去追求不切實際的東西。看到這裏，你也許會說我為什麼不能隨心所欲，而一定要學會控制呢？這是對我權利的一種褻瀆！是的，所有人都需要自由，然而並不是說自由能乖乖的聽每一個人的話。那些對應付能力差的人，同樣也有高標準的需求，為了實現它長期遭受各種不可控制的和不可預見的事情的折磨。就比方說你是一個窮光蛋，卻號稱自己即將擁有一輛賓士S500，同時夜以繼日的搬磚頭賺錢，浪費掉了所有原本用來享受生活的時間。這些人能感受到的就是慾望，就是痛苦，就是折磨。他們無法控制要求，卻沒有能力去實現自己的夢想，讓不完善的自己承受了過大的壓力。人們在有所追求的時候，根本無法預感和躲避即將來臨的困難。所以往往會手忙腳亂。沒有人可以完全自由的編寫自己的劇本，因為命運偶爾也會給我們帶來一些預料不到的事情。然而控制生活中慾望的實現能力是每個人都擁有的。讓這種原本封印在體內的能量改變你的人生軌跡，卻是笑對壓力、擺脫壓力最為重要的因素。因此馬上行動起來吧！

3 ／ 尋找屬於自己的人生座標

　　一個人生活在這個紛繁複雜的社會上時，該給自己一個怎樣的位置呢？是忠是奸是人才還是蠢材，都取決於你的付出和努力。這個座標決定著你的一生是否有取得成功的可能及所取得成就的大小。想要攀上珠穆朗瑪峰的人的腳步不會停留在平地，心甘情願為奴為婢的也不可能做生活的主人。

　　古時候一位道行高深的禪師，為了啟發他的門徒，給了他一塊石頭，叫他去菜市場試著賣掉它。這塊石頭又大又漂亮，但禪師告訴他的弟子說：「不要賣掉它，只是試著賣掉它。注意觀察，多問一些人，然後只要告訴我，在菜市場它能賣多少錢？」這位門徒照吩咐去了，在菜市場出的價格只不過是幾枚小硬幣。

　　師父說：「現在你再去黃金市場問問。」從黃金市場回來，這個門徒很高興地說：「這些人太棒了，他們樂意出到一千兩。」師父說：「現在你去珠寶商那兒，他們肯定會出五萬兩，十萬兩，二十萬兩，三十萬兩，甚至更高。」

　　認識到價值和能力，懂得自己能有幾斤幾兩，是需要花費一些心思的，你不能只在菜市場上尋找你的價值，為了「賣個好價錢」，你必須具有高瞻遠矚的姿態，讓別人把你當成寶石看待。為了使自己能得到充分發展，進行全面準確的個人評價是非常必要的。你需要記住這樣一個準則：掌握自己的命運，決定自己的價值！

　　有許多人生活得很不快樂，抱怨命運對自己多麼多麼的不公平，不是懷才不遇就是命運多舛。他們總是喜歡羨慕那些事業有成之士，盲目效仿別人去做某件事，而不知道自己是否擅長。他們不能認清自己的專長，瞭解自己的能力，結果自然是徒勞。其實每個人都有許多能力，但總有一種能力是最擅長的。只有找到最擅長的事，才能最大限度地發揮自己的潛力，調動自己身上一切可以調動的積極因素，並

把自己的優勢發揮的淋漓盡致，從而獲得成功。反之，那些不知道自己擅長做什麼事的人，總在彆彆扭扭的做著自己不喜歡、不擅長的事，以至於在工作中沒有足夠的熱情，感到生活也是毫無色彩、毫無希望的。在這些人身上自然找不到生機勃勃，而只是說不盡的痛苦、道不盡的壓力了。

　　給自己一個準確的定位，成就著你不一樣的人生。

　　汽車大王福特從小就在頭腦中構想能夠在路上行走的機器，用來代替牲口和人力，而全家人都要他在農場上做助手，但是福特堅信自己可以成為一名機械師。於是他用了一年時間就完成了別人要三年的機械師培訓，隨後他花兩年多時間研究蒸汽原理，試圖實現他的夢想，但是沒有成功。隨後他又投入到汽油機研究上來，每天都夢想著製造一部汽車。他的創意被發明家愛迪生所賞識，邀請他到底特律公司擔任工程師。經過十年努力，他成功的製造了第一部汽車引擎。福特的成功，完全歸功於他的正確定位和不懈努力。

　　邁克爾在從商以前，曾是一家酒店的服務生，替客人搬行李、擦車。有一天，一輛豪華的勞斯萊斯轎車停在酒店門口，車主吩咐道：「把車洗洗。」邁克爾那時剛剛中學畢業，從未見過這麼漂亮的車子，不免有幾分驚喜。他邊洗邊欣賞這輛車，擦完後，忍不住拉開車門，想上去享受一番。這時，正巧領班走了出來，「你在幹什麼？」領班訓斥道：「你不知道自己的身分和地位？你這種人一輩子也不配坐勞斯萊斯！」受辱的邁克爾從此發誓：「這一輩子我不但要坐上這種名牌車，還要擁有自己的高級車！」這成了他的奮鬥目標。許多年以後，當他事業有成時，果然買了一輛勞斯萊斯汽車。如果邁克爾也和領班一樣認定自己的命運，那麼也許今天他還在替人擦車、搬行李，最多做一個領班。人生的目標對一個人來說是何等重要啊！

　　人生能否活的灑脫和飄逸，在於能否給自己一個準確的定位，一個合理的理想。如果聽天由命，不管做什麼事情都一味低調、好逸惡勞的話，肯定是會被生活所鄙視拋棄的。這時候難道你還在埋怨生活

給你的壓力過大嗎？其實這個枷鎖是你自己加上的。

　　這個世界上有太多的人搞不清自己的角色，不知道什麼樣的鞋子才最適合自己的腳。穿上了才發現夾的趾頭痛得很，可是到了這個時候往往就會被鞋子帶來的壓力絆個嘴吃泥。因此在生活上、在工作中尋找自己的那個座標重要極了，沒有了它，你很可能連飯都吃不上，還談什麼發展成就，談什麼瀟灑？

　　既然一個準確的人生定位那麼的重要，應該怎樣尋找呢？

　　❶ 搞清楚自己的性格特點。有許多工作痛苦的人都覺得工作簡直就是一種人生的煉獄，而自己必須年復一年日復一日的忍受著。其實這是由於你在找工作的過程中，錯誤的估計了你自己。也許你當時的想法是這份工作對我來說簡直太容易不過了，把它搞好就跟玩兒似的，但事實上你根本做不好它，這就是你給自己定位錯誤的結果。這個世界上有許多事情看起來很容易，但實際上卻困難重重，不要以為每個人都可以去做銷售人員，如果你沒有出色的抗打擊能力，沒有外向活潑的性格，那麼總有一天你會被這項工作折磨的發了瘋。

　　❷ 尊重自己的興趣愛好。可能你是學理工科出身，但是從中學開始起你就為了實現自己的作家夢而努力著，到現在參加工作了仍然筆耕不輟。不要白白浪費掉你這麼多年來的心血和汗水，堅持下去，終有一天你能躋身你所感興趣的行業當中去的，只是個時間問題。

　　❸ 正視自己的不足之處，不要一味的幻想自己的人生。給自己一個人生定位的時候，千萬不能夠想當然，以為自己怎麼想，事情就會怎麼發展，這是極其錯誤的想法。無論何時，你都必須根據自己的實際情況和現實條件做出合理的判斷，否則你的生活只能以失敗告終。

　　❹ 對於人生定位，你不能對自己太過寬容，否則的話你沒有了奮鬥的力量。要時刻把眼光抬得高一點，使勁盯住自己夢想的那個金字塔的最高點，這樣你就會更加鬥志滿滿，也更有可能獲得成功。如果你告訴自己不必那麼辛苦，反正生活有一點進步就行，那麼你永遠

不會得到成功的最高獎賞，也永遠擺脫不了小人物碌碌無為的命運。

想要自己的人生過得優美一點，就得給自己訂的方向高一些。雖然在奮鬥過程中，可能你會承受比庸庸碌碌的人們多若干倍的壓力，但是當你到達人跡罕至的成功頂峰時，就再沒什麼能有力量來和你爭和你鬥了，壓力，還敢找上已無所畏懼的你嗎？

4 ／ 求全責備的生活不快樂

沒有完美的世界，也沒有完美的人生，有時候目標與現實之間，只差一點點而已。如果你抱著自己的完美理想不放手的話，就會招惹來無窮無盡的煩惱的糾纏，相反，在完美與不完美間尋找一個平衡點，你的生活將會快樂輕鬆很多。

有些人活著，就是以完美地過完自己的每一天為目標的。當他看到房間裏沾上了一些塵土灰塵時，會驚呼！趕快進行了一次大打除；當他看到自己的鼻子、嘴巴或是某某部位不如別人時，會大叫：我也要那張臉！於是不惜大動干戈讓人拿刀子給自己畫個大花臉；當他看到電視裏插播的泡著花瓣的浴缸，會馬上跑去買一個，他有潔癖，一天洗手好多次；他總是願意讓自己看上去永遠一絲不苟，連頭髮也梳理的嚴整些；他總是願意別人說他：「看！人家過的多細緻！」他喜歡別人稱呼他並且也自詡為：「我是完美主義者。」

事實上，完美主義唯一的好處在於有時你能獲得比較好的結果，與此同時，在你努力取得完美時，你可能感到緊張、忙碌，不安，發覺很難放鬆。你很可能對人對己都吹毛求疵，因而損害了你的人際關係和心理健康。並有可能使你害怕失敗所帶來的不完美境地，而拒絕發起向生活的挑戰，最終成為一個生活上的徹底失敗者。

作為一名完美主義者，如果你未能達到某一目標就感到自己在那些方面徹底失敗了，因而深深地自責和痛苦。無論你做得再多再好也

不會令自己滿意，而是不斷地追求更高的目標。儘管這些在他人看來已經十分了不起，你也可能會對自己有更苛刻的要求，害怕暴露自己的缺點，只想將自己令人歎為觀止完美無缺的一面呈獻在大眾面前。這種心理一旦控制你久了，便會給你的精神和身體帶來嚴重的影響，那可能是病態的。

　　有時候人們對這種在生活中或是工作中，吹毛求疵、追求完美的壓力所蒙蔽了。認為只有做的「更好」些才會使自己更加幸福，其實大可不必，有時候你的缺陷也是一筆可觀的人生財富。

　　詹姆士‧楊原本是新墨西哥州高原上經營果園的果農。每年他都把成箱的蘋果以郵遞的方式零售給顧客。

　　一年冬天，新墨西哥州高原下了一場罕見的大冰雹，砸得一個個原本色彩鮮豔的大蘋果疤痕累累，詹姆士心痛極了：「完了，這下全完了！我將失去所有的顧客和收入了！」他越想越懊惱，就坐在地上抓起受傷的蘋果拼命地咬起來。忽然，他的動作停頓了，他發覺這蘋果比以往的更甜、更脆，汁多、味更美，但外表的確難看。

　　第二天，他把蘋果裝好箱，並在每一個箱子裏附上一張紙條，上面這樣寫著：「這次奉上的蘋果，表皮上雖然有些難看，但請不要介意，那是冰雹造成的傷痕，是真正的高原上生產的證據。在高原，氣溫往往驟降帶來壞天氣，但也因此，蘋果的肉質較平時結實，而且還產生了一種風味獨特的果糖。」

　　在好奇心的驅使下，顧客都迫不及待地拿起蘋果，想嘗嘗味道：「嗯，好極了！高原蘋果的味道原來是這樣的！」顧客們交口稱讚。

　　這批長相醜陋的蘋果，挽救了幾乎賠掉一切的詹姆士，而且還以它「特殊」的標誌性的模樣而廣開銷路。大受顧客好評。詹姆士也因此大獲成功了。其實生活中盡善盡美的事情真是少的可憐，它們大多有著這樣那樣的缺陷，讓我們感到深深的遺憾。面對缺陷，我們不可一味氣餒、氣憤，更不要自卑、悲觀，將缺陷與它本身的優勢或獨特之處聯繫起來，事情就不會如你所想的那麼失敗了，還有可能的是它

還會成為你人生走向成功的重要力量。

在我們的成長過程中，我們逐漸養成了這樣的信念：我們應該自始至終努力讓生活變得盡善盡美。不幸的是你的期望越高，往往失望也越大。由於對自己的要求過高，給自己施加了過多的壓力，就會束縛住自己的手腳，迫使你最終放棄了努力，以致一無所成。或者最終崩潰掉。相反，如果你降低了對自己的要求，不再對自己提出好高騖遠的期望，你的心情反而會因為解脫而舒暢開心起來，會覺得自己更有創造力，更可以輕鬆上陣了。正如莎士比亞說過的那樣：「最理想的境地總是不可到達的，但是人們往往不知道應該退而求其次。」結果你只能被碰得頭破血流。因此完美主義不是一種你應給予強化的心態，而是一種你應給予弱化的心態。

努力克服完美主義的幾種方法：

❶ 列出其利弊

列出完美主義的利弊，和它對你的生活的影響，以此來說明完美主義其實對你沒什麼特殊意義，它只會讓你需要做的工作成倍的增加而已。

❷ 確定明確的時限

對任務進行分析，確定完成它的時間限制。不要說「我要做這件事」，而應說「我有十五分鐘的時間來做此事」。所以要儘量把握方向做到位就可以了，否則你會在永遠不滿足中徘徊不前。

❸ 敢於暴露自己的弱點

向你的親友或家人吐心聲。你若在某些情況下感到壓力過大或緊張，告訴他們，並把這當成是一次挑戰。敢於做平常人，並且敢於承認。認識到自己的弱點和錯誤，是你走向成功的關鍵一步。

❹ 欣賞工作中的每個階段

把精力多集中到工作的進程上而不是其結果。不時地停下來，欣賞進程中的某一刻，而不要老盯著最後的結局。否則你會過的很疲憊。因為你再怎麼努力，也會發現結果還是那麼的不盡如人意！

❺ 用自己完成的事情來鼓舞自己

當你覺得自己很失敗時，可以先列出一張清單，在上面寫上你當天完成的事情：譬如泡了一杯清香的茶，積極地工作了一天，用電腦進行了文字處理，學到了一個新式的做菜法……

❻ 每天都記錄你的成功

每天都在大腦裏記錄下一個美妙的時刻、幾項成功完成的工作，或是別人的一聲稱讚，晚上睡前再回憶一遍。你會覺得自己還是很成功的。

❼ 拿自己的錯誤當消遣，給自己點幽默嘗嘗

你可以拿自己犯下的錯誤來消遣，把它們編成有趣的故事講給別人聽。他們其實很樂意聽到別人也做和自己一樣的蠢事。今天小小的差錯，往往就會成為明天的逸事！嘗試一下，會發現你不僅不會為此丟掉臉面，相反，還會給別人留下平和的印象，特別是當你有所成就時。

在生活中，事事追求完美可不是什麼值得稱讚的做法。你努力的方向應該是讓自己充滿才幹、獨一無二，而不是做什麼都有兩下子，卻始終是半瓶子的醋。要記住，雖然你缺點很多，也相當不完美，但因為是自己而不是別人，這點就會讓你變的獨特和稀有起來。就像那個長相並不好看的蘋果，其實還是相當有內容的呢！盧梭說：「大自然塑造了我，然後把模子打碎了。」但是有太多人違背自我，以別人眼中的「完美」作為自己的目標和追求對象，所以肯定活得很累。對於生活，大可不必如此，只要保持正常狀態擁有一顆知足的平常心，你將輕鬆許多。而且接受多數人身上都存在的缺點，你的生活一定能或多或少地得到改觀，同樣，對自己也儘量寬容一些。學會欣賞自己的不完美，才會構建屬於自己的生活和天空！那麼從現在開始，學會接受自我，找尋不完美的美麗所在吧。

5／不做金錢的奴隸

歌德曾說過：「以功利的眼光去看整個世界，沒有任何東西是珍貴的。」所以為何還要苦苦逼迫自己，讓你成為金錢和物質的奴隸呢？為它們放棄美好和幸福，這筆交易是否划算呢？

很多人說：「只有富有了，有錢了，才能買到很多東西，才會感到揚眉吐氣和真正的幸福！」這些人上學讀書，只是為了畢業出來後找份高薪的工作，他們工作了，賺了錢，就可以支付用餐的昂貴費用、各種各樣的帳單，買更好的房子和足以炫耀的車子，娶到家境好一點的漂亮女人。在這些人的人生目標中，只要有了錢才能算得上幸福的基本合格。但是如果你覺得自己現在不夠幸福，並希望有朝一日能通過金錢讓自己幸福起來的話，那麼這種希望只能是水中月、鏡中花。早晚你會沉溺於對物慾的貪婪和追求，並深陷其中而迷失自我。對待金錢，正確的觀念是把幸福和財富的順序顛倒過來，告訴自己：「如果我是幸福的，我就能擁有獲得財富的機會！」要知道，金錢是永遠沒有資格和幸福劃等號的。

憑心而論，金錢確實是可以給人帶來快樂的一種強大的力量，但當我們不能正常對待它的時候，當我們對物慾追求永無止境時，它給予我們的只能是煩惱。哲學家史威夫特說過「金錢就是自由，但是大量的財富卻是桎梏。」看看作為現代人的你的精彩生活吧：為了體會富有的感覺，你花了許多錢去購買各種各樣的也許這一輩子都用不上的物品，並把它們保存起來。可是與此同時，你也越來越害怕失去它們，不得不為它們看家護院。本來是讓物品來為你服務，現在換你成了保護它們的奴隸。看看，這豈不是很可笑嗎？也正是因為這種壓力，兇狠的奪走了你獲得更多快樂、更多享受，甚至是更多財富的機會，這就是得不償失的具體表現形式。消耗金錢的有效途徑就是購買大量的東西。人們往往不覺得損失了什麼，還為自己能買得起這麼多

東西而洋洋得意呢！殊不知，這些物品擺明了除了負擔外，沒有其他的用途。所謂的負擔，有這樣一種特性：它不但自身會不斷繁殖壓力，同時還會帶來各種各樣變化了的新負擔。你買東西花掉的錢成了死錢，就再也無法創造新的財富了，為了再次讓自己積極的投入到賺錢的大軍當中，並且希望別人再次看到和誇耀，羨慕你的富有，就必須再來一次艱苦的原始積累過程，重新下更大精力和氣力去賺錢，然後再次購買給你帶來無窮無盡的麻煩的東西，由此而形成惡性循環。這種態勢一旦形成，你會感到壓力似乎是「子子孫孫無窮匱也」的撲天蓋地般狂襲而來了。試問，在這樣的生活中你能夠感受到幸福快樂嗎？金錢為了物品而死去，再生的循環體系就此中斷了。你也就為金錢所累，不得不年復一年日復一日的給它家當長工。可見，從現在開始馬上著手清理你頭腦中的物質慾望，對於改善你的經濟狀況、改善你的人生努力方向和對幸福一詞的理解，都是具有相當重要的作用。

　　還有一個重要方面，金錢也不是萬能的，它帶給你的也不過僅僅是種物質的滿足。有太多太多的東西是金錢買不來的。曾經見過有些享受得起世間號稱極品物質的快樂的人們，卻患精神病而崩潰掉；也曾看見有些富得能買一個小國的富翁，感歎花再多的錢也買不來片刻的心情安定。這些人也許永遠也無法想通錢不是萬能的，也永遠相信沒有錢的那天，一定是上天帶來的世界末日，所以老老實實的恪守自己守財奴的本分。

　　然而金錢果然不是萬能的，它有時會要了你的命，因為人們心中都有一本「貪」字經。有個富翁在激流中翻了船，爬到溪間的石頭上大喊救命。

　　一個年輕人奮不顧身地划船去救，但是由於山洪下瀉而漸漲的湍流，使他的船行進非常緩慢。

　　「快呀！」富翁高喊，「如果你救了我，我送你一千塊！」

　　船仍然移動緩慢。

　　「用力划啊！如果你划到，我給你兩千塊！」

青年奮力地划著，但是既要向前，又要抗拒水流的阻力，船速仍然難以加快！

「水在漲，你用力呀！」富翁嘶聲喊著，「我給你五千塊！」說時洪流已經快淹沒他站立的地方。

青年的船緩緩靠近，但仍然嫌慢。

「我給你一萬塊，拚命用力呀！」富翁的腳已經淹在水中了。

但是船速反倒變慢了。

「我給你五萬……」富翁的話還沒說完，已經被一個大浪打下岩石，轉眼捲入洪流，失去了蹤影。

青年頹喪地回到岸上，蒙頭痛哭：「我當初只想到救他一命，但是他卻說要送我錢，而且一次又一次地增加。我心想，只要划慢一點點，就可能多幾萬塊的收入，哪裡知道，就因為慢了這麼一下，使他被水沖走，是我害死了他啊！」青年捶著頭，「但是當我心裏只有義，而沒有想到利的時候，他為什麼要說給我錢呢？」

迷戀金錢的人只要想到錢，似乎就會失去平常的理智。錢關難過。千百年來的歷史證明，誰不做金錢的主人，誰就會變成金錢的奴隸。

誰不能成功的控制金錢，誰就會被金錢所控制，喪失自己。

那麼在這個充滿壓力、崇尚金錢萬能的時代，我們應該以怎樣的心境去對待讓我們又愛又恨的金錢呢？

這個故事並不是要人們去學習老人那種看起來似乎是「有福不享」的守財奴行徑，也不是讓你做什麼都不能沾上銅臭味，畢竟還是要生存的對吧。而是說，對待金錢要泰然處之，不要把錢看的太重，不要把金錢的缺乏當作巨大的壓力。如果把金錢囤積起來，無疑就是一堆廢銅爛鐵，而你每天也只能吃得下胃口能裝得下的東西，睡一張床。但是在這個畢竟以金錢多少作為衡量一個人是否成功的時代，你要學會努力賺錢，並且體味成功。不過要注意的是讓金錢發揮它的作用，讓它幫助你得到幸福生活的條件，而不是成為生活上的負擔！

以下是對待金錢的有效方法，學會運用它，你的生活會變得輕鬆起來。

❶ 不要預支未來錢

不要貸款搞昂貴的投資，一旦你運氣不好很容易負債累累，從而變成金錢和銀行的打工仔。

❷ 用現金支付

如果客人都用信用卡結帳的話，店鋪簡直要樂瘋了，因為顧客不用現金結帳時，他們平均要花掉雙倍多的錢。錢包其實是觀察個人經濟狀況最簡單的方式。許多富人(甚至是一些銀行家)都是堅定的現金支付者，儘管他們不斷地在為信用卡做廣告。鼓鼓的錢包能帶給你富有的美妙感覺，而且它永遠不會透支。

❸ 簡化你的生活方式

你時刻要多注意節儉。將大宗的採購計畫先擱置在一邊、購買物美價廉的生活用品、不再去餐館吃飯、不再乘計程車、換一輛小點兒的汽車。總之，放棄所有奢侈的習慣，讓自己進入平常的日子，這樣會給你省下很大一筆財富。

❹ 不要習慣於「赤字」的出現

你現在就要讓自己擺脫債務的漩渦。誰一開始就對貸款司空見慣的話，誰就會對收支管理越來越不關心，直至被捲入債務漩渦不能自拔。記住：越早脫身越好！

❺ 不要把銀行視為敵人

不願正視所面臨的問題，不打開裝有帳單和銀行結帳單的信封，這些都於事無補。你應當和你的銀行顧問一同制訂一個切合實際的計畫來償還債務，沒有人會像銀行一樣對類似的計畫感興趣。你不應該每月到銀行一點點地去支付，而應盡可能多地償還你的債務。

如果你對諮詢過程中提到的某些事情沒有完全理解，一定要反覆詢問，對付狡猾的銀行顧問的基本原則就是：提問，提問，再提問！

你必須對你貸款和帳戶方面的一切都瞭解透徹，直至每一個細節。如果有什麼疑問，不妨請一位懂的朋友或是你的稅務顧問同你一起去諮詢。

⑥ 一分錢掰成兩半花

大多數辛苦的上班族會認為，增加收入要比減少開支更重要。其實不然，那些管理金錢的能手都是兩者兼顧的。就算你有不錯的工作和可觀的收入，也不要以過度的花銷作為對自己的獎賞。在購物方面，你還是應該和以往並不富裕的時候一樣，儘量通過節儉為自己積累財富。否則你就會陷入可怕的泥坑。

⑦ 捐一些錢

你會有這樣一種心理：在你捐錢給需要它的人時，你會覺得自己富有。你在捐贈之後會提醒自己，在經濟方面保持克制。

如果你吝嗇得像個守財奴，你過度的利己主義會讓你們受到自身道德意識的懲罰，而當你捐錢給別人時，你會感到自己是一個真正富有的人——這種感覺是無價的。

⑧ 正確看待你的經濟現實

你會覺得生活在和你作對、金錢在和你做對。有時你會這樣看問題：金錢到處流，就是流不到你身邊。

把自己視為生活的導演，而不是生活的犧牲品。任何時候都保持一份淡然的態度來對待金錢，你會發現，生活原來是如此輕鬆的，你終於有時間去享受美好的生活了。

總而言之，你如果要做一個快樂的人，一定要記住：金錢不是萬能的，不是權力甚至不是任何東西，只是用來達到目的的一種工具罷了。若你不注意發展你的人格而只注意賺錢，那麼即使擁有全世界銀行金庫裏的錢，也不能買到你的快樂！金錢變為你的生活目的時，怕連你的生活也要保不住了。這個時候你不放棄生活，生活也會放棄你！所以不要讓金錢帶來的壓力「連累」你吧！

6／給生活一個希望的燈塔

　　失去目標的生活會變得困難重重，一切事情似乎都沒有什麼頭緒：家庭該怎樣過活，將來的我還能做什麼，上了年紀會不會過於貧困……你不知道現在該如何為自己今後的目標奮鬥，也就會感到前途壓力無限，除了一片白茫茫大地真乾淨外，基本沒有什麼看上去有點希望的事情。

　　世界上沒有一個人有著「湊合著過吧」這樣的生活心態，每個人的生活都有一個目標，有它內在的意義。我們都需要目標、任務，需要有為之奮鬥的東西，人生的路上，即使是很小的一個目標，都足以使生活變得精彩紛呈。

　　在這樣百無聊賴的日子裏，如果你還是渾渾噩噩，不知道生活裏到底有什麼需要你為之付出的事時，也就是到了該提醒自己考慮變換一下人生努力方向的時間了。那麼首先該如何確立自己的人生目標呢？需要從哪些方面對其發生作用呢？我們來看看。

　　❶ 你的存在是為了延續生命，生兒育女、傳宗接代，還是為了進行探索和追求，為了實現生命的夢想而努力創造，這一點要問清楚自己。

　　❷ 這是最普遍的一個現象

　　每對夫妻在決定要小孩的同時，都不可避免地會將自己的期望寄託在即將出生的孩子身上。也就是說，給孩子提前安裝上了他（她）的人生目標。

　　比如說，如果父母其中任何一方的家庭中還留有未完成的事業，或未完成的夢想時，為其畫上圓滿的句號（比如協助家庭企業邁向成功），或者只是讓你的父母享受優越的生活條件。

　　❸ 你的天賦及不足之處

　　從自己的天賦或弱項中，你可以逐漸找到你自身的鮮明特點，並

憑藉著它不斷地嘗試、不斷地完善，一步一步向自己的人生理想靠近。對於大多數人而言，這是他們目標確立的最有價值的參考。

❹ 你自己的生活夢想

大多數人只是眼看他們的夢想從眼前經過，然後消逝，卻無能為力。只是因為你的父母、愛人、兒女不喜歡你這樣做。

但是我們要強調的就是要重新尋找這個夢想，並根據它確立你自己的人生目標。不用顧忌別人的想法或者僅供參考，畢竟人生之路怎麼走，還是全靠你自己。

也就是說，做你真正想做的事，樹立真正屬於自己的人生目標。

我們會有什麼樣的成就，會成為什麼樣的人，就在於先做什麼樣的夢。先有夢，才會發揮潛能，才會有所成就。

一個出生於舊金山貧民區的小男孩，從小因為營養不良而患有嚴重的軟骨症，六歲時雙腿變形成弓字形，小腿更是嚴重萎縮。然而在他幼小的心靈中，一直藏著一個沒有人相信會實現的夢——除了他自己。這個夢就是有一天他要成為美式橄欖球的全能球員。他是傳奇人物吉姆・布朗的球迷，每當吉姆所屬的克里夫蘭布朗斯隊和舊金山四九人隊在舊金山比賽時，這個男孩都會不顧雙腿的不便，一跛一跛地到球場去為心中的偶像加油。由於他窮得買不起票，所以只有等到全場比賽快結束時，從工作人員打開的大門溜進去，欣賞剩下的最後幾分鐘比賽。

十三歲時，有一次他有幸在布朗斯隊和四九人隊比賽之後，在一家霜淇淋店裏和他心目中的偶像面對面地接觸了，那是他多年來所期望的一刻。他大大方方地走到這位大明星的跟前，朗聲說道：「布朗先生，我是你最忠實的球迷！」吉姆・布朗和氣地向他說了聲謝謝。這個小男孩接著又說道：「布朗先生，你曉得一件事嗎？」吉姆轉過頭來問道：「小朋友，請問是什麼事呢？」男孩一副自豪的神態說道：「我記得你所創下的每一項紀錄，每一次的達陣。」吉姆・布朗十分開心地笑了，然後說道：「真不簡單。」這時小男孩挺了挺胸

膛，眼睛閃爍著快樂的光芒，充滿自信地說道：「布朗先生，有一天我要打破你所創下的每一項紀錄。」

聽完小男孩的話，這位美式橄欖球明星微笑地對他說道：「好大的口氣，孩子，你叫什麼名字？」小男孩得意地笑了，說：「奧倫索先生，我的名字叫奧倫索‧辛普森，大家都管我叫Ｏ‧Ｊ‧。」

事實確如他少年時所言，他克服了先天因素所給他造成的巨大障礙，在美式橄欖球場上打破了吉姆‧布朗所寫下的所有紀錄，同時更創下一些新的紀錄。幾乎所有人都驚呼這是一個奇蹟，你看，這就是一個人向他所宣誓的目標開始前進中所創造的奇蹟！這是因為目標能激發令人難以置信的潛力，改寫一個人的命運的典型事例，會不會對你有所啟發呢？各位朋友，要想把看不見的夢想變成看得見的事實，首要做的事便是制訂目標，這是人生中一切成功的開始。目標會引導你的一切想法，而你的想法便決定了你的人生。

設定目標有一個重要的原則，那就是它要有足夠的難度，乍看之下似乎不容易實現，可是它又要對你有足夠的吸引力，願意全心全力去完成。當我們有了這個令人心動的目標，若再加上必然能夠達成的信念，那麼就可說是成功了一半。

除此之外你需要行動，它制訂的過程跟你用眼睛看東西的過程有很多雷同之處。當你的目光越是接近要看的目標，就越會注意地看，不僅是目標本身，且包括它周圍的其他東西。

目標可以吸引我們的注意，引導我們努力的方向，至於最後是成功或是失敗，就全看我們是否能始終走在正確的方向上了。

成功者和失敗者之間最大的區別，就在於是否能夠樹立明確的目標。並且要下定決心為它流汗流淚。你為追求目標的勇敢程度，直接決定著你成功與否，並為你的人生賦予了許多重大的意義。當你準備走向成功之路時，各種壓力就隨之而來，幾經鬥爭後，它們就會識趣的煙消雲散了。

這也正如亨利‧大衛‧索羅所說：「如果一個人能充滿信心地向

他的夢想邁進，並且努力去過自己渴望的生活，那麼他將會在平凡的日子裏獲得意外的成功。」

現在，看看為實現目標都需要做些什麼吧！

❶ 列出明確的目標

把你明年及今後幾年想要從生活中獲取的東西寫下來，不管它們看上去有多麼的不現實，要包括你的夢想及目標。

❷ 重新考慮

無法實現的目標，應該毫不猶豫的馬上刪除。千萬別計畫用業餘時間來攻讀學位，或把待在家裏什麼都不做當做目標。目標可以訂在獲取你所在地區的運動冠軍，但千萬別計畫去拿什麼奧運會冠軍。

❸ 考慮所列出目標的重要性，選取對你來說最為重要的那一個作為拼搏方向。

❹ 列出具體內容並寫出行動計畫

勾勒出實現每一目標的步驟圖，可以把這項工作看成你在指點你即將擁有的「大好河山」，這樣的話就更加信心百倍了。

❺ 判斷可能遇到的障礙

判斷什麼會妨礙你的工作，尋求解決的方法。例如你若覺得家族中的人們會搞出太多的事情來佔用你的時間，你可以採取在日曆上留出具體的日子，來專門集體分批量的處理家務事。

❻ 獎勵自己

獎勵可以提高你的積極性。考慮一下自己確實想要的東西，承諾一旦自己實現了艱難的目標，就以此來獎勵自己。

❼ 假想一下最終達成目標後的結果，及你所得到的榮耀和回報，沒準兒你做夢都會笑出聲來呢！人生需要一座充滿希望和夢想的燈塔。把看不見的夢想化為看得見的現實，你就得走出行動的第一步——確立你的目標。當你全心全意的完成這些工作後，一個能令你心動的偉大未來的藍圖，便會毫不吝嗇地將倩影展現在你的眼前，只要你能堅持下去，人生就會按照這個美夢一步步地精彩展開了。

7 ／ 堅定的信念能夠支撐你步入勝利的殿堂

　　在生活中，許多人曾經就站在成功的面前，然而成功女神卻沒有將青翠的橄欖枝交給他們。這不是由於女神的過分挑剔，而是因為面對各種各樣壓力的重重考驗，沒有幾個人能夠始終堅守自己的信念，在努力了一陣子後，發覺沒什麼利益便遺憾的轉身離開了。其實這些人不知道，只要再堅持那麼一點點，就能獲得巨大的成功，可是一切等覺察到的時候已經晚了，機會從來都不會回頭再光顧不珍惜它們的人。所以如果你想有成功的將來，並且擁有願意為之付出所有的夢想的話，請堅持住，風雨雖大，但很快就會過去，此時沒有被風雨嚇跑依舊在等待彩虹的人，馬上就要看到那奇異的光彩了。

　　毫無疑問，在追求夢想而前進的道路上，總會遇到困難，如何面對困難、如何解決壓力，是個仁者見仁、智者見智的問題。

　　少數人把困難看做一次機遇和挑戰，他們往往在困難面前毫不猶豫地採取主動，這些人通常是成功者；而多數人只是被動逃避困難，即使是一個小小的問題，也足以沉重的摧毀他的意志，從而使人生過的既渺小又可悲。面對困難，你很容易陷入一種「無力感陷阱」。如果頂得住壓力、守得住信念的話，你是很有可能一躍而出逃離陷阱的。

　　偉大的德國作家歌德曾說過：「能從絕望的處境中逃脫的人，必能學會堅強的意志，所以不要只是一味地煩惱，應立即採取行動，使自己從絕望中逃出來，你要相信新的一天會將你帶到新的地方去。」

　　你覺得「信念」是一種摸不到、不實在的東西嗎？你覺得它無法達到我們一再向你保證的那些目的嗎？現在就給你一個活生生的例子，讓你瞭解在百萬分之一的求生機率之下，如何靠著強烈信念的力量，解救一個人的生命。

　　一九四六年九月，有一位名叫威廉的水兵，被大浪沖下甲板。他

身上並沒有穿著救生衣。當時是凌晨四點，他置身茫茫大海，遠離海岸。沒有人知道他上了甲板，當他落水的那一刻，他知道自己獲救的機會幾乎是零。可是年輕的威廉並不驚慌失措，他把身上的粗棉布衣脫下，同時在褲腳打結，讓裏頭充滿空氣，把它當做臨時的救生圈。

根據他事後的追述，當時他力圖鎮定。他以一個下士的訓練經驗告訴自己：「不要擔心未來。」他想，八點集合的時候，他們就會發現他不在船上，然後會派出救生艇出來搜救他，因為他們這條戰艦的航行路線跟一般商船的路線是大不相同的。

他異常地鎮定，偶爾還試著把頭靠在充氣的棉布衣上休息。可是波浪卻不停地拍打著他，讓他無法入睡。他抑制住心中的恐懼，依賴他的信心，不斷地暗自祈禱：「主，請救救我吧！主，請救救我吧！」

可是隔天早上依然沒有船隻的影子，他開始有些消沉。由於受到海浪拍打，並喝了不少海水，他的身體變得相當虛弱。可是他不曾失去信心，仍然不停地祈禱：「主啊，請你救救我吧！」

那天下午三點，也就是在他落水後的十一個小時，他被一艘叫「執行者」的美國貨輪上的水手發現，而他們都覺得相當吃驚。

可是更令他們難以理解的是船長說不出他為什麼要把船從平日的航線，更改為跟威廉所搭的戰艦交叉的航線。要是他們不這麼做的話，他根本無法經過原本在幾百哩外大洋中，等候救援的威廉身邊。

當威廉被救上來時，精神還算不錯。他獨自走上「執行者」的繩梯，而船上的水手都為他歡呼。

讀過這篇報導後，你是否還會對「對那些滿懷信心的人來說，沒有不可能的事」這句話有所懷疑呢？

到底是什麼力量促使那位船長改變航線，將船航行到大洋中，把一個堅信自己信念的人救起來呢？

心靈和精神影響所及的範圍是沒有極限的。你有多大的信心呢？在讀過這個故事後，該會更堅定吧。你也許沒有機會在這種急迫的環

境裏去測試自己的信心，因此對於日常生活中的瑣事，你可以很輕易地去完成。

要是你堅守信念的話，在某些年後，你將會有所成就的。

而這種信心應該是明確的，期望性的，毅然的，真誠的，要不然它便產生不出「特別的力量」，對你也就無所作用。

萬一身處險境，千萬不要期待能在某一時間內得到回應，因為上天是不會在這段時間內覺察到的。限定時間將使你緊張，對自己能否及時得到援助也會感到懷疑。

你所要做的，只是確信救援會及時來到。威廉就是以如此的心態，將讓上天所給予的本能掙脫束縛，進而對他提供援助和指引，去面對危難。

在他滿懷信心，口中複誦「主啊，請你救救我吧！」時，威廉對自己沒有絲毫懷疑。他一直深信自己將會被解救，而事實也果真如此。

永遠地摒除心中的疑難，因為「只要堅信，夢想便會成真」。

❶ 你得有勇氣藐視困難。如果你的信念在困難面前略有低頭的話，沒準它會以迅雷不及掩耳之勢，瓦解掉你所有的勇氣和信念的。當你遇到為難事時要這樣問自己：困難真的是「永遠存在」的嗎？你可以先不要給自己一個結論，朝它可能是的方面暫時性想想後果看。

也許你很幸運地在仔細考慮之後，發現那些困難的確只是一個暫時現象，但如果你始終無法找到有力的證據，那麼索性不要找現實中的證據了，用你的想像力反覆告訴自己「這一切總會過去」，多重複幾次，你一定會從困難的陷阱中爬出來。

❷ 對所有出現的問題都不要輕易的誇大其結果。有時候過於詳實的考慮是會讓人非常痛苦的。你把事情圈定在問題的圈子裏，就會覺得根本沒有成功的可能，於是就開始退縮了。

其實是問題「無所不在」，還是你把問題一直擱在心裏？不要輕易成為問題的犧牲品。

　　換個角度，不要再去想那個「無所不在」的困難，而多花些心思用在解決問題上，也許那個「無所不在」的問題，是個很容易解決的問題。

　　即使無法解決這個「無所不在」的問題，也不用每時每刻都把它掛在心上，因為這個問題最多只能影響你的一部分，如果它毀掉了你的全部生活，也是你那個「無所不在」的想法助長了它的破壞力。

　　「無所不在」的問題對你的整個生命來說，只是個小問題，試著去解決，解決不了就把它丟掉。

　　❸ 對工作過程中出現的問題不要過分自責，這樣做會嚴重挫傷你的積極性，打擊你的信心。

　　如果你在做事過程中出了問題，也許就會大聲叫道：「見鬼，我又出錯了，啊上帝！一切都沒錯，只有我是錯誤的！」

　　其實把所有問題全部往身上攬並不是一種美德，這種習慣的養成，最初可能只是一次小小的錯誤由你而發生，於是讓你產生這種「一切都因為我才……」的懷疑，然後你自己把這種懷疑變成一種反面的信念。於是你真的變成了一個失敗者。

　　當第一個問題出現時，千萬不要讓自己有機會產生這種「問題在我」的懷疑。對待各種各樣的情形所帶來的壓力，你必須時刻保持清醒。也許那是因為你的失誤才出錯的，但是不要因此把自己當成「千古罪人」而放棄一切的努力，終日生活在自責的痛苦之中。如果你有朝一日坐上成功的寶座，不管是什麼情況，請務必把握好自己的心態，讓自己始終生活在堅定的信念之中。相信，只要你還有夢想，總有一天，它會不辜負你的心血和汗水，把你推向你所嚮往的地方！

8 ╱ 寬容是桿幸福秤

　　面對來自敵人的批評和他所做的一切讓你痛苦的事。憤怒是於事

無補的，它會讓你失去理智，喪失冷靜。對於這樣的壓力，你要用「寬恕」來將它化解。

一個憤怒的人對著圍滿鏡子的四周咆哮不已，結果鏡子裏所有的人都向他呲牙咧嘴。你怎樣對待別人，別人就會怎樣對待你。天底下再笨的人，也會依自己的喜好去批評、咒罵、抱怨他人，而大部分做這些事情浪費時間的人，都是不能成功的。只有善於化解周圍對你有敵意的人，會體諒、寬容，做一個品格高尚、善解人意的人，才有可能智慧地排解人生的一個個壓力，最終走向成功。要記住我們的人生目標不是為了恨和失敗，而是為了愛和成功，為了快樂和諧的生活。

以前有一位富翁，在他年事已高時，便決定把家產分給三個孩子，但在分財產之前，他要三個兒子去遊歷天下做生意。

臨行前，富商告訴他們：「你們一年後要回到這裏，告訴我你們在這一年內所做過的最高尚的事。我的財產不想分割，集中起來才能讓下一代更富有；只有一年後，能做到最高尚事情的那個孩子，才能得到我的所有財產。」

一年過去後，三個孩子回到父親身邊，興高采烈地向他彙報這一年來的所獲。

老大先說：「在我遊歷期間，曾遇到一個陌生人，他十分信任我。將一袋金幣交給我保管。後來他不幸過世，我將金幣原封不動地交還他的家人。」

父親：「你做得很好，但誠實是你應有的品德，稱不上是高尚的事情！」

老二接著說：「我到一個貧窮的村落，見到一個衣衫破舊的小乞丐，不幸掉進河裏，我立即跳下馬，奮不顧身地跳進河裏救起那個小乞丐。」

父親：「你做得很好，但救人是你應盡的責任，也稱不上是高尚的事情！」

老三遲疑了一下說：「我有一個仇人，他千方百計地陷害我，有

好幾次，我差點死在他的手中。在我旅行途中，有一個夜晚，我獨自騎馬走在懸崖邊，發現我的仇人正睡在崖邊的一棵樹旁，我只要輕輕一腳，就能把他踢下懸崖；但我沒這麼做，而是走開了，這實在不算做了什麼大事。」

聽到這裏，父親正色道：「孩子，能原諒自己的仇人，是高尚而且神聖的事，你辦到了，來，我所有的產業將是你的。」

寬恕別人，就是善待自己。仇恨只能永遠讓我們的心靈生活在無盡的黑暗之中；而寬恕，卻能讓我們的心靈獲得自由，獲得解脫。寬恕別人，可以讓生活更輕鬆愉快。寬恕別人，可以讓我們有更多的朋友。

寬恕是一種修養、智慧和美德，你寬恕了別人，你心中的怨恨、責怪、憤怒就沒有了，同時它還是自我心靈的解脫，是消除怨恨、責怪、憤怒的良藥。生氣是用別人的錯誤來懲罰自己，寬恕才能解放自己。寬容是博大的「自私」。

對於別人所犯的「錯誤」，人們通常會認為只要「我」不原諒對方，就可以讓對方得到一些教訓，或給對方一些懲罰。其實真正受到懲罰的人是你自己。生一肚氣，連覺也睡不好，整天忿忿不平的；每個人都有自己的行為準則和處世之道，誰也沒有義務按照你的想法去生活。你對他的看法和評價不能影響他的行為準則，可這滿腹的牢騷卻讓你氣憤，讓你生活在一個充滿不平和憤恨的環境中，獨自品嘗著痛苦。

莎士比亞說：「不要因為你的敵人而燃起一把怒火，熱得燒傷你自己。」

西諺有云：「愛你的仇人」，「要原諒你的仇人七十七次」是在教我們怎樣避免高血壓、心臟病，胃潰瘍和許多其他的疾病。

同時，也是在告訴我們怎麼樣改進我們的外表。一些女人，她們的臉因怨恨而有皺紋，因為悔恨而變了形，表情僵硬。不管怎樣美容，對她們容貌的改進，也比不上讓她心裏充滿了寬容、溫柔和愛所

能改進的一半。

　　還不僅僅是這些，怨恨的心理甚至會毀了我們對食物的享受，聖經上面說：「懷著愛心吃菜，也會比懷著怨恨吃牛肉好得多。」

　　即使我們不能愛我們的仇人，至少我們要愛我們自己。我們不要使憎惡我們的人破壞掉我們的快樂、我們的健康和我們的外表。

　　我們要原諒他們，這樣做實在是很聰明的事，是件讓自己遠離心理壓力的有價值的事。當有人問艾森豪將軍的兒子約翰，他父親會不會一直懷恨別人。「不會，」他回答：「我爸爸從來不浪費一分鐘去想那些不喜歡的人。」

　　所以學會控制你的情緒，學會寬容地對待他人，你的生活煩惱將會減少許多，並且外帶一個昇華你的人格的美妙作用。學會調節和控制自己的情緒，寬恕他人，你可以這樣做：

❶ 檢測你的情感

　　一天過後，放下工作，留意一下自己的身體，它會告訴你什麼呢？頭痛可能是感到恐懼或過於緊張的緣故，煩惱可能是來自一個對自己意見極深的人的批評。設法選擇一個恰當的形容詞來描述這一情感。「我有點氣憤」或「我憤怒極了」。

❷ 控制你的情感

　　一旦你能更好地認識自己的情感，就要特別注意向自己的至親訴說。無論是憤怒的還是令人鼓舞的。只要你這麼做了，你就更容易化解心中對某人的仇恨，或是自己心愛的表白。

❸ 審視自己憤怒的程度

　　要瞭解從輕微的煩惱到盲目的勃然大怒等各種憤怒的程度。要注意相應的各種生理變化，從輕微的肌肉緊張到呼吸急促、心率加快、顫慄、渾身發熱、滿臉通紅，及時做出調整，不要讓它損害你的身體健康。

❹ 要學會寬恕

　　你的怒氣發完之後，就要開始努力忘卻發生的事，寬恕對方，言

歸於好。你當時若做得過分，那就登門道歉。接受並理解他人的憤怒，我們都不是十全十美的人，都在努力駕馭著我們複雜的情感。如果想讓自己永遠不被煩惱所擾，就要笑著度過每一天。

努力讓自己去原諒自己和他人吧，在我們責怪他人的時候，實際上是在逃避自己的責任。你是想永遠活在憤怒的烈火中、哀怨中，還是想一身輕鬆，讓每個人都對你獻出他們的微笑呢？怎樣做全在你自己。寬容是一桿幸福秤，你放上的寬容越多，得到的微笑就越多，不信？試試看吧！

9 ╱ 說「不」的日子好逍遙

生活和工作中，很多時候我們是因為無法拒絕的一些小事而讓自己疲憊不堪。所以你要敢於說「不」，別再讓本來就難以承受壓力的肩膀再多揹上包袱，就會發現日子變得逍遙自在很多了。

有些時候我們會發覺很難拒絕自己或是別人的請求。比如說：「請你今天把花園裏的花兒澆澆水吧，」「請你把廚櫃重新擦洗一遍吧，」「兄弟，幫我整理一下這份檔案怎麼樣？」如果你試著拒絕，心底就會有個聲音對著你喊：別那麼自私！怎麼能這樣對待你自己！為了偷懶可以不顧同事之誼，不顧家庭的整潔美麗嗎？這時的你肯定在自責，並告誡自己今後再也不能這樣了。殊不知，正是因為這些不痛不癢的事情，侵佔了你本來就不多的剩餘時間。面對別人請求幫忙的情況，你要在心中輕鬆地對自己說：「我就是我，我有完全屬於我自己的空間和時間，任何人都沒有權去佔有它！」

然後大大方方地拒絕就是了。畢卡索說：「人生應有兩個目標。第一是得到所想要的東西，盡力去爭取；第二是享受它，享受擁有的每一分鐘。常人總是朝著第一目標邁進，而從來不爭取第二個目標，因為他們根本不懂得享受。」

　　真正懂得人生的人，不在於擁有多少財富，不在於住房大小、薪水多少、職位高低，也不在於成功與失敗，而在於會過自己的日子。「不要計算已失去的東西，不要替別人操心，而要時時刻刻盯緊自己享受生活的時間。」

　　有這樣一則故事：有一片農場，某人看見其主人在那裏辛苦工作，便問道：「為什麼要那麼辛苦？」主人回答說：「別人讓我提高收成，多賺點錢！」「賺那麼多錢幹什麼？」「好買更大的農場啊！」「買更大的農場幹什麼？」主人聞言，無話可說。

　　農場主或許能從勞動中找到樂趣，但是按他的話說，則一輩子都在為工作而忙碌，為自己、為別人、為了有個好聲譽、為了不停地賺錢。為了永無停息地工作，永無止境地追求，他這一輩子與牛馬又有何異呢？他又怎麼會體會到生活的樂趣呢？

　　有人說，我可以對自己放低一點要求，可是同事、鄰居、朋友那裏，我總不能拒絕伸出援助之手吧！如果你這樣想，可就大錯而特錯了。

　　很典型的例子，有一位剛工作的青年，為了獲得同事們的好感，每天都爭著去做一些像打水，掃地之類本該大家共同去做的事，同事們請求他幫忙到列印室印個東西、抄寫檔案，計算資料等也從不推辭。可是忙完一整天自己的工作還要給別人當苦力讓他累極了，有時不得不加班到夜裏十點。他決定不這麼做了。可是從他拒絕同事請他「幫點小忙」開始，辦公室的氣氛就不對頭了。沒人再對他友善的微笑，甚至還有人對他進行人身攻擊，說他自私自利、不團結，這位青年真是自食惡果，悔不當初啊。

　　人們都說，活著是為自己，可是太多的人卻忘記遵守這個諾言，把自己的生活交到了別人的手中。在過日子的時光裏，或多或少的，我們都會遇到這樣一個問題：「活著還是生活？」

　　「活著」很簡單，上班下班，有吃有喝，有人吃喝就湊過去捧捧場；「生活」就不同了，生活更注重精神的需求，採取主動、積極的

生存態度。

　　但是我們面臨很多問題：為了享受不得不強迫自己做本不願去做的事，競爭日益激烈，人與人之間的感情愈加淡漠了，對大自然的疏遠，交通擁擠、環境污染、住宅短缺與高層化等等。「活著」讓我們擁有物質享受的同時，情緒越來越緊張，心理壓力越來越重，身體負擔越來越難以承受……

　　每個人都希望自己的生活輕鬆愉快。好生活是自己創造出來的。奔波之餘，給自己留點餘暇，尋找和發現生命中的美好。有句話說得很有哲理：「爬山時別忘了欣賞周圍的風景。」

　　我們先做一個深呼吸，來思考一下怎樣按自己的想法過自己的生活，怎樣對自己提出的多餘的事情說「不」。

❶ 讓興趣做主

　　你完全有權擁有自己的個人喜好，而且你根本不必為此做出任何解釋。你的興趣所在就是真正的生活價值。

❷ 判斷自主

　　當別人請你幫忙時，你也有權先做出判斷和權衡。即使請求的一方是你的親人。只有當你對自己的判斷做出權衡，分清孰重孰輕，並且可以做出協調時，問題才能得到令人滿意的解決。

❸ 放棄「完美生活」

　　要求家庭環境百分百地符合自己的理想進行是不可能的，容忍這樣那樣的小缺點，你就不會生活得那般辛苦了。然後我們再來看看，應對同事和朋友的請求，如何正確地表達出你的真實想法，又不會讓他們對你怒目而視。

　　1. 學會對別人說「給我一點考慮的時間」，或者你可以說得更確切一點：「讓我考慮一下，一會兒再告訴你。」這樣，就可以不用再做其他任何解釋了。這就是一種明顯而又不顯得生硬的拒絕方式。

　　2. 「我原則上是不會去做這樣的事的。」要想讓自己能夠更坦然地拒絕別人，你就必須讓對方清楚，拒絕往往並不出於個人原因，而

是為了遵循某些原則。比如「前一陣子我一點兒照顧家的時間都沒有，所以現在我把家庭擺在了第一位。這是我做人的一貫原則，我必須照顧家庭」。

3.「這在眼下剛好行不通。」儘管是托詞，但這樣的套話有時卻能令提問者感到滿意，他會因此放棄自己的請求。打個比方，若是有人請你在特定的某一天做某一件事，你首先想到的答覆是「很遺憾，這個時間不合適」，而不是「我對此沒什麼興趣」或者「老天！我快要忙死了」，前者對請求者造成的傷害相對會小一些。

4.「嗯，不行」，這是最後一種，也是最有效的一種方法。如果你打算拒絕對方，說「不」的時候不妨做短暫的停頓，這樣顯得你經過了深思熟慮，又能理解對方的處境。另外說「不」的時候語氣要堅定，同時用眼睛注視著對方，否則對方還會以為有商量的餘地。不要試圖給別人一個恰當的解釋，因為這無論如何看起來都像愚蠢的藉口。

學會勇敢地拒絕，就是對自己的寬容和饒恕，是對自己生活的一種解放。每天工作已經夠辛苦了，幹嘛還要在這種傷痛中撒上把鹽呢！拒絕，是逍遙快樂的重新開始，是你自己人生的重新開始。

10／慢一點，再慢一點

雖然說我們每個人每天都有二十四小時可以支配，但是對於普通的上班族來說，平靜如水的日子卻時刻在超速行進著，彷彿卯足了勁在跟時間做鬥爭，彷彿把這二十四小時要辦成四十八小時來用……

英國有句諺語：「時間是金錢」。當今社會機械生產速度越來越高，人們對生活水準的要求也越來越高，相應的生活節奏也轉得飛快，爭時間搶速度已成為市場這個大環境中的普遍形象。

匆匆忙忙地步履趕的是時間，廢寢忘食地工作擠的是時間，拼命苦幹、不管不顧搶的是時間，時間對於每個人總是不夠用。

　　為此，人們連起居都有了壓力。太多人睡眠不足，頭痛像個難纏的惡魔找上門來，有人被如此之快的節奏擾亂了心情導致心理失衡，得了暫時性的失憶症。有人內分泌失調，吃不下，從頭到腳惹了一身的病……超負荷超速度的生活，給人的生命加上難以承載的重負。

　　有一個對在職人士的調查結果表明，讓他們在工作中感到心情煩躁的，結果是時間壓力排在了第一位，而且給出這一答案的人遠遠多於給出其他答案的人。有百分之四十五以上的被調查者抱怨說，他們不得不在變得越來越短的時間內，完成比以前多幾倍的工作。這證明，我們的社會中最緊缺的資源不是別的，就是時間；讓我們所感到有壓力的，也是時間。

　　看看自己、看看身邊的人，你原本以為這種速度是正常的，然而事實上卻是你們的步子邁得太快了，快的顧不上欣賞身邊的風景，快的迅速走向疾病、衰老和死亡。

　　蘇蘇在一家知名外企工作，已工作一年的他懷疑自己得了健忘症。和客戶約好了見面時間，可擱下電話就搞不清是十點還是十點半；說好一上班就給客戶發傳真，可一進辦公室忙別的事就忘了，直到對方打電話來催……蘇蘇感覺自從進入公司後，像陀螺一樣天旋地轉地忙碌，讓他越來越難以招架、難以支撐。「那種繁忙和壓力是原先無法想像的，每個人都忙得團團轉，沒有誰可以幫你。我現在已經沒什麼下班、上班的概念了，常常加班到十點，把自己搞得很累。有時想休假，可是假期結束生活還得照舊。而且因為休假，手頭落下的工作會更多。」他無奈地向朋友訴苦。

　　其實在實際工作中，類似於蘇蘇這種情況時常發生，只要你想得到更多的薪水，你就得為工作付出更多，甚至覆蓋到你所有的時間和精力。

　　據有關統計，在美國，有一半成年人的死因與壓力有關；企業每年因壓力遭受的損失達一千五百億美元——員工缺勤及工作心不在焉而導致的效率低下。

在挪威，每年用於職業造成生理和心理疾病治療的費用，達國民生產總值的百分之十。

在英國，每年由於壓力造成一億八千萬個勞動日的損失，企業中百分之六的缺勤是由壓力相關的不適引起的。

所以我們每個人都不要忽視生活節奏帶來的壓力的危害性。

日常生活中，沒見過一個超高速運轉的輪胎會收放自如；沒見過一個繃得過緊的琴弦不易斷；沒見過一個永遠盛滿水的搪瓷杯不生銹；也沒見過一個日夜高度緊張的人不易生病。

所以無論做什麼工作或事情，都要適可而止，張弛有度，合理安排時間，在有效的時間內做高效率的事情。不管做什麼，都要先有個周密的安排，然後按部就班地去做。

讓你既能享受工作所帶給你的緊張，又能停下腳步來親吻自己身旁的露珠。人生在世，不能只是奔波，要懂得放慢速度，學會忙裏偷閒，工作之餘不忘品味人生的快樂與幸福，不忘關愛別人，不忘關懷身邊的每一個人，只有這樣的人才是有價值的。

有這樣一個故事：在非洲草原上，太陽即將升起，一頭獅子對自己說：「我必須要奔跑，這樣才能追上跑得最慢的羚羊，不至於被餓死。」一隻羚羊對自己說：「我必須奔跑，才不會被獅子咬死。」生活中我們不也和那獅子與羚羊一樣，整天為了不同的追求而「奔跑」，有的人是為成功而奮鬥，而有的人卻像《阿甘正傳》裏跟在阿甘後面的那群人一樣，因為別人跑，所以我也跑。然而成功無止境，奮鬥無休止，所以奔跑無窮期。

上帝問三個凡人：「你們來到人間是為什麼呢？」第一個回答：「我來這個世界是為了享受生活。」第二個回答：「我來到這個世界是為了承受痛苦。」第三個回答：「我既要承受生活給我的磨難，又要享受生活賜給我的幸福。」上帝給前兩個人打五十分，給第三個人打一百分。

人生不是你死我活的戰場，不必懷著不成功便成仁的決絕，如果

你想奔跑，希望能像阿甘那樣：「有一天，我忽然想跑步，於是我就跑了起來。」無論道路多長，都跑得興高采烈；無論多少人追隨，都跑得心無旁鶩，有一天不跑了，就轉身而去，也不需管身後多少人唧唧喳喳，這就是智慧人生。

黑格爾在《歷史哲學》中說：「時間的長度，完全是某種相對的東西，而精神的要素卻是永恆的。恰當地講，持續並不屬於永恆。」

為了跟上他人的腳步而讓自己疲憊不堪的你，是否從中得到一些啟示了呢？

那麼從現在開始，就讓我們學會平靜地呼吸，把忙碌和緊張丟到一旁，享受每一刻的時間吧！

天空是無際的，大海是遼闊的。籠中的鳥總是嚮往著天空那展翅飛翔的自由，水中的魚兒都在嚮往大海那碧波萬頃的自由，你困在時間籠中，不光是渴慕自由，最重要的應是掙脫開時間的束縛，暢遊於自己的廣闊的生活空間。

生活得從容一些、閒適一些，不意味著我們放棄了對目標的追求，而是在忙碌中的停歇，是身心的恢復和調整，是以飽滿的精力和旺盛的熱情去投入新的「戰鬥」的一個補給站。

生活從容就是幸福。當別人都在整日的忙碌、疲憊、痛苦中度過，而你晚上到家還是那麼生機勃勃，那麼哪一種生活是幸福的和你想要的呢？

11 ／ 愛上輕鬆的生活

對於生活中所出現的各種各樣的壓力，我們不能徹底消除，但是我相信確實可以有一些有效的方法，能緩解或分散壓力。

現在給大家講一個緩解壓力的小故事：培訓師在課堂上拿起一杯水，然後問台下的聽眾：「各位認為這杯水有多重？」有人說是半

斤，有人說是一斤，培訓師則說：「這杯水的重量並不重要，重要的是你能拿多久？拿一分鐘，誰都能夠；拿一個小時，可能覺得手酸；拿一天，可能就得進醫院了。其實這杯水的重量是一樣的，但是你拿得越久，就越覺得沉重。這就像我們承擔的壓力一樣，如果我們一直把壓力放在身上，到最後肯定會覺得壓力越來越沉重而無法承擔。我們必須做的是放下這杯水，休息一下後再拿起這杯水，如此我們才能拿得更久。所以各位應該將承擔的壓力於一段時間後，適時地放下並好好休息一下，然後再重新拿起來，如此才可承擔更久。」對待壓力，我們應當有這樣的心態：

❶ 要有一顆平常心

作為普通人，要永遠保持一顆平常心，培養自己寬廣豁達的胸懷外，不要與自己過不去而徒增煩惱，不能把目標訂得高不可攀，不為逆境心事重重，凡事量力而行並隨時調整目標。要充分認識到現代社會的高效率必然帶來高競爭性和高挑戰性，對於由此產生的某些負面影響要有足夠心理準備，免得臨時驚慌失措，加重壓力。

❷ 發展興趣，放鬆身心

當發現年輕時的一些興趣被緊張的工作所取代時，不妨把它再揀回來。興趣雖然佔用了一些時間，但它對身心的放鬆作用是任何藥物和金錢都無法取代的。生活情趣往往讓人心情舒暢，調節生活節奏，讓人從單調緊張的氛圍中擺脫出來，走向歡快和輕鬆。

❸ 給自己放個假

有些人幾年都沒有休過假，甚至佔用週末加班工作，長此以往，不但對身體健康造成損害，同時會使人感到壓力和沮喪，如果是這樣，不妨給自己放個假，到一個自己一直嚮往的地方去旅遊。當感覺現在的工作已無法忍受，每天都在強迫自己上班，這時不妨考慮換一個工作。不要把一時的得失看的太重，而損害了身心健康。

❹ 將不快以適當模式發洩出來，以減輕心理壓力。要敢於把自己不愉快的事向知心朋友或親人訴說。當極其憂傷時哭泣、讀詩詞、

寫日記、看電影、聽音樂都是常見的宣洩模式。節奏歡快的音樂能振奮人的情緒。

❺ 多與人交往，擺脫孤獨。每個人都有一種歸屬的需要，會習慣的把自己視為社會的一員，並希望從團體中得到愛。研究發現，人際交往有助於身心健康。當你真誠的關心別人幫助別人，無私奉獻自己的一片愛心時，你會欣喜地發現，你獲得的比你給予的更多。千萬不要因為怕別人不高興而把自己和他人隔絕開來。孤獨只會使抑鬱狀態更加嚴重。

❻ 增強自信心，做情緒的主人。人在正常狀態下是可以透過意志努力來消除不愉快情緒，並保持樂觀心情的。一是有意識地獲取成功的體驗；二是不在乎別人對自己如何評價；三是善於發現自己的長處。知識是自信的源泉。要學會容忍，培養堅忍的毅力，用積極進取精神取代消極思想意識。把事情看透，心胸開闊，情緒就能保持穩定。

❼ 學會幽默，自我解嘲。對於令人苦惱的缺陷，「幽默」和「自嘲」是宣洩積鬱、平衡心態的良方。當你遭受挫折時，不妨採用阿Q的精神勝利法，比如「吃虧是福」、「破財免災」、「有得有失」等等來調節一下你失衡的心理。或者「難得糊塗」，冷靜的看待挫折，用幽默的方法調整心態。

❽ 享受個人空間：不要總是想著工作，努力在每天都安排一段時間處理自己的事情，如與家人、朋友在一起。

❾ 不要給自己無謂的壓力。減少你所關注的瑣事數量，別給自己增添無謂的壓力，對自己無法控制的事情就由它去。

❿ 對待金錢要有正確的態度，不要讓物慾成為貪慾，做到金錢與生活需求相平衡，就會得到很多快樂。

　　其實壓力只是生活的調味品。人生在世，誰都希望生活得瀟瀟灑灑、快快樂樂。可為了追求所謂的快樂，卻把近在咫尺的美好錯過了。為了自己無窮無盡的貪慾折磨著、傷害著。人們為了名利整日處

心積慮，自尋煩惱，得到了它，雖能給你短暫的快樂和滿足，然而當這片浮雲飄過，它將帶走你的白晝和所有東西，留給你的，只剩下深深的痛苦和遺憾。

　　生命對於每個人都是單程車票，沒有回頭路可走。所以儘量的讓自己的心靈漫步在充滿悠揚歌聲和美麗風景的那條輕鬆自在之路的人，才是最聰明的。

chapter 02
別讓壓力毀了身體的健康

你不懂得及時為自己釋放包圍在四周的重重壓力，疾病就在所難免地都向你襲來。營養學家韋恩‧皮克林說，「太多人為了追求財富耗盡健康，之後又為了恢復健康而耗盡財富。」擁有完美人生最好的方法，是不要為了追求任何事情而讓壓力毀了你的健康，因為只有那樣，你才有機會實現你的人生目標。

1 ／ 生命中無法承受之「重」

　　想像一下，當深夜你獨自一個人在家時，突然聽到漆黑一片的屋外有異常的響動，你會有什麼反應？當然首先被嚇了一跳，然後推測是否有強盜會破門而入。在此情此景下，你的身體會立即進入高度警惕狀態：心跳加速、肌肉緊張、僵硬、口舌發乾、呼吸急促。但是過一小會兒，你發現門外是你的鄰居或是其他小動物弄出的響聲時，你的身體會立刻從高度警戒的狀態中鬆懈下來，反應也會恢復到正常。這就是說，人們對於潛在危機所帶來的壓力是會通過身體表現出來的，並且隨著感受的變化而對身體造成一定的影響。

　　從我們上學開始，一波又一波高強度的壓力，便無時無刻地不在瘋狂地襲擊著我們的身體，就算在當時還不太明確「壓力」這個概念，但也確確實實體會到在心靈上的這種沉甸甸的感覺，並且不明白，為什麼身體好像總是那麼不舒服呢？不是心煩意亂失眠，就是呼吸不暢，莫名地感到害怕。其實這一切的罪魁禍首，就是超出你能承受的範圍之內的壓力。

　　當你處於長期的壓力之下，你就會注意到身體似乎出現一系列的變化和徵兆。比如食慾不振、肌肉酸痛、容易疲勞、耳鳴心慌、呼吸困難、心跳過快等。嚴重一些的可能會引起高血壓、消化不良、皮疹、尿頻、腹瀉、免疫力下降等一系列病變。這些究竟是怎麼一回事呢？「壓力」怎麼能擁有如此「強大」的力量呢？

　　首先，讓我們先從科學的角度分析一下。科學家研究分析，處於長期的壓力之下，身體會持續產生大量的壓力化學成分，特別是皮腺酮這種損害免疫系統的罪魁禍首。對遭受高度壓力人群的測驗表明，NK（自然殺菌細胞）的活動明顯減少，而這些在血液中循環的自然殺菌細胞，可以攻擊外來的有害病菌和消滅一切突變體或癌細胞。

　　由此可見，承受壓力過多和時間過長，都可能使身體無法恢復到

正常的生理平衡狀態，更何況處在高壓下的人群，多有意無意、有條件無條件地認為自己沒有時間，通過「鍛鍊」這一有效強健體魄的方式來維持正常的身體運行。因此精神不振和疾病纏身，變成了壓力魔爪下的摧殘人體的兩件有力法寶。同時，在生活中承受諸如喪失親人、婚姻破裂、精神抑鬱之危機的人群的免疫系統，也遭到了很大的損害。

　　既然早已明白壓力會給自己帶來無窮的殆禍，為什麼不早點醒悟，對它所帶來的危險兆頭嚴加防範呢？如果提前給腦子裏繃個弦、提個醒，也許壓力就不會太過容易地趁虛而入，危害到你的身體健康，而給你生命壓上難以承受的重負了。

　　我們經常聽到人們誇獎老年人氣色好，而很少聽到有人對青年人、中年人這麼說的。市場上賣出的補品也從老年人市場轉向青、中年市場，甚至還瞄準了可憐的初生嬰兒。其實這很容易理解，誰不希望自己的身體健健康康的呢？老年人希望自己長命百歲，多壽多福；青年人希望在自己如日中天的時候不要「中道崩殂」；媽媽們則希望孩子從一出生便「享受」到科學的產物，似乎服用了某某東西就能變成愛因斯坦或是達‧文西。實際上，一個人只有先心理健康了，才有身體健康的可能。體壯如牛的人如果不為養家糊口而勞作，不為出人頭地而發奮學習，不為實現自己一個個人生目標和夢想而努力，那麼他一定是精神上出了問題。因為就連日夜誦經講求四大皆空的出家人，也有一個要往來極樂世界的人生追求！

　　說到這裏，話題似乎演變成了「追求與健康」。可「追求」是什麼，是一種人類固有的心態，是原始的、狂野的。人的一切一切的努力都是為了有所追，有所求，並在此過程中產生了沉重的壓力。如果自己的理想實現不了，或根本就遙不可及時，許多辛苦奮鬥的人就會由失落轉為失望轉為絕望，最後在茫然中吞下「接引者」（引魂人）在陰陽界中遞過來的「離魂丹」來告別陽世，他們留給人們的只是一個「懦夫」的可笑稱呼。

　　還記得某年的四月一日，無數人心目中的「完美情人」，選擇了將自己摔成肉餅，三分香魄、七縷芳魂飄飄蕩蕩地歸了離恨天。人們聞言，不由驚奇，笑道：「今天是愚人節啊，當俺是傻子啊！」可事實就是事實，不管是愚人節還是蠢人節都挽回不了了。張國榮終於以自己喜愛的自由的方式——飛翔，飄向人生最後的溫床。也許當他著地的那一瞬間，他的心是溫暖的，是幸福的，終於自由了，終於離開了無休無止的虛幻人生和流言蜚語，終於可以像兒時一樣呼吸大地的芳香了……

　　由此可見，壓力不僅能毀掉健康，更會將一個人逼上絕路！壓力所帶來的心理災難足以摧毀一個人的意志，被它所擊中的可憐同胞，只能在痛苦中掙扎、掙脫，實在不行就一抹脖子，或許這是最好的解脫了吧。

　　其實壓力所給我們加上的重量，不過是生命中的一小部分，與其揹負著它上路，倒不如將它卸下來歇歇腳，或者乾脆拋掉一部分，給自己點時間來看看身邊的美景，看看身邊花叢中飛舞的蝴蝶。你會發現，世界也如花兒一樣，開得無比絢爛。

2／飲食規律是你人生第一種幸福

　　科學的飲食是助你走向成功之路和幸福人生的最重要財富，這樣說並不過分，因為失去了它，你就失去了健康的未來。

　　然而在現實生活中，繁重的工作、生活的壓力，卻囚禁了我們享受科學飲食的自由。許多年青人認為自己簡直太健康了！他們每天都全心地投入到工作中去，廢寢忘食，看上去永遠都那麼朝氣蓬勃。他們不習慣吃早餐，因為「沒有時間」；不習慣坐下來安安靜靜地吃掉盤中的三菜一湯，因為「不夠時尚」；他們幾乎從沒有在下午六點享受過自己的晚餐，因為「需要加班」；他們幾乎在每個週末都從未碰

過家中的筷子，因為「有約會」。在年青人心目中，飲食規律不能直接創造價值，帶來利益，所以說並不重要，理所當然的應該為了他們的追求退居二線，真正的關鍵所在是他們必須在激烈的職場中角逐，和人際關係方面出人頭地，取得成功，似乎這樣才可以稱得上比較理想的人生。所以他們放棄了運動、放棄了休息、放棄了睡眠等等，來讓自己看上去像一個永遠不缺油的發動機，而且他們說：我們是健康的。

健康是什麼？從普通的意義上來講，所謂健康，就是指遠離疾病的侵擾，其實健康的含義遠不止這些。

健康所涵蓋的內容，要比單純的「不生病」廣得多。一個人能從身體上感受到舒適，能從身體力行中獲得幸福，能積蓄身體的力量並加以擴大，這個人才是健康的。但是在這樣那樣的壓力之下，越來越多的人的健康被拋棄了，最典型的是飲食的不規律給身體帶來的痛苦。

你是否有過這樣的情形，「當你感到有壓力時，面對眼前的食物，要嘛一口都吃不下，要嘛暴吃一頓，好像永不滿足似的。長期以來，你會因此產生了負罪感和恐懼感，因為你會變得很胖或者胃痛！」

事實證明，人們在承受壓力時，他們本有的飲食問題會更加明顯地暴露出來，並由此而導致災難性的後果：厭食或肥胖。於是和肥肉抗爭的運動即將上演，飲食規律又被一個新的敵人盯上了。

在社會上，越來越多的人被各種資訊傳播方式宣傳中的完美身材的男女模特兒所吸引，並且也毫不猶豫地對自己的身體大大不滿，並夢寐以求天使的面孔和魔鬼的身材。於是一場減肥大戰，在全世界不動聲色的徹底爆發了，無數年青人義無反顧且一擲千金地投入其中。

節食，自古以來是人們所公認的減肥良方，無論男女，如果夢想變得苗條動人，首先就要從自己的口中把想吃進去的食物「拿」出來。據統計，這幾年有三到四分之一的女性曾經節食減肥，而且瘦人

減肥已成了人們都見慣不怪的「奇觀」，似乎愈瘦愈快樂，她們曾採取過延長禁食期、自摳性嘔吐、抑制自己的食慾和腹泄等方法。然而，儘管在節食上耗費了大量精力和時間、金錢（用來購買抑制食慾的減肥藥品），卻很少有人節食成功。據研究表明，節食使人處於不吃東西與一接觸食物就暴飲暴食的相互矛盾的心理壓力下，這類人情緒容易波動，一旦放鬆對食物的警惕，就會有一種補償心理，從而吃個沒完沒了，絲毫不顧及自己的身體能否承受這突如其來的變化。

其實何苦呢！節食或無規律的飲食所帶來的身體上的虛弱，只會讓你在競爭中日益處於下風！你不僅在精神上有種餓肚子的恐懼感覺，而且身體更是沒有足夠的營養來維持工作和學習，長此以往，只能形成惡性循環，最後除了健康，你還會發現失去很多很多。

以《昔日重現》這首溫情脈脈的歌曲聞名於世的卡本特兄妹，給人的感覺始終是淡定又從容的。可是在他們的事業正如日中天時，妹妹卻因厭食症，被活活餓死，結束了年輕又寶貴的生命。在我們身邊，尤其是在大學生中，有相當一部分人試圖節食，因強迫性厭食症使身體虛弱到無法救治的地步的少女大有人在。聽到這裏，你似乎可以鬆一口氣了：幸虧我還沒得上！可是不要忘了，節食只是前奏，真正的交響曲開始的時候，向你打開的就只有天堂之門了。這不是危言聳聽，也不是只針對女性，每一個人、每一個年齡段的男女都應當謹記，千萬不要用無規律的飲食來控制體重，那是對身體最基本最嚴重的傷害！實驗證明，只要你合理的安排進食計畫，你的體重就會維持在足以讓你開展生命活動的水準上。

現在讓我們看一看應該如何重建良好的生活習慣。

（1）制訂飲食計畫。制訂一份明智的飲食計畫，並堅持按計劃實行。一日三餐以及兩到三次的少量點心。每次進食之間的時限不要超過三～四個小時。

（2）把一天的飲食情況寫進你的日記中去。如果你知道自己是一個飲食無規律者，如肥胖症或者是厭食症，把自己一天中進食時

間、地點與內容記錄到日記中。每一天寫一頁，即使是事情朝壞的方面發展，也不要放棄自己的這種習慣。回過頭來重新審視這些記錄時，你就可以利用它來確認哪個時段是自己最脆弱的時候，什麼時候必須重新做一下安排了。

（3）停止暴食。學會辨識可能導致自己暴食的環境，並想出應對之策，這樣一來你就可以預防暴食。同時，試著把自己的感受告訴你的朋友。在大家一起用餐時一定要注意這個問題。

（4）停止節食。學習更多的關於健康飲食，特別是關於增加更多纖維和減少多餘脂肪好處的相關知識。不要限制自己食物的種類，通過努力，逐漸地把那些被你捨棄的食物重新納入到你的食譜中，以拓寬你的食物範圍。建立一套健康而有序的飲食規律——使之成為一種生活規律，而不是節食。

（5）列出使人分散注意力的活動。這些應當是很容易進行的、令人很舒服的活動，可以使你的注意力從吃東西上分散出去，如騎自行車、養花種草、散步或者是運動。

（6）挑戰不理性的思想，弄清身材和事業的關係。你是否認為只有擁有適當的體重和良好身材的人才有價值？你是否曾經把自己看成是一位成功者，而後又把自己視為失敗者？當心，它會控制你的飲食習慣，反覆胃口的結果，就是讓你的身體疲憊不堪。但你的職業是模特兒的話又將另當別論。

（7）要知道在減肥過程中反覆是正常現象。不要讓偶然的失控，使自己變得意志消沉，這是進步的一部分。

除了習慣，我們還應該知道什麼食物是身體最最喜歡的？

有利於集中注意力：鱷梨、蘆筍、胡蘿蔔、葡萄柚。

強化肌肉及大腦的機能：鯡魚。

增強記憶力：牛奶、堅果、大米。

提高情緒：橙汁、青椒、黃豆、香蕉。

消除緊張：煉乳、杏仁、啤酒酵母。

增加舒適感：菜豆、豌豆、豆腐。

改善睡眠：麵包、麵條。

提高社交能力：螯蝦、麥芽。

增強免疫力：蒜。

提高性慾：牡蠣、羊肚菌、兵豆。

預防心肌梗塞、癌症，改善情緒：晚上請自己喝一杯紅酒吧！

不管做什麼事都要記得，身體是最重要的資本，沒有健康的身體就無法做任何事情，甚至無法感受生存的價值。所以一定要用心保養，不要在身材不好的問題上，給自己施加太大的壓力，以免因此而導致不合理的飲食習慣，摧毀了自己的健康長城。

3／別讓「愛美麗」給你的生活壓上重擔

愛美無錯，錯的是偏偏把它當成生活中的重要問題，並為此讓自己心煩意亂。

談完了飲食，下一個是存在人們心中的關於美麗的問題。現在去各大美容院或醫院要求整個「某某明星的下巴」、「某某美男的臉型」之類的青年男女逐漸增多，他們的目的很簡單不過，只是想找份更令人滿意的工作或是自己的另一半。

走在大街上，注意一下身邊的看板和那上面一張張標緻誘人的臉，不禁地懷疑到，這是從哪裡冒出來的這麼多美人？難道是自己果真醜的上不了枱面，拿不出手，對不起別人的目光？大家都越「變」越「美」，所以普通人已經堅持不住了，看著面相動人的同齡者陸陸續續的找到了高薪的工作、理想的伴侶，甚至飯店的服務生對他們的態度也比對自己尊敬有加時，你就會被強迫著不得不思考這樣一個實際問題：或許美麗真的是通往成功的一條捷徑。

儘管報紙上鋪天蓋地的都是哪家美容院毀掉了多少人的鼻子、

嘴，哪家大醫院射入的物質出現不良反應，使病人生命垂危，大家仍前赴後繼地投身到美容大軍中去。認為畢竟只是個案，自己沒有那麼倒楣就是了。

韓國的美女多得讓人眼花，這些從中學就開始整容，而且註定此生不離不棄的與之生死相隨的人，為全世界愛美人士樹立了「榜樣」，也對他們高聲吶喊助威：「看我的，照著做，沒錯的！」所以人們就成了撲火的飛蛾，即使手術成功了，當時沒事，過了幾十年後你也會後悔，早知道當初它的危害這麼大，還是保持原樣好了！

何苦把容貌當成一種壓力，而心甘情願的自己動手毀了自己呢？有一位友人，年青時臉上長了幾顆類似黑痣的東西，並因此時常受到同事的取笑。他在這樣的壓力中自卑的度過了自己寶貴的青春歲月。後來他決定「改頭換面，重新做人」，於是就找了個醫院把「黑痣」給「點」去了。此後，他的人生似乎重新開始了，娶妻生子，過著辛苦卻又富足、幸福的日子。哪知天有不測風雲，在他五十歲那一天，他突然感到身體劇烈不適，等做完檢查後醫生問他：

「你以前有沒有做過類似整容之類的手術？」

「有啊，那是在二、三十年前……」

聽過友人的陳述後，醫生沉默了一會兒終於開口了，說：「你臉上的印跡是除去了，可是它們沒有消失，而是跑到你的血液中，現在已經沒有任何藥物能控制得了你血中的那些擴散的黑色素了。我們唯一能做的就是儘量減少你的痛苦。」

友人聽後，眼前頓時出現了無盡的黑暗。

我去探望他，他苦笑著對我說，人啊，身體最重要，要那麼美幹什麼，我們都是普通人，有普通人的樣子就行了嘛，又不是非要當什麼明星，在乎別人怎麼看你，太放在心上就壞了。看看我，大兒子剛娶上媳婦，二兒子也找到了工作，剛想停下來喘口閒氣兒了，可這口氣兒卻喘不了了……

回來後，我體會著友人的那幾句話，是啊，我們都是普通人，有

著普通人的樣子就好了，別人看你相貌如何是他們的事，你又何必在意，何必有壓力，何必為此而多此一舉地去動刀動剪，非要弄得讓別人看起來好看呢！為什麼要忍受痛苦讓他們大飽眼福！也許貌美的人在社會上是佔有那麼一點優勢，可是如果他們發覺自己的美麗是以犧牲健康為代價，是要以幾十年生命為代價的時候就悔之晚矣。人生一世，只有健康，只有活出真我，活出幸福的滋味，才可以稱得上是不枉此生。

　　沒見過那麼醜又那麼開心的女人，每天黃昏經過小橋，總遇見那破腳踏車，總見那體重起碼二百磅的女人坐在車子上。那男人（想必是她丈夫）齜牙咧嘴地推著車子，黃褐色的頭髮濕淋淋地貼在尖尖的頭顱上，打著赤膊，夕陽下的皮膚紅得發亮，半長不短的褲子鬆垮垮地吊在屁股上。每次遇到有坡度的路時，男人一使勁兒褲子就掉下來，露出半個屁股。別人都累死了，那胖死人可坐得心安理得，常常還悠哉遊哉地吃著雪糕呢！臉上儘是笑，女人笑得眼睛更小、鼻更塌、嘴巴更大。她的臉有時可能搽了粉，黑不黑，白不白，有點灰有點青，粗硬的曲髮老讓風吹得在頭頂糾成一團，而後面那瘦男人就看得那麼開心，天天帶著老婆去看夕陽、去畫畫，車上的肥老婆天天坐在那兒又吃又喝。有一次不知怎地，腳踏車不聽話地直往橋角下一棵大樹衝去，男人直著脖子拼命拿腳在地上「剎車」，褲子都快全掉下來了，腳踏車還是往大樹一頭撞去，女人手中的碎冰草莓撒了她一頭一臉。我起先咬著唇忍著不敢笑，誰知那男人一手丟了車子，望著坐在地上的老婆大笑不止，女人一邊抹去臉上的草莓，一邊咒罵，一邊跟著笑，然後二人手拉著手拾起畫夾和車子，到他們常去的河邊看夕陽。

　　唉，管什麼男的講風度，女的講美貌，什麼社會競爭，人生的理想，生活的目標，什麼經濟不景氣，這兩個人，每天快快樂樂地作畫，換錢，每天快快樂樂地拾樹上掉下的果子，釣魚，然後跟著星星回家。

醜成那樣，窮成那樣，又有什麼關係呢？

人們常說，智慧加上美貌，尤如甜水里加上蜜糖。可是就算沒有美貌，在這個贏得競爭才能生存的社會裏，你依然是那杯人們都想得到的甜水。美貌與否，只是一種可有可無的附加品，基本上不會影響到你的「品質」。

還需要印證這些話嗎？你把眼光放在當今世界的重要政客；財富的主要擁有者；華爾街的大亨，他們中有幾個長的美貌如仙呢？如果人們只喜歡和讚歎美貌者，永遠年輕的吸血鬼倒可以成為人類的偶像了。

例子不用再舉，如果你覺得我的話空洞，倒可以看看你曾經和現在的老闆、上司，之所以你會覺得他們美、值得尊敬，首先是因為你折服在他們的聰明才智之下吧！

所以不要再和自己的「面子」過不去了，沒人會給你在這方面加壓，除非是你自己。生活擺在我們面前是甜是苦，關鍵是看我們以怎樣的心態去品嘗。醜一點的相貌沒有什麼過錯，有錯的是你以醜陋的眼光去看待社會，以為它只是一個浮華豔麗的世俗之地，而忽略了它的真實。即使我們長相平庸，身無分文，只要我們認真地對待生活，就沒有什麼可以成為通向幸福之路的絆腳石。別再讓容貌成為你心中的石頭了，讓它成為毀掉你健康的一大兇手，那就實在不值得了。

4 ╱ 對酒精大聲說「不」

酒精雖然麻醉了你，卻麻醉不了生活，世界還是按照它的方式在進步，只是被酒損害了的健康卻一去不返了。

儘管這個世界上的人膚色、種族、風俗習慣、文化、宗教什麼都可以不同，但有兩點卻驚人地相似：一是不管是在什麼地方，人們都離不開酒，二是酒的作用都是用來麻痺神經的。

　　中華民族的酒文化可以說是淵遠流長。自夏朝伊始，中原人民就已經懂得用剩餘的糧食釀酒，到三國時期就有了知名品牌，就是廣告上一個威武戎裝扮成曹操的演員，舉著一個酒爵意猶未盡地高呼：「何以解憂，唯有杜康！」從此「杜康」酒就成了兩千多年來的絕對貨真價實的「文化酒」。緊接著，劉伶又抓緊時間打響了第二個品牌「劉伶醉」。等到李白謫仙人的時候，中原人士都在稱讚「葡萄美酒夜光杯了」。西域的情況跟咱差不多。不過他們少有白酒、黃酒，而是用瓜果來釀造，一樣的香氣撲鼻，一樣的醉人心脾。好了，現在先不討論歷史了，畢竟和咱們要研究的話題相距甚遠。

　　那麼首先應該問問你了，你為什麼要飲酒呢？

　　認真琢磨以下你飲酒的目的，把這些個理由加到下列的原因之中：

　　因為我很煩，所以我飲酒，一醉解千愁；

　　當感到緊張的時候，飲酒有助於我的情緒的放鬆，所以我飲酒；

　　為壯膽而飲酒；

　　因為我感到有壓力，我才飲酒；

　　我必須在社交場合中飲酒。

　　其實從人性化的角度來講，飲酒本身並不成為問題，適度小酌可以促進血液循環，但過量的豪飲，可就會對你的身體造成難以估量的損害了。它會很容易使你產生對酒精的過分依賴，從而產生危險性。

　　總結你飲酒的原因，只用一句話就可以概括，那就是你感覺到處於無法掙脫的壓力中，或是剛剛從一個壓力下解放出來，而認為是件值得慶幸的事。

　　當一個人面臨巨大的來自於四面八方的壓力或挫折時，他第一個念頭就是想藉酒消愁。這是不可取的做法，因為酒精雖然會使你在短期內緩解痛苦，但從長遠來看，一旦你為了「消愁」而狂飲形成了習慣，那你就會沉溺在酒精這種慢性毒品中不能自拔，只能聽之任之的任由你的身體需要的酒精濃度越來越大，終有一天會到了不依賴酒精

就鎮定不下來或難以入睡的可怕境地。

　　是的，酒精是能令人感到很放鬆、很快樂的，甚至會產生一種讓你飄飄欲仙的作用，暫時忘掉人生的煩惱。可是當你清醒過來時，你會發現心底有一種徹底又恐怖的空虛。

　　必須承認的是現代社會飲酒有助於人際關係的溝通，「酒桌上出感情」、「感情深，一口悶，感情淺，舔一舔」等常見的俗語，讓人們不得不在接待客人或朋友的聚會上敞開了肚皮喝，好像喝得越多、醉得越爛，你們間交情也就越好似的。其實不然，沒有人天生就是酒壺，也沒有人天生愛飲酒，誰不知道，酒精對肝臟、對心臟和其他部位都能產生致命的影響呢？誰不知道酒精是會讓你的思維產生混亂、協調能力下降、靈活性喪失的危險物品呢？它們不僅縮短人們的壽命，更會收取人們的生命，酒後駕車導致事故的發生率有多高，你看一看每天的報紙心中就有數了。另外，酒精過量還會破壞家庭的和諧與完整，無休止的爭吵甚至是家破人亡，都會給你和你的家人帶來沉重的壓力。

　　張先生四十有七，從鄉下走出來的他，經過半輩子的辛苦打拼，終於從一名普通公務員升任到了某市的重要幹部，他的妻子溫柔而賢慧，膝下兩個女兒也活潑可愛，其中的大女兒已如願考入了藝術院校。然而，正當他心中滿是高興、幸福、滿足的時候；正當他那位當小學教師的妻子勤苦的滿是皺紋的面容剛剛舒展的時候；正是他大女兒歡天喜地走進校園憧憬美麗人生的時候，張先生在一次與朋友們的聚會中多喝了兩杯，當晚回到家中便心臟病復發，連搶救都沒來得及，就與世長辭了。

　　這一下，在母女的心中是天塌了下來，她們心中的痛苦和今後生活的重擔，和所有遭受過失去親人打擊的人們心中最深切的傷痛是一樣的。

　　上述的例子只是比較和緩的一個，在我們身邊，為應付場面而犧牲在酒桌上的人難道還算少嗎？為什麼不拒絕飲酒呢？為什麼非要以

飲酒作為緩解你生活、職場上壓力的方法呢？酒精這個東西，只會對你的身體造成巨大的損害，只會給你和家人帶來無盡的痛苦！

如果現在你已經意識到了它的危害性，在這裏先恭喜你了，亡羊補牢，猶未晚也。現在你想控制飲酒的話，就照下面的去做吧！

（1）制訂飲酒的規定。寫出飲酒的最基本規定，而後堅持照章辦事。例如：

不要一個人獨自在家飲酒；

只限於用餐時間飲酒；

克服想飲酒的想法。

（2）記錄飲酒的次數。記下一週內自己打算飲用的酒量，以及實際的飲用量。如果你感覺想喝上一杯，就把這種狀況定為「緊急」，打十分。在這種定級中，一分表示想飲酒的慾望最低，而十分最高。

（3）在脆弱的時候給自己一種信心。利用自己的日記來確認「高風險」狀況，並從一開始就避開它們。對自己的飲酒習慣要有更多的認識。當你感覺好一些時，再回到高風險處境，並堅持不再飲酒，從而獲得自信。

（4）減緩速度與削減數量。

以啜飲替代海飲；

啜飲後，把杯子藏起來；

晚上可慢慢飲，喝上個把小時，或改喝低度酒以及不含酒精的飲料；

如果覺得渴了，先來一杯不含酒精的飲料，不過最好是白開水；

儘量放棄購買烈酒的想法或將烈酒稀釋後飲用；

在酒吧喝，減少購買酒的數量；

在家中，儲存不含酒精的飲料或者是低度酒；

切勿大量儲存酒類。

（5）學會說「不」。不要讓他人強迫你飲酒，避開所有能推掉

的飯局。

（6）改善自己的放鬆技巧。以一些新的活動來佔據自己的時間，特別是那些鍛鍊和放鬆活動，在充滿陽光的日子裏到街上走走，只是不要直衝酒吧過去。

（7）抗拒酒精的誘惑。分散你自己的注意力，打電話給朋友、出去散步或者是洗個澡。

（8）挑戰自己的思想。對自己說：「我不需要飲酒、我很堅強、我能做些改變。」

（9）預料到戒酒的反覆性。一次故態復萌並不表示你失敗了，要從失敗中汲取經驗。

要記住，酒精是一種會讓人上癮的東西，若想你的身體能夠輕鬆愉快，最好首先遠離大量酒精的騷擾。把酒精踢出你的健康日記中吧！

5 ／ 你的身體不喜歡「給我一支煙」

煙草原產於美洲，十八世紀傳入中國，並以難以想像的速度傳播開來，一發而不可收拾。在今天，香煙已經成為某種頹廢文化的象徵，並且以巨大的破壞力，摧毀熱衷於它們的人類的身體。

相對於酒精給人迅速的麻醉，吸煙是算得上比較「溫和」的有效「緩解」壓力的方式了。經常在電視裏看到這樣的鏡頭：一個受到驚嚇的男人或女人，來到一個他們認為相對比較安全的人身邊或一個屋子裏，就會接過旁人遞過來的一支香煙，然後哆哆嗦嗦的全身就會如同大赦一般，隨著那一口煙霧的吐出而平靜下來；或者是一個相當冷酷的人，在大敵臨近時篤定的臉被籠罩在煙霧之中，還有妖媚的女人夾著一支香煙時，顯得更加性感撩人……也許你真的被這些場景迷惑住了，要嘛是深信煙草會帶給你冷靜、鎮定，要嘛就只是純粹在裝

酷。可是當你吸煙成癮，而把身體完全暴露在煙草所帶給你無窮無盡的身體壓力任它宰割時，你可真就成了「玩火自焚」了。儘管你最初的目的只是為了緩解一些從天而降的壓力，但最終的結果只能是你為緩解壓力而吸煙，但是吸煙對你身體造成的莫大的危害，給你又加上了身體的重負。由此下去最終演變成了惡性循環。

　　也許你是個老煙槍，吸了幾十年的香煙到現在為止身體還算不錯。可是你知不知道，由吸煙而引起的肺癌是多麼可怕，大約百分之六十～七十的病人在發現肺癌時，是已經喪失了最佳手術時間的，許多人都會被誤診為肺炎與支氣管炎，直到病人反覆發燒、感冒、呼吸道感染後去就診時才被發現。到這個時候，再想千方百計地挽回自己的生命顯然已經來不及了，最後只剩下自身的無比痛苦和對親人造成的巨大傷害了。

　　在一位醫生的記憶中，一位肺癌病人臨死前求救的眼光、求生的渴望，給了他刻骨銘心的記憶。這個二十四歲開始吸煙，已有三十七年煙齡，越吸越多，一天兩包。你說吸煙害人害己，他說吸煙利國利民；你說吸煙導致癌症、肺氣腫、冠心病三大害處，他說吸煙有健腦、安神、有利人際交往、夏天防蚊、省裝防盜門五大好處。老婆跟他講理、勸說、吵架、打架都一概無效。他最後說：香煙就是我的命，我寧可戒飯也絕不戒煙。看來真是沒辦法了。

　　但奇蹟出現了，三十七年煙齡，他一分鐘就把三十七年的煙癮給戒了。什麼原因呢？一張 CT 片顯示晚期肺癌轉移了。眼前多美好的世界，但流水落花春去也！在以後三個月的日子裏，他惋惜、後悔、痛苦、自責、恐懼，但一切都無用了，死神一天天走近，噩夢一天天增多。有一天他用很真誠的眼光，很虔誠的口氣對我說：「大夫，求求你，救救我吧，救救我吧！我還想活，我不想死。昨天夜裏，我夢見一個很可怕的魔鬼，兩眼凶光像刀子一樣，伸出尖爪直掏我的心臟，我嚇醒後一身冷汗，你救救我吧！」手術、化療都沒能救回他，我的心也像刀紮似的一樣劇痛。我想，任何人只要看一看他的眼睛，

接觸一下他臨走前求救的眼神，任何一個人，只要是有理性，愛自己、愛家人的人，就再也不會吸煙了。

看到這裏，你是否已經感到深深的危機，而迫不及待想要戒掉吸煙這個壞習慣呢？雖然戒煙是很困難的一件事情，需要極大的毅力與耐心，但想想香煙這個殺人於無形的冷酷型殺手，你必須得有堅強的意志去戰勝它。當然，也缺少不了家人的幫助與支持。如果你真的想要戒煙，就選擇生活中一段比較輕鬆的日子來實現你的目標吧。

關於戒煙首先要具備的幾個想法：

（1）決定戒煙。以健康為首，列出十到十五條戒煙的好處。把這張單子釘到每天都可以看到的牆上。

（2）逐步減少每日吸煙的數量，然後計算出一週七天自己都抽了多少煙，並制訂出符合實際的削減計畫。從最簡單的著手，每天減少一定的數量。每週遞減煙量，直到最終戒除。

（3）避開一些明顯的刺激。堅決不可入座吸煙區或進入酒吧等煙酒繚繞的地方。改掉舊習慣，以茶和餅乾、乾果、口香糖取代咖啡或煙。

（4）挑戰自己的思想。在自己想抽上一支的時候，切勿對自己說：「我必須來一支。」而應該說：「我很想來一支，但我不需要。」仔細想一想自己為什麼要戒煙。

（5）把煙頭搜集起來放到一個罐子裏。把吸過的煙頭放到一個有蓋子的罐子裏。當你感覺有吸煙的衝動時，揭開蓋子，聞一聞這種刺鼻的氣味，既能緩解一下煙癮，又能起到警示作用。

（6）學會說「我不吸煙」。在鏡子前多次練習說「我不吸煙」，直到自己可以脫口而出為止。切勿說「我已經戒煙了」。

（7）善待自己。用自己戒煙積存的錢，給自己買一份夢想已久的禮物。

專家提供的五日快速戒煙法：

埃及艾因・夏姆斯大學等醫學院，成功地開辦了多期五天戒煙

班，參加者戒煙率達百分之九十五，一些有五十年煙齡的人也高興地和香煙告別了。

第一天，要早睡早起，放鬆神經。飲食清淡，多食蔬菜、水果，喝酸性果汁和溫水，進行散步等運動，沖澡，加速排除體內殘積的尼古丁。不要食用容易引起煙癮的高糖、高脂、高蛋白等食品。

第二天，可增加些蛋白質、乳製品，儘量少接觸吸煙的環境，並開展勸阻別人吸煙活動。

第三天，最關鍵，堅決克制強烈的吸煙嗜慾，打消吸煙念頭，用深呼吸、喝水等抵制、分散煙癮。

第四天，煙癮減弱，體重會增加，特別注意不吃零食，進晚餐要少而早，並服些維生素 B。

第五天，初步擺脫煙癮的折磨。以後可逐步恢復原有的正常生活、飲食習慣。但仍要注意多吃水果、蔬菜，進行散步等體育活動。

以上我們所談的這些，不過是最常見的由於難以承受壓力而採取的不正確的「緩壓」的方法。它們對身體所造成的影響是用時間來證明的。如果你不想被煙酒過早地毀掉身體的話，就照我所說的去做吧！

6／過度疲勞是威脅你健康的殺手

永遠要高度緊張；永遠要保持活力；永遠要看上去朝氣蓬勃。可是你的身體會抗議的，看！你疲勞的時候就是它在「罷工」了。

如果你平時覺得自己身體狀況還算不錯，可是最近一兩天之內卻沒來由地「垮」了下來。做什麼都覺得沒精力、失眠、精神恍惚、使不上勁兒，肌肉都不聽使喚。你會覺得很累，精疲力竭，再加上你為此而耽誤了工作和生活所帶給你的深深的憂慮，你簡直就像一下子步入人生的晚秋，已經「心力交瘁」了。

　　其實大部分人都有過這樣的體驗。這種疲勞並不是生理上做的事過多而產生的肌肉勞累的感覺，而是由於情感和生理兩方面的因素共同作用的結果，是一種長期壓力之下身體的一種抗議的方式，要是你覺得歇息幾天就會緩和過來，在短期內可能會有所幫助，但是從長遠看來，只會讓你一次比一次的感覺更疲勞、更累。那麼究竟是什麼原因造成了這麼可怕的疲勞狀況呢？

　　疲勞其實有兩方面的含義：身體疲勞和心理疲勞。身體疲勞自不用說，心理疲勞才是罪魁禍首。這是因為在現代社會，人們無時無刻不處於壓力之中，長期的學習壓力，精神負重，在工作、事業開創、人際關係處理和家庭角色的扮演，對事業和家庭的不斷權衡方面，總是陷於一種思考、焦慮、煩悶、恐懼、抑鬱的壓力之中，從而使心理陷入「心力衰竭」的狀態。你看，每天都那麼忙，哪有時間能夠好好休息呢？更有甚者，如果再有點完美主義傾向，那簡直就太累了，太不要命了，一刻都停止不下來，這種情況一旦有所持續，就會發展為疲勞綜合症，嚴重地威脅著你的健康。

　　休息了兩天，星期一上班，卻見同事無精打采，一臉疲倦，我問她這兩天忙什麼了？她說整理房間、清理櫃櫥、大清掃、洗衣服、被褥、床單、窗簾、擦門窗、桌櫃、地板，兩天沒閒著，比上班還忙。我以前去過她家，特別乾淨，名副其實的一塵不染，可以和星級酒店媲美。

　　就像廣告上說的，能夠有一個五星級的家當然是好，可是要看看付出的代價是不是太大。有了夠星級的家，又得打掃除塵，天天忙個不停，這並不是一件合算的事。記得有一位名人說過：並非所有的事情都值得全心全意做。

　　讓自己整天忙的像個歇不住腳的陀螺，沒有休息的時間，在假期裏不僅不能從繁忙的工作中得到放鬆的機會，還會讓心情變得更糟、更累，結果當然是拖著愈加疲憊的身體去迎接新的一週的挑戰。你說，這樣的生活除了痛苦，還有什麼樂趣可言呢？

　　世界太大了，想做的事太多了，可是人生太有限了，能做得過來嗎？許多人在許多事情上把自己弄得精疲力盡，等到了真該做點什麼的時候已經力不從心了。人說難得糊塗，其實是在細枝末節的事上粗糙點，留著精力留著體力去做真正有意義的事。

　　現在讓我們來看一看，你有沒有過心理疲勞的跡象呢？

　　❶ 早晨起床後總感覺沒有睡醒，渾身無力，四肢沉重，心情不好，甚至不願意和別人交談；

　　❷ 學習、工作不起勁，什麼都懶得做，工作中錯誤多、效率低，心情特別煩悶；

　　❸ 容易感情衝動，神經過敏，稍遇不順心的事便大動肝火；

　　❹ 眼睛易疲勞，視力遲鈍，反應慢，全身感到不舒服；暈眩、頭痛、頭重、背酸、噁心、胸悶等；

　　❺ 困乏，但躺在床上又睡不著，晚上又一次次失眠；

　　❻ 沒有食慾，挑食，口味變化快等。

　　心理疲勞表現突出的人，似乎總在忍受著一種精神痛苦的折磨，心中積壓著諸如悲傷、委屈、苦悶、煩惱、不平等抑鬱之情，總感到自己生活得很累，期盼能解脫一些。但現實生活的壓力只能由他們這些中堅力量承擔，所以「明知山有虎，也向虎山行」。

　　沒有別的辦法，看來針對這些不利健康的因素，是該採取有效措施的時候了！那麼該如何戰勝疲勞呢？

　　❶ 增加活動量。制訂每天的活動計畫。在短期內，從最簡單的運動開始，而後慢慢增大強度。

　　❷ 挑戰自己的思想。提防「不左就右」、「不黑即白」的極端思想，如「今天我什麼事情也不能做」，或者是「我的狀況不會有任何的改善」。以更為理性的和積極的聲明來挑戰這些思想，如「今天我需要安排好自己」和「我正在慢慢地取得進步」。

　　❸ 不要細想自己的感受，否則容易陷入不必要的麻煩中。分散自己的注意力，把注意力集中到不同的事情上。

❹ 有規律地安排睡眠時間。每一天都在同樣的時間上床和起床。

❺ 改進你的生活方式。養成健康和均衡的飲食習慣。合理安排一日三餐，做些體育鍛鍊。不飲酒、抽煙，因為這兩者會使你更疲勞。

❻ 預料到事情會有所反覆。故態復萌是進步的一個很正常的組成部分。不是有人說過，遭受疲勞折磨的人群在恢復良好感覺之前，可能會感覺更糟嗎？也許這就是黎明前的黑暗吧！所以不要過於擔心！

學會有效的釋放疲勞釋放壓力吧，精力充沛地過好每一天，在適當的時候給自己放個假，享受一下美好的生活，心情會變得更加燦爛，身體也會跟著快活起來。

7 ／ 離濫用藥物遠一點

緊張忙碌的生活讓你的精神處於沉重的壓迫之中，並由此引發了令人痛苦不堪的睡眠問題。你覺得沒有藥品的幫助就難以入眠了。

留心你的周圍，你能一天不下幾遍地聽到下面這些話：

「我好累噢，昨晚又失眠了，煩心事一件接著一件地閃現在眼前，怎麼閉眼怎麼數數都睡不著。」

「剛才我又趴在桌上打盹讓主管給看見了，他已經發現我好幾次了，完了！可是我怎麼總也改不掉白天打盹的毛病呢。」

「每天下班回家後我渾身一點勁兒都沒有，吃過飯就想睡覺，還總也睡不著，有時不得不依靠藥物……」

這些言語反應了現代許多人的最普遍的想法，包括你自己，也有被疲勞壓垮的時候。實際上，你被壓力毀掉的睡眠，回來報復你的身體了。

疲倦通常是睡眠不足引起的，而睡眠又與一個人當天的心情有著

莫大的關係。如果一個人生活在高壓之下，不可能會過得很開心，當然，他也比那些不知憂愁為何物的鐵小子們容易疲倦得多，也更容易患上失眠症。有關資料顯示：

在已經過去的一百年間，號稱會享受生活的美國人的平均睡眠時間減少了百分之二十。

自一九六九年後，美國人的年工作時數和上下班通勤時間增加了一百五十八個鐘頭。

疲勞所導致的生產力喪失，使每年每人造成一千美元的生意損失。

醫院診所裏擠滿了覺得自己老是精疲力盡和飽受失眠痛苦困擾的人。既然你無法避免工作和生活中的事情所帶給你的種種麻煩，你也無法讓自己每天都能沉浸在美夢中，那就選擇給自己一個放鬆的機會吧。像美國首任總統喬治‧華盛頓那樣，經常性的幾天，甚至幾星期不見人影的跑去休息，以恢復一下繁重的工作下日益疲憊的身體和精力，不能不說是聰明的做法。如果你夜晚或者白天休息不夠、睡眠不好，那麼不僅維持不了第二天的工作所需，長此以往你的身體將會受到極大損害。比如說免疫系統衰弱、抵抗力下降、腸胃系統出現紊亂、及對自己伴侶的關愛程度明顯降低等等。

也許你會認為，那些高成就的人不會覺得他們睡眠不足會有什麼不便，相反卻可以證明自己有過人的精力，你會認為工時長或努力一點，雖然得少睡一些，但可能得到較高的薪水。

但是據調查顯示，多數成功的人都有規律、充足的睡眠習慣。不管他們就寢時間早晚，每天和每星期都要睡夠，才能保持活力，向前衝刺。

如果你不時看到高成就的人平均每天只睡四、五個小時的故事，你必須要知道：

每個人需要的睡眠不同。和你自己比較就好。如果你需要八個小時才能讓自己恢復過來，而現在非要只睡四個小時，絕對會給你的精

神和身體帶來莫大的痛苦。除非對那些在別人睡覺時間裏還在努力工作的人的睡眠模式，做過長時間追蹤研究，否則誰也不知道長期的影響如何。可能這樣的人會發生嚴重的失調症。誰知道呢？

壓力偷走了我們的睡眠，這並不是件值得驚奇的事，幾乎所有的人在生命中的某段時間內，都曾遭受失眠的困擾。失眠常常出現在過多的需求使你感到有壓力之際。在生物心理學上，作為「反抗或者逃避」反應的一部分，血液中腎上腺素的增加，促使你的身體變得緊張，隨時準備採取行動。你無法放鬆，這還可能影響你睡眠的品質，導致惡性循環的形成——你越擔心失眠，你就會越加感到焦慮，而焦慮的程度的增加，反過來又使你的睡眠減少。如果你注意到這一切已經發生，就應當盡力避開這種惡性循環。做一些別的或者是分散自己注意力的事情，比如讀讀書或者冥想。

在偶爾睡不著的時候，若遵醫囑適量服用安眠藥是可以的。但是若把它當作生活的必需品，長期地對它有所依賴的話，則會產生強烈的副作用：安眠藥將使你在次日感到疲倦和煩躁，而且晚上你需要再次服用才得以入睡。由此產生了惡性循環，對你的身體健康情況又要多一份壓力。

睡眠不足所帶來的危險，以開車時表現最為明顯，有不少人認為坐在車子那狹小的空間裡加上舒適的環境，馬上就會讓人昏昏欲睡，更何況你還可能晚上失眠或加班到深夜。比如你所乘坐的長途汽車或者末班車上的司機，可能都會時不時地打幾個哈欠，可能都處於「微睡」的狀態中，你看這樣的話，風險性該有多高？

如果你沒有足夠的智慧與統籌全局的能力，而又不得不生活在較大的壓力之中的話，你也許會過的很抑鬱，沒有幸福感可言。此時若是能美美地睡上一覺，緩解一下身體上的疲憊，你就發現天空是蔚藍的，空氣也格外的清新，或許你有種恨不得馬上蹦起來出門去工作的慾望和衝動。所以保證睡眠品質，是你要必須首先關心的問題。現在你可以跟著下面的方法做：

❶ 在上床之前先放鬆。洗個熱水澡，喝一杯牛奶或者是聽一聽輕音樂。

❷ 遠離刺激物。在睡覺之前的幾個小時內，不要喝茶、咖啡或者可樂之類的飲料。同時晚餐還要避免吃辛辣的食物或者大魚大肉。

❸ 確保自己的房間很安靜，床要舒適，並開著一扇窗戶，以保證空氣流通。

❹ 保持有規律的睡眠時間。無論是否很累，每一天都在同樣的時間上床和起床。不要在白天打瞌睡。

❺ 把床看作只是睡覺的場所。不要在床上吃東西、看電視或者談論令人煩惱的事情。

❻ 睡前可以做一些適當的鍛鍊，如游泳或者是散步，當然，這要因人而異。

❼ 不要過量飲水。避免在夜間起來上廁所。

❽ 玩一些分散注意力的遊戲。可回憶聯賽中足球隊的名稱、學校中的人員或者是數最基本的數字，以此來分散自己的注意力。

❾ 做一些無刺激性的事情。如果你無法在半個小時內入睡，從床上爬起來，走到另外一個房間，做十~十五分鐘無關緊要的事情，如閱讀或者是熨衣服，來緩解一下緊張心情。

❿ 做一些漸進式的肌肉放鬆鍛鍊。躺在床上，繃緊體內肌肉群，然後慢慢地放鬆，試著學貓咪那樣伸伸懶腰和深呼吸。

⓫ 在桌頭放一個柑橘或檸檬香精，都會有助於你的睡眠。

⓬ 學會打盹，以所謂的馬車夫姿勢分開兩腿坐在椅子上，頭和上身微微向前傾，手和小臂自然地放在大腿和膝蓋上。

在接待室、火車上和其他類似的場所：把背挺直、靠好；頭向前傾或向後仰；為了保持血液循環暢通，兩腿不要相互疊放。

辦公桌前：雙手、雙肘平放在桌面上，然後把頭枕在上面。

改變姿勢：以一個既平又不要太硬的公事包、一件疊起來的毛衣或者是一件夾克代替枕頭，或者乾脆放一個小靠墊在辦公室，用雙臂

把這個「枕頭」抱好，然後把頭枕在上面。

　　這樣的小睡對於身體恢復所起的作用，完全可以和時間較長的午睡相媲美，有時甚至比午睡效果還要明顯，一般時間為四～二十分鐘。

　　相信只要你以適當的方式改變自己內心的對生活的態度，只要你不把工作中的惱人事情帶回家，只要你還熱愛你周圍的一切，你會睡得越來越開心的。

　　但是另外一種由於壓力過大、焦慮不安或是由於情感上的失落，而影響了正常精神的抑鬱的情況，卻必須通過治療的手段加以抑制。在醫院裏，醫生會開一些鎮靜劑之類的藥物給深陷其中不能自拔的人群。服用鎮靜劑的好處是它們可以在短期內減輕你的焦慮情緒，有助於你應付一些自己可能會逃避的困境，使你的工作效率提高，使你的生活變得輕鬆一些。但是它並不能從根本上掩蓋你的焦慮，相反，會讓你沉浸在藥品中不能自拔，而且會使你喪失自信，更為深切地感受到壓力的真實性與可怕性。同時，你還會發現自己昏昏欲睡、食慾不振、口乾、頭暈和協調能力下降，會讓你行為更加失常，甚至在生活中失態。

　　三十四歲的李媛在一家公司做個小白領，由於競爭壓力太大，她對工作總是全力以赴。這一年來，不知怎的，她經常坐立不安，心跳加快，頭昏眼花，明明核對無誤的資料卻總不放心，要再三檢查，一向是美食主義的她，對吃也提不起興致。看腸胃科，醫生說：「腸胃蠕動不良，應多注意飲食。」看內科，醫生說：「血壓高了些，要注意睡眠，多休息。」中藥西藥吃了一陣子，效果卻不明顯，她漸漸感覺人生索然無味。最後在友人陪同下，李媛踏進精神科門診，經醫生診斷，原來這是典型的精神焦慮症。現在別說去工作，連生活都受到了嚴重的干擾。醫生給她開了鎮定劑，李媛以為有了藥物控制就可以像以前一樣工作。現在她的精神已經日漸不支，不得不辭職回到父母身邊休養了。

　　如果你不得不服用鎮靜劑了，也不要覺得過於恐懼，把藥的劑量

控制在不會影響正常的工作和生活的範圍內，就不會對精神造成太大的影響，或是使身體其他部位產生行動障礙和疾病。如果想緩解抑鬱的壓力，從精神上開始調節才是治本之法，焦慮患者發病時總胡思亂想，如果不能以藥物控制則會痛苦不堪。這時你可採用自我刺激法，轉移注意力，如聽喜歡的音樂、看有趣的書、從事自己喜歡的運動等，來忘卻其痛苦。科學證明精神的放鬆有助於緩解焦慮引起的不適。精神放鬆的人會處於鬆弛、寧靜、自然的快樂之中，更有助於你擺脫對藥品依賴的痛苦。

❶ 選擇自己生活中比較積極的一段時間。在自己還未處於生活危機的高峰期，便開始戒斷計畫。這種時間段一般是你在感覺最為放鬆的週末或節假日。

❷ 逐步削減劑量。與自己的醫生協商，並徵求他們的意見。這可能要花上兩個月，或許更長的時間。

❸ 停藥後會出現的情況你要早做打算。這些並不是焦慮徵兆的故態復萌，即使感覺起來它們很相似。要學會一種放鬆運動，比如瑜珈術和普拉提。

❹ 保持積極的態度。一小時接一小時地面對隨後的幾天時間。戒斷時出現的徵兆，也不會永遠地持續下去，而且不會帶來傷害。

❺ 建立自己的社會支援網。與自己的親友、家人、醫生或者是顧問進行交談，讓他們知道自己所經歷的一切。

❻ 讓自己有事做。以各種事情分散自己的注意力，使自己的思想遠離戒斷的壓力。例如從事一些自己很喜歡的、令人心情舒暢的、分散注意力的活動。

其實最有效做法就是相信自己，你應該首先肯定地對自己說：我能戰勝壓力，奪回自己甜美的睡眠和心理健康！我有高學歷和高素質，什麼困難能阻止和戰勝我這樣一個將會在世界上創造最高榮譽的人呢？記住，戰勝你自己就是戰勝疾病，戰勝壓力，戰勝生活！

8／今天你吃過止痛片了嗎

　　幾乎所有的上班族都有過疼痛的症狀，並且若不依賴藥物就難以忍受。其實這是在壓力之下的身體，對你做出的抗議。

　　當你感到壓力過大時，你會感到頭很痛，或者身體的某一部分會突然的不適，而且有愈見嚴重的趨勢。這種情況是由你脊柱的神經所控制的，一旦你的思維「告訴」脊柱今天我很不舒服，它就會「應」你「所需」給你「製造」疼痛了。

　　有時候你只能吃一片止痛片，要嘛就根本難以入睡。疼痛，長期的疼痛讓你無所適從，感受不到生活的美好和幸福所在。

　　也許我們當中絕大多數人要經常面對疼痛的困擾。最常見的是神經性偏頭痛和肌肉酸痛，這給我們的日常生活帶來很大的影響。因為你經常會病倒而且疼痛難忍，你的床頭就只能擺滿大大小小的藥瓶藥罐了。試問，你還剩下什麼精力去享受剩餘的時間？

　　如果要從其中尋根究底的話，不難發現，當你的生活突然變得緊張，工作上的煩心事增多，家庭關係冒出火藥味兒時，你就會像林妹妹那樣風吹吹就倒了，雖然不大可能剪兩塊藥膏子貼在太陽穴上裝王熙鳳那般模樣的病西施，但是確實也得哼唧個一時半會兒了。這就說明，疼痛不是沒來由就襲擊你的，更不是天生的，而是有客觀原因的。稍微留心一點就會想起來了，你第一次感到頭痛，似乎是在緊張的為應付考試的復習過程中。

　　壓力，巨大的壓力！工作過量、焦慮、疲勞、家庭問題是罪魁禍首！你不相信嗎？據專家估計，頭痛十之八九是與壓力有關係的。當你有了煩惱的事情時，照照鏡子，是否會看到雙眉緊鎖，太陽穴附近緊繃的模樣呢？想想看，如果你這種尊容不知不覺地保持一兩個小時甚至長達幾天，頭不痛也難啊！說到底，還是因為某種讓你感到擾鬱、焦慮的東西主導了你的荷爾蒙，當它受到外界影響而釋放大量血

清時，你大腦中的血管就會逐漸膨脹到令你忍受不了的地步了。

現在請看一看你自己是為了什麼而疼痛：

❶ 睡眠狀況：睡的太多或太少，都直接導致頭痛；

❷ 肌肉緊張：長期坐在桌子、螢幕或者方向盤前，可能導致頸部、肩部、眼部肌肉疼痛，或者引發頸椎病、肩週炎、坐骨神經痛等；

❸ 環境：你所在的室內是否有新鮮的空氣？是否安靜，是否適合休息？是否能讓你感到很放鬆？

❹ 視力下降：長期的對眼部的頻繁使用和不恰當保護，讓眼睛變得晦暗，控制肌肉的其他收縮就會引發頭痛；

❺ 高血壓：患高血壓的人會習慣性的頭痛；

❻ 食物的不合理：過量的食用有振奮精神之用的茶、咖啡、可樂、巧克力和酒精、煎炸食品，會給身體腸胃、神經中樞及生理造成危害；

❼ 內分泌失調：避孕藥、月經和絕經常常使女性頭疼、腹痛的比例大幅度增加。

以上就是最常見的疼痛症狀。當然，由於壓力從而突然誘發神經性腸胃炎，也令人難以忍受，但一方面它並不是太經常性的發作，另一方面短時期的腹瀉對人身體還是有一定好處的，所以針對這種胃腸型的疼痛，只要不十分嚴重，不要逃避，勇敢接受即可，當然也有一些事項是必須注意的，下面將會詳細介紹。

有一段時間李子經常的犯點頭痛腦熱的毛病，還腹瀉得厲害。她覺得自己是不是得了什麼嚴重的疾病，於是趕緊到醫院去檢查，醫生為她診斷後說沒什麼大礙，只是平時太費神了，可能是工作壓力大，導致身體不適應，就告訴她多休息多注意飲食就好了。李子想哪有那麼簡單，一定是醫生誤診。又過了幾日，她覺得「病情」加重了許多，而且越感覺會往壞處發展，它就真的變的更糟了。李子趕緊把工作辭掉，每天待在家中養病，去了幾家大醫院，那些醫生竟都說讓她

不要有思想包袱，「可我有什麼思想包袱？」李子生氣地想。

　　過了一個月，李子一位當醫生的朋友從外地到這邊來開會，就住到了李子那裏，等她為李子做了仔細的檢查後微笑著對她說：「你啊，就是太喜歡胡思亂想了，得了神經性腸胃炎，沒什麼大問題，你不去想它，心情開朗一點自然會好了。」李子聽後想或許還真跟心情有些關係。於是她把自己整理了一下，重新找到份很滿意的工作，她開開心心地工作了幾天，發現自己的腹瀉、頭疼不知什麼時候都不見了。

　　從此以後，李子堅決杜絕心理壓力變成讓身體不愉快的「病原體」了。

　　如果你也和李子一樣，由於精神緊張引起了疼痛而又不得不忍受它的話，先學著讓自己變得開朗起來，然後再試試這些辦法：

　　❶ 學會一種按摩技巧：對頭部、頸部和肩部區域內的特定肌肉群，交替地進行繃緊和放鬆運動，可以減輕痛苦。可以讓家人或朋友幫助按摩，舒筋活血。具體做法是用指尖輕柔地按壓太陽穴，按摩後頸部，把手掌壓在緊閉的雙眼上。聽著輕柔的音樂，千萬不要再去想生活瑣事，活動你的頸部肌肉也有助於緩解頭痛。

　　❷ 放鬆肌肉：把一個裝滿熱水的瓶子放在頸部，洗個熱水澡，把熱毛巾敷在頭部或臉部，如果腹痛就放在腹部，或者是用一塊法蘭絨或冷敷布冷敷，也會對肌肉放鬆起到幫助。

　　❸ 靜臥：在一間寧靜而昏暗的房間裏，躺下，身體完全放鬆。

　　❹ 檢查自己的食譜：把所有你認為可能會引發自己疼痛的食物剔出。

　　❺ 有規律地進行一日三餐：是十分重要的，這樣才能保證你體內的血糖平衡。

　　❻ 香精療法：將一點薰衣草油或者其他的芳香植物油滴在太陽穴上，然後輕柔地按摩，或者是在晚上往枕頭上噴一點也有助於緩解緊張的神經，再或者在室內點燃薰衣草精油給自己一個紓緩的環境。

如果你有過敏性腸胃炎的毛病，試著這樣做：

❶ 養成健康有序的飲食習慣：吃飯切勿囫圇吞棗，要細嚼慢嚥，千萬記住，享受輕鬆的早餐。多吃高纖維和低脂肪的食品，如粗麵粉麵包、水果蔬菜、果脯以及蠶豆與小扁豆等豆類，儘量少吃油膩的食物，比如肉類、油炸類。

❷ 不要逃避：儘量不要逃避有壓力的處境，因為這樣只會在長遠的將來，使你的狀況進一步惡化。要小心焦慮思想和逃避產生惡性循環。只要讓心情輕鬆起來，身體也會跟著愉快起來。

❸ 保持身體活力：通過鍛鍊使自己的思想從病兆中分散出去，特別加強那些鍛鍊腹肌的運動，如仰臥起坐。

❹ 腸氣：試一試薄荷油膠囊或者是薄荷糖，作為消除腸氣的藥物。

❺ 腹瀉：每餐飯前，喝一杯加入一小匙醋的白開水。

❻ 便秘：大量喝水。早餐多吃高纖維的食品，讓自己在廁所中待上十~十五分鐘。不要緊張。如果做不到不要著急。

人生在這個忙碌的社會，沒有壓力是不可能的事情。只是人的精神控制著大部分的身體狀況，如果你思想包袱過大，關於工作的也好，關於生活的也罷，或許你天生就喜歡杞人憂天，都會給你的身體、生理環境帶來巨大變化和疼痛，這時你再不採取有效方式紓緩壓力的話，很可能會引發更大的疾病。當然，首先是不要讓自己有太大的精神負擔就好了！輕鬆上陣就是智者的幸福與成功所在。

9／壓力會誘發高血壓

今天，已經是個高血壓無處不在的時代了，如果你不嚴加防範，下一個被「傳染」的就是你。

千萬不要認為高血壓只是中老年人或是肥胖患者才得的疾病。當

你還在讀高中時，你接受體檢，當血壓計的繃帶開始緩慢的往外放氣時，醫生對你說：「你血壓怎麼這高……」也許你的反應會像彈簧一樣立刻有了回應：「不可能！我還是個孩子！而且我每天都充滿活力，健康狀況良好，我從來沒感到任何的不適！」但是事實是醫生開始向你提出忠告了，從現在開始，你必須加倍注意和小心。

高血壓的低齡化趨勢越來越明顯，這是近些年才日見尖銳的問題。尋找疾病的源流，你就會發現原因所在。現在請回答我這幾個問題：你體重超標或過高嗎？身上是否有足夠的肌肉組織？你有飲酒的習慣嗎？香煙對你來說有沒有吸引力？你喜歡吃燒烤、油炸類食品嗎？你有鍛鍊的好習慣嗎？你一天是否有三十分鐘時間來鍛鍊你的身體？你的生活節奏快嗎？是否有壓力過大呢？

如果對以上的問號有一個是肯定的話，你得高血壓的比率就上升到百分之五十了。

在現代人的生活中，每七個人當中至少有一個人，可能會在他們生活的某段時間內受到高血壓或者血壓過高的困擾。這不奇怪，因為首先你們這些新鮮人類，沒有幾個會有健康合理的飲食規律，減肥、工作緊張所造成的普遍現象，就是讓你每天抑制自己饑渴的胃口，敷衍了事。然後為了生計而拼命的奔波、勞碌，燃燒自己旺盛的精力，努力進取想盡一切辦法和手段，讓自己始終處於精神亢奮、心跳加速的狀態，以保持高效率，高的競爭力。他們過的這種壓力很大的生活，勢必會產生更多不滿情緒和憂愁而容易大喜大悲，突然變得歇斯底里。這樣在幾年時間的累積下，在各種不良因素的刺激下，你就不幸地得了高血壓。

有人說高血壓不就是血液流通速度慢了點嘛，有什麼大不了的？可要清楚，當脂肪堆積在血管中，當你每天過於風風火火，讓自己看上去像台「永動機」。你就會有血管堵塞形成血栓和心臟病的危險，等到了這一步，你就會真實地感受到生命受到的威脅和疾病所帶來的痛苦了所以說如果你年齡還在三十五歲以下，千萬不要為了錢財、為

了時髦，而不憐惜自己的身體，過早地給自己埋下「高血壓」這顆可怕的定時炸彈。

那麼如何讓自己遠離這種可怕的疾病的困擾呢？

❶ 降低自己的體重：多吃新鮮和有益健康的食品，比如每日必不可少的青菜和豆製品。

❷ 飲食：少喝咖啡、茶和可樂，少吃糖分高的食物和乳製品。控制鹽分的攝入，同時儘量控制飲酒的量，還有「想長壽，少吃肉」。

❸ 戒煙：煙草會導致血壓暫時性升高，並嚴重損害你的呼吸系統。

❹ 堅持運動：儘量不要乘車，要多走路，每天最好給自己半小時的鍛鍊時間。千萬不要因為工作壓力太大而捨棄了鍛鍊身體的習慣。

❺ 放慢節奏：找時間放鬆自己，做一些讓心情保持舒暢的運動。另外還要適當調整自己的生活節拍。

❻ 做一些放鬆活動：研究表明，有規律地做一些積極的肌肉放鬆運動，可以降低血壓。

❼ 檢查自己的血壓：三十五歲以後，每三年做一次血壓檢查，這一定要養成習慣。

不難看出，只要你以積極的態度對待生活，以寬容的胸懷去包容波瀾，讓自己過著那種仙人般從容、淡定的生活，即使難以長命百歲，也不會受到疾病的折磨。讓幸福從關心你、釋放你自己開始吧！

10 ／ **男人的健康等於未來**

在現在快節奏的生活壓力下，男人真是越來越「命苦」。他們在眾人面前要永遠保持聰明機智，優雅從容，朝氣蓬勃，可是誰見過他

別讓壓力毀了身體的健康 ch02 083

們轉過身的背影——寫滿了無奈與疲憊。你可以說我成就了令人驕傲的成績，但是否能得意地告訴你的家人自己的身體，還像在二十歲時那般的生龍活虎？

要知道，除了一生下來就擁有享用不盡的財富的幸運人，每個人都需要通過艱苦創業的日子來改善自己的生活，實現自我價值並展示自己與眾不同的才華。但當這個人（通常是必須挑起生活重擔的男人）取得成功時，基本上大都已經遊走在不惑的年齡了，身體在這個特殊的臺階上，尤如站在瀑布之上，一不小心就有可能跌落深潭，粉身碎骨。因此年輕時只顧打拼事業的人，這個時候可就要吃苦了，更可悲的是近些年，越來越多有所成就的中年男人猝死的事件層出不窮，更讓正處在事業巔峰卻身體江河日下的人捏著一把冷汗。

是的，人的一生要想過得幸福美滿，物質是基礎中的基礎。更何況現代社會人才越來越多，競爭壓力越來越大呢！男人們常常覺得勤奮刻苦就能賺到錢，就能養家糊口，就能讓老婆孩子過上衣食無憂的好日子。但是你辛苦了幾十年，到後來錢賺到手了，自己卻被病魔死纏住，掙脫不掉，又有什麼幸福可言呢？這對你、對你的家人，都將會是一場可怕的夢。

人生一世，草木一秋。要有所成就，要賺錢，但無論何時都不要忘了，錢財是身外之物，不值得為它去拼命。只有身體才是真正的本錢，如果你的身體垮了，莫說你夢想得到幾千萬塊錢，就是金山銀山，你也拿不走了！

洛克菲勒年歲漸長後突然發覺自己的身體狀況不容樂觀，於是他給自己訂下了退休的主要「工作任務」，就是把身體搞得棒棒的，他的養生計畫如下：

❶ 每星期日去參加禮拜，記下所學到的東西，供每天應用。

❷ 每晚睡八個小時，午睡片刻。適當休息，避免疲勞。

❸ 每天洗一次盆浴或淋浴，保持乾淨和整潔。

❹ 移居佛羅里達州，那裏的氣候有益於健康和長壽。

❺ 有規律地生活。每天到戶外從事自己喜愛的運動——打高爾夫球，吸收新鮮空氣和陽光；定期做室內的運動、讀書和其他有益的活動。

❻ 飲食有節制，細嚼慢嚥。不吃太熱或太冷的食物，以免燙壞或凍壞胃壁。

❼ 汲取心理和精神的維生素。在每次用餐時，都說文雅的語言，還同家人、秘書、朋友一起讀勵志的書。

❽ 雇用畢格醫生為私人醫生（他讓洛克菲勒身體健康、精神愉快、思維活躍地活到九十七歲高齡）。

❾ 把自己的一部分財產分給需要的人。

看到這裏，我們自己嘲笑過自己許多遍，我們這些普通人那有這麼有規律的健身條件？我們需要勞動，需要工作，我們缺少的東西太多，能讓生活像大亨般從容優雅的東西太少。可是你捫心自問：錢越多，壓力越大，人們對物質的追求都是永不滿足的，就像你只想得到最大最好的那個蘋果。

在這個充滿「硝煙彈火」的緊張的讓人窒息的年代，男人的身體已經成為一個棘手的重大問題了。「五大殺手」在時刻傷害著這些社會的頂樑柱們。

❶ 「心臟」

據臨床統計，男性患心肌梗塞而入院治療的是女性的七～十倍。該病主要是由於過多的脂肪攝入及大量吸煙、飲酒造成，此外，工作緊張造成的煩惱情緒也是重要病因之一。

❷ 「肝臟」

在慢性肝炎病患者中，男性是女性的四倍。主要原因是為了應酬而不能控制的過量飲酒，另外高脂肪食品對肝臟也很不利。

❸ 「直腸」

直腸癌男性明顯多於女性。男人一般進食脂肪和蛋白質比女人多，醫學研究表明，在缺少含充分纖維素食物的同時，食用過多的脂

肪和蛋白質是發生直腸癌的一個重要原因。壓力過多使腸道功能紊亂也是元兇之一。

❹「胃」

男人們喜歡又不得不飲酒、抽煙、喝咖啡。男人們在餐桌上狼吞虎嚥，男人們經常暴飲暴食，然而當男人們無規律的飲食時，他們肚子裏的抗議都紛至遝來：胃痛、嘔吐、嘔血……醫學研究發現，男性胃病的發病率比女性平均高出六倍。

❺「前列腺」

據有關研究，男子在五十歲以後，約有百分之六十的人患有前列腺疾病。長期坐辦公室的白領患病率更高，發病時間也更早。其原因是雄性激素分泌的改變，而使尿道周圍的腺體增大。增大的前列腺被壓成扁平狀，進而壓迫膀胱而導致排尿困難。

既然都已經危機四伏刻不容緩了，對待在壓力的縫隙中艱難生存的健康，對待男人們不可預知的這筆未來的巨大財富，究竟怎樣去做才好呢？

❶ 在家中你需要這樣做：首先要養成固定的作息時間，在早上或傍晚的時候到門外來個二十~三十分鐘的散步或者慢跑，既保證了你的肌肉更加豐滿，又鍛鍊心臟和肺的功能，更能讓你精神煥發。

❷ 休息時聽一些喜歡的音樂，喚醒你在工作中疲憊的內臟。

❸ 當事務纏身時不要勉強自己，先放下手頭工作，出去呼吸一下新鮮空氣，看一會兒喜歡的小說，等情緒穩定下來再專心工作。

❹ 學會在工作時打個幾分鐘的小盹，伸幾個懶腰。

❺ 喝水不要喝酒，水流不僅能帶走體內的廢物，更重要的是沖走了體內的微型結石和致病細菌。

❻ 戒煙忌酒，保護肝臟和脆弱的呼吸系統，少吃海鮮，否則會有寄生蟲趁虛而入！

❼ 男人，多喝蜂蜜吧！黨參蜜補血健腎，棗花蜜養胃補虛，平衡陰陽，桂花蜜能調節人體內部環境，讓男人也每日「甜美」一下！

❽ 最重要的一點是心態良好，讓自己時刻有滿足感和幸福感。

現在的男人，已經不是用金錢來衡量的了。新一代的成功男性應該是這樣的：優雅、親切、睿智、健康，他們能處波瀾之中而不驚，能於危難之時而依舊閒庭信步。他們永遠是激情與活力並存，並不斷完善自我，完美人生。聰明的男人第一步，先保護好自己的健康！第二步，創造屬於你的未來！

11 ／ **女人也有「壓力病」**

一百年前，女人走出家門去工作是反常行為，今天，女人賴在家裏什麼都不做是反常行為，而且通常在人們茶餘飯後的閒談中也得不到太多的尊敬。是啊，女人既然提倡了男女平等，就要風雨無阻共同承擔生活的壓力，女人再也不是弱者。

然而在現代社會中，人們為了享受生活，已經透支了太多太多的體力和精力了，職場上不乏有這樣的例子。把女人當男人使，把男人當機器使。很讓人鬱悶的現象，但是事實是雖然這種忙碌的生活，確實可以讓人們生活條件得到改善，覺得日子過好了，但同時，感受到的壓力也就更大。

在現代女性的生活中，緊張是對每一天的最恰如其分的描述——工作中應付各種會議、報告、談判、訂單和複雜的人際關係，下班後還要照顧孩子、老公和做家務。唯獨沒有時間保重自己的身體。若要測得一個女人是否已經被壓力擊中或是「壓垮」了，看看下面這些疾病就會知道。

經前綜合症。月經是女性感知身心壓力的晴雨表。月經前的疼痛，情緒波動大，月經不規則，量多或少甚至消失等症狀出現，表明身體已經虛弱，需要多加注意了。多數情況下，因為身心處在難以釋懷的壓力之下的女性更容易患此病，並且直接影響到你的情緒和生

活。

　　缺鐵性貧血。身為女性，你敢說你不曾減過肥嗎？你有沒有節過食？在外人看來，你的臉色和嘴唇是蒼白的，呼吸是微弱的，情感冷漠又脾氣暴躁，這些都是貧血的外在表現。

　　睡眠問題和心腦血管疾病。工作強度高，壓力大，長期精神緊張，使女性植物神經功能紊亂而睡眠品質不佳，甚至年紀輕輕就出現心臟血管疾病如心臟病、高血壓等。

　　婦科腫瘤。女人到了三十歲一定要定期做健康檢查，否則由於長期的精神緊張，工作繁忙透支體力的情況下，身體免疫系統功能下降，而造成的子宮頸糜爛、子宮頸癌、子宮肌瘤、卵巢腫瘤及乳腺腫瘤等病症，很容易被忽視，貽誤了治療時機而危及生命。

　　有一位職業婦女在一家銀行裏做到了較高的位置上，因為成績來之不易，她與同在一起工作級別略高於自己的老公，都十分珍惜今日這份十幾年辛苦得來的「甜果」。他們夫妻倆很想要孩子，可是一來工作忙得整天暈頭轉向，二來對女人佔據的位置虎視眈眈的可畏後生實在太多，女人擔心自己的產假一結束，馬上就會面臨失業的危機，於是只好一次一次、一年一年地放棄著做母親的機會。到今年，已逼近四十歲的「芳齡」了。

　　就在大家在懷疑他們還能否如願以償時，女人突然被查出有子宮肌瘤，由於平時工作緊張，基本上沒太在意過自己的身體，總覺得不會出什麼問題。等病情發展到現在，治不治得好都還難說，更不要說想要寶寶了。她說：「辛苦打拼下了事業，卻不能享受一天的閒散時光，不能享受做母親的幸福，不能體味做女人的快樂，不能呵護完整的家庭，這樣的人生，還有什麼意義，我怎麼會讓工作蒙住了心靈，讓工作毀掉了我的身體和生活！真不能原諒我自己！」

　　可是事到如今，還能有什麼辦法呢！如果你是位職業女性，如果你每天也在壓力中透支生命，趕緊停下腳步關心一下自己的身體吧，世上可沒後悔藥可買哦！在日常生活中，你需要注意這些：

❶ 月經不調的緩解方法：

經常接近自然。採用一些芳香療法，通過鼻子對大腦直接進行刺激以緩解緊張。聽一些自己喜歡的音樂，會刺激副交感神經，繼而刺激人的五官感受。在房間裏悠閒地喝一杯茶或一些溫和的飲品，讓自己的心變得柔軟，試著服用一些鈣片和鎂。

❷ 對付貧血應對策略：

多吃含鐵食物，比如肉、魚、家禽、豆腐、豆類植物以及經過含鐵強化處理的穀物和麵包，對預防和治療缺鐵性貧血非常有幫助。

❸ 保護你的睡眠和心腦：

堅持有規律的體育鍛鍊可以調整身心狀態、緩解壓力和防止心血管疾病的發生。少喝咖啡和濃茶。以外還應保持低脂肪、低鹽等合理的飲食習慣，防止體重超重或肥胖。更要定期地接受心血管系統的檢查，每一年去醫院進行一次體檢。

❹ 缺鐵性貧血：

皮膚蒼白、頭暈、氣短、眩暈發作、冷過敏、情感冷漠、煩躁易怒和注意力降低等，是缺鐵性貧血的表現，目前女性患此病的人數開始增加。體內缺鐵使向組織供氧的血紅蛋白不足，遇到大運動量、節食、月經期長等情況時，缺鐵性貧血極易導致完全貧血。

❺ 對付婦科腫瘤：

定期做婦科檢查，對預防婦科腫瘤尤為重要，如超音波、子宮頸抹片檢查、乳房攝影等。如果是職業女性，不論工作多麼繁忙，都不要忽視這一點，因為對於腫瘤來說，早發現、早採取措施，可以帶來截然不同的後果。注意經期衛生、性生活衛生，避免性生活紊亂和過頻，這樣就能夠有效預防婦科炎症的發生，有利於抑制腫瘤出現的機會。注意合理休息，多吃富含維生素、蛋白質、礦物質的食物，增強身體抵抗力。

每個女人都是朵嬌豔的花朵，聰明的女人會用健康來將自己滋潤成最誘人的那一枝！現在捨得什麼，留下什麼，追求什麼，知道怎麼

做了嗎？

🌿 12 ╱ 告別壓力，選擇健康

　　讓身體感受到幸福，無論何時你都必須記住，儘管擁有健康並不能擁有一切，但失去健康卻失去一切！你的生命、你的健康所支持的幸福，不能以物質豐富來衡量的。

　　一個人若要成功，有大志向、有堅定的信心、非凡的勇氣和源源不斷的智慧都是不夠的，所有一切夢想都來自於一個前提，產生於一個根基，那就是有一個足以應對任何境遇，抵擋任何事變的擁有旺盛生命力的身體！只有這樣，才活得出真正的人生意義和甜美滋味。

　　人若連自己都不愛惜，就不會去愛惜別人，更不會體會到生活的百味，等待他的，只能是起點不遠處的終點。

　　人若放棄了健康，就是放棄了只存在一次的生命。

　　因此珍惜你自己吧，別讓壓力毀掉你的身體！

　　最後讓我們總結一下，應該這樣的去生活：

　　❶ 充分休息。不管多忙，每天必須保證有八個小時的睡眠時間，如果實在辦不到，在白天一定要讓自己「小睡」。

　　❷ 調適飲食，禁煙少酒。酒精和尼古丁只能掩蓋壓力，不能解除壓力。

　　❸ 敢於説「不」。對自己感到難以承受的工作和義務，要敢於拒絕，量力而為，不要勉強自己做做不到的事，這樣只會徒加心理壓力。

　　❹ 關上電話，在愜意的溫水浴盆裏休息一會兒，喜歡的話，放些香精油。

　　❺ 打開唱機，閉上眼睛，聆聽熟悉且美妙的音樂。

　　❻ 享受大自然，去郊外暢遊。

❼ 參加健身活動，使身心完全放鬆。

❽ 合理安排飲食，吃健康、少污染的食品。

❾ 定期做健康檢查，不要諱疾忌醫。

❿ 為自己挑選禮物，讓自己快樂起來。

　　無論何時、何地都要記得，讓自己保持健康快樂，才有本錢去享受精彩的人生！千萬別讓壓力摧毀你的身體！

chapter 03
別讓壓力毀了心理健康

人最大的敵人是自己,許多人失敗,並不是因為缺乏智慧和能力,而是因為他們無法戰勝自己,無法戰勝自己的心理壓力。脆弱的心靈是讓壓力得以肆虐的根源,只有心靈的城牆堅實的人,才能抵禦住它的攻擊,才能堅守著自己成功的信念。社會的紛繁複雜已經讓太多人對壓力俯首稱臣了,所以聰明的人們必須時刻警醒地把握自己,才不會讓壓力偷偷潛入你的心靈城堡,毀滅你的心理健康。

1 ／ 找尋心靈的伊甸園

　　人之所以可以控制世界，就在於人類擁有強大的足以戰勝一切的心靈，它能夠幫助人們摧毀任何的困難，從而走向成功。然而，人心又是敏感和脆弱的，它雖然很頑強但也很怯懦，雖然很偉大但也很渺小，雖然有著能夠戰勝一切的力量，但也時刻被恐懼包圍著……

　　世界上所有成功的人都是真正的心靈戰神，在和內心的恐懼的戰鬥過程中得到了幸福，得到了安寧。所以整個人也就有了藐視一切的氣度和從容淡定的神情，所以面對突如其來的不幸，才能清醒的記起自己應該怎樣著手去辦。

　　這個世界有才華的人實在是太多了，可是優秀者數來數去也就那麼幾個，原因就在於這些人人格的力量，受到了大眾如神般的崇敬，而人格的魅力就是強硬的心理素質歷練出來的！

　　在歷史上幾乎所有的著名人士，都是戰勝了自己這樣那樣的心理缺陷而取得成功的。

　　如果林肯覺得平民出身做事業又屢戰屢敗的自己，終究還是擺脫不了失敗者的命運而放棄努力的話，他就不會奇蹟般的戰勝那些富豪財團的領導者，坐上美國總統的寶座。正是因為林肯對內心怯懦的蔑視，才會堅忍不拔最後成功。可是現實生活中的你，自信有這種能力嗎？當你面對挫折和失意的時候，當你面對自己的貧窮和生理缺陷的時候，當你被困難重重包圍的時候，你是怎麼做的？不要自欺欺人的說你會努力克服，事實上在這些心理的沉重壓力之下，你早已經繳械投降了。你的自動認輸，讓心理壓力的惡魔在你身體裏面更加橫行霸道，肆虐得更加無所嘲笑。就這樣，你徹徹底底失敗了，不是敗給別人，只是被襲擊無力與壓力抗衡的心靈出賣了。

　　生活是無限美好的，可是總有太多的人在心靈的禁錮中看不到氣味甜美的陽光，只看到綿綿陰雨的街道瀰散著刺鼻的腐氣。這樣的生

命，難道是你所希望擁有的嗎？

　　人生只有一次機會，要過得精彩，活得與眾不同，讓所有人都羨慕不已。所以戰勝你心靈的缺陷，戰勝你心靈的壓力，你就能無往而不勝了！

2／戰勝恐懼

　　許多人不敢去追求成功，不是因為他們沒有理想、沒有抱負，而是在想開始行動之前就已經被內心的恐懼打敗了。這是種對恐懼之神的臣服，是對自身缺陷極度自卑的表現。在你身邊的人們都緊緊盯住你是否能夠成功，這種期待給你的心理帶來了極大的壓力，因此你害怕失敗，害怕失敗後會遭到眾人的攻擊。就這樣，你終於變成了默默無聞的無名小卒，不再奢望自己能有什麼建樹了。

　　在日常工作或生活中，你肯定有過這樣的經歷──當你想對某件事情發表意見或提出建議時，心跳的幾乎要蹦出胸膛來，冷汗浸濕了衣服，但不管你多麼的努力，最終卻還是沒有開口，為什麼會這樣呢？因為你擔心或者害怕有人出來反對和諷刺挖苦。正是由於這樣的擔心和害怕，使你喪失了許多開口的機會，打退堂鼓，以至於每次討論事情時，大家都可以對你忽略不記，你的地位就江河日下了。同時，也因為你不會表現自己，而失去了很多成功的可能。這些都是被恐懼的壓力脅迫過大造成人生暗淡無光的表現。其實我們的人生旅途就像一座大山，只有不怕山中的豺狼虎豹，不怕在翻山越嶺的路途中被艱難的道路阻滯，被急風暴雨攔截，才能到達人生的頂峰，才能充滿自豪感的回頭看看山下的無限風光。

　　有人曾經說過這樣的話：「誰戰勝了內心的恐懼，誰就能挑戰最高的那座山峰，不能掙脫恐懼的樊籠，就要一輩子給它做奴隸。」能否在做事情時克服恐懼壓力的控制，勇敢的從它的陰影中走出來，繼

續保持或者擁有自信的頭腦，以排山倒海的信心，所向無敵的勇氣，去重新面對生活和自己的事業，這是一個人能否達到最終勝利的決定因素，這也是充滿激動和令人崇拜的人生。不畏不懼，就是成功者頂風破浪勇往直前的力量之源。

一九三九年，賓勞在波蘭的華沙正預備和他的愛人安妮結婚時，德軍入侵了。在一片混亂下，賓勞和其他猶太人一樣被拉上一輛貨車，送進了集中營。在那裏，他被關到一九四五年二戰結束時。

在剛進入集中營的最初幾天裏，他不停地在想：「安妮在哪裡？」以後這些日子就演變成令人心悸的日子。

賓勞與其他四千名猶太人一樣，每天只有一塊麵包和一碗湯。他經受著肉體和精神的折磨，但仍艱難地活著。

離解放的日子越來越近了，營內的人數由四千一下子跌到了不足五百人。在無計可施之下，蓋世太保的秘密員警只有把這些犯人的腳串連地縛著，然後命令他們一個跟一個地離開集中營，在嚴寒之中穿過雪地前進。衰弱不堪加上疾病纏身，很多人都在雪地上倒下去了，他們就被留在那裏直至被凍僵為止。賓勞雖然也是貧疾交加，但他內心深處的一種力量在無形中鼓舞著他，那就是一定要見到安妮，永遠不放棄希望，正是這種信念，幫助他戰勝了在集中營恐懼得令人發瘋的日子。

賓勞至今仍清晰地記得那個難忘的早晨，隆隆的轟鳴聲自山後方傳來，接著坦克在地平線上出現了，並且迅速穿過正在消融的雪地。終於那些美軍追上來解救了那些可憐的猶太人，賓勞自由了。

他想做的第一件事就是要去找安妮。此時他的內心充滿了喜悅與不安：安妮還在嗎？她死了嗎？她結婚了嗎？另一個生存者告訴賓勞，他聽說安妮在史杜格，有人在那裏見到過她。

於是賓勞長途跋涉來到史杜格。當他坐上公共汽車穿過市中心時，突然看見一個年輕漂亮的姑娘站在街頭。他跳下車，旋風似地跑到她面前。他們彼此對望，在眼眸深處，他們知道彼此仍然愛對方。

他們擁抱著，又哭又笑，訴說離別的痛苦。

賓勞秉承不放棄的信念，以無比強大的勇氣戰勝了恐怖的環境，最終獲得重生，與自己心上人過上了幸福的生活。

因此你若處於絕境中，一定要具有不放棄的信念，因為只要信念在，希望就在，只要希望在，勇氣就在。這個世界上有多少失去希望的人們，戰勝不了內心對生活的恐懼、對事業失敗的恐懼，而自尋死路的不在少數。在受到挫折的時候，你不妨問一問自己，是否還有重新來過的勇氣呢，如果你被恐懼的壓力控制了一切，那麼就絕無東山再起的可能。只有邁出了恐懼的陰影的第一步，才是吹響你嶄新人生的號角。從前有一位年輕人就要離開故鄉去外面闖蕩，山海蒼茫，心裏難免有些惶恐。因此他動身之前去拜訪了一下本族族長，請求指點。老族長寫下了「不要怕」三個字，然後望著前來求教的年輕人，說：「孩子，人生的秘訣就只有這三個字，今天我告訴你，夠你一生受用。」

三十多年後，年輕人已經人過中年，他牢記老族長的話，取得了很大的成就。當年一文不名的年輕人，正是憑藉能戰勝一切的勇氣，攻克了人生一個又一個的難關。

仔細看看你的內心，你到底在害怕什麼，你的畏懼是真實存在的還是過分誇大了？恐懼經常在我們每個人的潛意識裏長久的佔據著，阻止著我們繼續走向成功。

恐懼確實會給人們的心理上造成沉重的壓力，但是只要你能以積極的態度勇敢的面對，認真思考擺脫的途徑並予以實施，它們就再也無法對你構成威脅了。

❶ 努力選擇並嘗試一些新事物，即使你仍留戀著熟悉的環境。如盡力多結識陌生的朋友，嘗試一些新工作，這會對你戰勝恐懼起到良好的調節作用。

❷ 不要再費心思去為你做的每件事找藉口。當別人問你為什麼要這麼或那麼做時，你並不需要説出可信服的理由，以使別人滿意。

其實你決定做的任何事理由都很簡單——因為你想這樣做。

❸ 試著冒點風險，擺脫日復一日的單調生活，這有助於你鍛鍊自己克服困難，克服恐懼的心理素質。

❹ 每當你發現自己總是在迴避未知事物時，問問自己：「如果我真的接觸了這些東西，最糟糕的結果是怎麼樣？」仔細一想，其實並沒什麼，你對未知的恐懼，往往大於探索未知而產生的實際後果。

❺ 接觸那些你認為使你懼怕的人，主動和他們談談話，看他們反應如何。你會發現，這些人的懷疑態度曾是你擔憂的因素之一，也是你所深深懼怕的。

❻ 試著去做你一直以為「我做不好」而迴避的事情，就算你失敗了，你也會在做事過程中獲得了樂趣和經驗，這些都是一筆可貴的人生財富。

❼ 記住：別人能做的事你也一定能做到。你可以選擇自己想做的任何事情，實現你的目標，沒有什麼好怕的。不要在事情還沒有開始時就給自己加上巨大的精神壓力，這樣就很容易「怯敵必敗」。

的確，面臨要做一件事情的時候，人們往往都會對事情的未知性感到恐懼，正是這種近乎絕望的感覺，讓人們喪失前進的勇氣和信心。只有消除了懼怕心理的沉重壓力，重新審視你的價值和行為，才會激發重整旗鼓的勇氣。你要對自己說，生活是因我而存在的，除了要戰勝自己，還有什麼值得你去懼怕的敵人呢？

3／要乾脆，別猶豫

猶豫不決絕對是人們成功之路上的一個陰險狡詐的敵人。它能冷笑著擋在你面前，把好不容易才露面的機遇白白放跑，還能蒙蔽你的心智，讓你做出昏聵的決斷。還可能讓你的前途迷霧漫漫、壓力重重。所以你必須要向它宣戰了！趁這個可怕的敵人還沒有長成能絕對

傷害你的力量時，趁它還沒有給你帶來痛苦的壓力時，不要手軟，立即把它置之死地吧，千萬不要等到失敗的時候，才後悔為什麼當初自己就那麼的優柔寡斷呢？不管用什麼手段，一定要逼著自己去練習堅定的決斷能力，無論事情是簡單還是複雜。猶豫雖然不是一種明顯的壓力，但是它確實能夠給你帶來壓力，也確實能壓迫著你在前進道路上更加小心翼翼。

王安博士小時侯，一天在外面玩耍時，他發現了一個鳥巢被風從樹上吹掉在地，從裏面滾出了一隻嗷嗷待哺的小麻雀。他決定把它帶回家餵養。當他托著鳥巢走到家門口的時候，忽然想起媽媽不允許他在家養小動物。於是他輕輕的把小麻雀放在門口。在他的哀求下，媽媽終於破例答應了。他興奮的跑到門口，看見一隻黑貓正在意猶未盡的舔著嘴巴，小麻雀卻不見了。他為此傷心了很久。但從此他記住了一個教訓：只要是自己認定的事，就要排除萬難，迅速行動。就是這樣一個看似平淡的教訓，讓他長大後成就了一番事業，成為名人。當遇到事情時，如果沒有快刀斬亂麻的魄力，有時候是會錯失良機的。所以一旦你確定目標，行動一定要果斷、要快。

在現代社會，猶豫不決的惡習已經深入到許多人的骨髓，因為生活壓力大，人們無論做什麼事，總是瞻前顧後，時刻留著一條退路，無破釜沉舟的勇氣。人如果下定了決心，便會有堅強的信念，那做事情的成功機率就會提高很多。有所作為的人，無論問題多麼困難，都把它放在面前，考慮解決，絕不可任其延誤、耽擱。因為他們知道，猶豫可能會給本來就已複雜的局面帶來更多的麻煩，自己也將承受更大的壓力。

西元前一世紀時，羅馬的凱撒大帝統率他的軍隊抵達英吉利以後，決心絕不退卻。為了使士兵們知道他的決心，便當著士兵的面，將所有的船隻全部焚毀。結果士兵們作戰時都英勇異常。

許多人往往在開始做事的時候便留著一條後路，作為遭遇困難時的退路，還沒進，便思退，這樣的心態哪能成就偉大的事業？

　　絕無後路的軍隊，才能決戰致勝。所以無論做什麼事，必須抱著破釜沉舟的決心，勇往直前，遇到任何障礙都不能後退，若是立志不堅，遇到困難就乖乖投降，那絕不會有成功的一日。

　　一生的成敗，全繫於意志力的強弱。意志力堅強的人，遇到任何艱難障礙，都能排除萬難，去除障礙，玉事於成。而意志薄弱者，一遇挫折，便頹喪退縮，導致失敗。

　　實際生活中有許多意志薄弱的青年。他們很希望上進，只是沒有堅強的決心，不抱著背水一戰的信念，一遇到問題後猶豫來猶豫去，最後錯失了良機，只好選擇後退。

　　既然你已經下了決心，不留後路，就應當竭盡全力，向前進取，那麼即使遇千萬困難，也不會退縮。

　　如果抱著非達目標不止的決心，就會排除阻礙，獲得勝利，那些怕犯錯誤而裹足不前的人，那些害怕變化和風險而彷徨不知如何是好的人，永遠無法到達勝利的彼岸，永無法摘取勝利的果實。把那猶豫、膽怯等妖魔全部趕走。成功之敵在堅定的決心下，必無留存的餘地。

　　有了決心，便能克服種種艱難，獲得勝利，得到一般人的敬仰。有決心的人，必定是個勝利者。有決心，才能增強信心，充分發揮才智，從而在事業上取得偉大的成就。

　　世上最可憐的人就是猶豫不決的人。如果有了事情，一定要與他人商量，不去依靠自己，而去依賴他人，這種性格猶豫、意志不堅定的人，既不相信自己，也不為他人所信賴。

　　好多人怕決斷事情，不敢負責任。之所以如此，是因為不知道事情的結果怎樣。他們只怕如果今天決斷了一件事情，也許明天會有更好的事情發現，以致對於第一個決斷發生懊悔。許多慣於猶豫者，不敢相信他們自己能解決重要的事情，許多人因猶豫不決，破壞了他們美好的理想。

　　決斷迅速的人，不免要發生錯誤，可是究竟比一些猶豫者好得

多，做事迅速，此時猶豫者簡直不敢開始工作。

當猶豫不決這陰險的仇敵還沒有傷害你的力量、破壞你求生機會之前，就要即刻把它置之死地，不要等到明天，今天就該開始。要逼著自己常去練習堅定的決斷，事情簡單時更須立刻決斷，切不要猶豫。陷入進退兩難的地步，更要竭盡全力來打開出路。

偉人是需要創造出來的，他們為了戰勝一切困難，克服種種壓力之後，才發揮他們極大的力量，成為名垂青史的人。

美國有許多偉人，起先所做的事一點也沒有表現的能力，直到厄運毀滅了他們的產業，把他們依賴著的謀生方式奪去以後，才發出真正的力量來。

有好多人一定要等到他們的財產消失以後，才能表現出他們的才幹。人的力量往往就潛伏在裏面，到了需要表現時才會激發出來。

猶豫不決，實在影響到人格的建立，它不僅使勇氣消失、意志消沉，而且破壞自信力和判斷力，破壞理智的效能。

猶豫不決，就像一艘船，永遠漂流在狂風暴雨的深海裏面，永遠達不到目的地。

「在你的一生中，你一直養成一種習慣：逃避責任，無法作出決定。結果到了今天，即使你想做什麼，也無法辦得到了。」

看了下面的故事，你就知道在人的一生中，果斷地作出決定是多麼重要：

美國拉沙葉大學的一位業務員前去拜訪西部一小鎮上的一位房地產經紀人，想把一個「銷售及商業管理」課程介紹給這位房地產商人。這位業務員到達房地產經紀人的辦公室時，發現他正在一架古老的打字機上打著一封信。這位業務員自我介紹一番，然後介紹他所推銷的這個課程。

那位房地產商人顯然聽得津津有味。然而聽完之後，卻遲遲不表示意見。

這位業務員只好單刀直入了：「你想參加這個課程，不是嗎？」

　　這位房地產商人以一種無精打彩的聲音回答說：「呀，我自己也不知道是否想參加。」

　　他說的倒是實話，因為像他這樣難以迅速作出決定的人有數百萬之多。這位對人性有透徹認識的業務員，這時候站起來，準備離開。但接著他採用了一種多少有點刺激的戰術。下面這段話使房地產商人大吃一驚。

　　「我決定向你說一些你不喜歡聽的話，但這些話可能對你很有幫助。」

　　「先看看你工作的辦公室，地板髒得可怕，牆壁上全是灰塵。你現在所使用的打字機，看來好像是大洪水時代諾亞先生在方舟上所用過的。你的衣服又髒又破，你臉上的鬍子也未刮乾淨，你的眼光告訴我，你已經被打敗了。」

　　「在我的想像中，在你家裏，你太太和你的孩子穿得也不好，也許吃得也不好。你的太太一直忠實地跟著你，但你的成就並不如她當初所希望的。在你們結婚時，她本以為你將來會有很大的成就。」

　　「請記住，我現在並不是向一位準備進入我們學校的學生講話，即使你用現金預繳學費，我也不會接受。因為如果我接受了，你將不會擁有去完成它的進取心，而我們不希望我們的學生當中有人失敗。」

　　「現在我告訴你你為何失敗：那是因為你沒有作出一項決定的能力。」

　　「在你的一生中，你一直養成一種習慣：逃避責任，無法作出決定。結果到了今天，即使你想做什麼，也無法辦得到了。」

　　「如果你告訴我，你想參加這個課程，或者你不想參加這個課程，那麼我會同情你，因為我知道，你是因為沒錢才如此猶豫不決。但結果你說什麼呢？你承認你並不知道你究竟參加或不參加。你已養成逃避責任的習慣，無法對影響到你生活的所有事情作出明確的決定。」

　　這位房地產商人呆坐在椅子上，下巴往後縮，他的眼睛因驚訝而瞪大，但他並不想對這些尖刻的指控進行反駁。這時，這位業務員說了聲再見，走了出去，隨手把房門關上。但又再度把門打開，走了回來，帶著微笑在那位吃驚的房地產商人面前坐下來，說：「我的批評也許傷害了你，但我倒是希望能夠觸怒你。現在讓我以男人對男人的態度告訴你，我認為你很有智慧，而且我確信你有能力，但你不幸養成了一種令你失敗的習慣。但你可以再度站起來。我可以扶你一把──只要你願意原諒我剛才所說過的那些話。」

　　「你並不屬於這個小鎮，這個地方不適合從事房地產生意。你趕快替自己找套新衣服，即使向人借錢也要去買來，然後跟我到聖路易市去。我將介紹一個房地產商人和你認識，他可以給你一些賺大錢的機會，同時還可以教你有關這一行業的注意事項，你以後投資時可以運用。你願意跟我來嗎？」

　　那位房地產商人竟然抱頭哭泣起來。最後，他努力地站了起來，和這位業務員握握手，感謝他的好意，並說他願意接受他的勸告，但要以自己的方式去進行。他要了一張空白報名表，簽字報名參加《推銷與商業管理》課程，並且湊了一些一毛、五分的硬幣，先交了頭一期的學費。

　　三年以後，這位房地產商人開了一家擁有數百名業務員的大公司，成為聖路易市最成功的房地產商人之一，他還指導其他業務員工作，每一位準備到他公司上班的業務員，在被正式聘用之前，都要被叫到他的私人辦公室去，他把自己的轉變過程告訴這位新人，從拉沙葉大學那位業務員初次在那間寒酸的小辦公室與他見面開始說起，並且首先要傳授的一條經驗就是──「延遲決定是最大的錯誤」。

　　有一位作家說過：「世界上最可憐又最可恨的人，莫過於那些總是前瞻後顧，徘徊在取捨之間的人，莫過於那些無法承受壓力，猶豫不決的人，莫過於那些容易受他人影響，沒有自己主見的人，莫過於那些拈輕怕重，不思進取的人，莫過於那些從未感受過自身偉大內在

力量的人，他們總是背信棄義，左右搖擺，最終自己毀壞了自己的名聲，最終一事無成。

那麼該如何去克服猶豫不決這種百害而無一利的惡習呢？

❶ 在行動之前，你首先要冷靜的思考，給自己充分的時間思考主題和問題。

❷ 一旦做好心理準備，要立刻去行動，遲疑是最大的禁忌！

❸ 不要要求自己十全十美，不論心情好壞，每天一定要有規律的持續工作。

❹ 不要浪費時間，現在就是工作的最好時機。不要常常說明天或下個星期，而是把握現在。

❺ 要有遠見、有計劃的工作，搜集對將來有用的情報，一點一滴的累積。

讓我們徹底的甩開猶豫所帶來的煩惱和麻煩，做一個當機立斷的人吧。如果你還是猶豫不決，那麼所有的機遇都將與你擦肩而過了，你還靠什麼來取得成功呢？

4／不要讓煩惱在身旁停留

沒有人會無緣無故產生煩惱。在我們的生活中，對名利的追求、對自身的不滿、對別人的嫉妒和猜疑、對工作的埋怨等等，都會令人感到苦悶和壓抑。現代人大多數面臨家庭工作雙重壓力，想瀟灑自如的揮一揮衣袖不帶走一片雲彩，真是難上再加難！可是當真沒有辦法了嗎？快樂的人到處都有，快點算上你一個吧。

曾經聽說過這樣一個故事：很久以前有個家財萬貫的大商人，整日鬱鬱寡歡悶悶不樂。於是他派僕人四處尋找一個快樂的人，並把快樂的人帶回他富麗堂皇的像宮殿一樣的房子裏。僕人四處尋找了好幾年，終於有一天，當他走進一個貧窮的村落時，聽到一個快樂的人在

放聲歌唱。循著歌聲，他找到了那個正在田間犁地的農夫。

　　僕人問農夫：「你快樂嗎？」

　　「我沒有一天不快樂！」農夫回答。

　　僕人喜出望外地把自己的使命和意圖告訴了農夫。

　　農夫聽後不禁大笑起來。為了表示感謝，農夫告訴他自己快樂的「秘方」。他說道：「我曾因貧窮沒有鞋子而沮喪，直到我有一天在街上遇到一個沒腳的人。」

　　做為一個人，如果生活失去了快樂，那他的人生也就從此沒有了趣味，沒有了光彩。一個人心靈的平靜，來源於對生活的滿足，對所擁有的感恩之心，以及空靈的心境，波瀾不驚而不是洶湧咆哮的慾望，是會把壓力小心翼翼的放在一個人生積極的角落裏，而不是為它幾十年如一日的霜染雙鬢，做牛做馬。

　　當你忙忙碌碌地為某種工作盡心竭力準備死而後已時，煩惱就不可避免如狂風暴雨般壓頂地襲來，因為你必須為了完成這件事不得不專心，全神貫注而忽視了身邊轉瞬即逝的快樂。有時你對現實的期望越高，壓力就越大，所做的事情越單調乏味，煩惱就越多，就越是痛不欲生，這是事實。其實你完全可以把手裏的東西扔到一邊，讓它們暫時見鬼去吧。然後得意洋洋的坐下來想一想，原來有那麼多事情本來可以不必操那麼多心的！看著別人不順眼就喋喋不休，對自己有什麼好處嗎，是可以延年益壽還是返老還童啊？夜以繼日的工作損壞了身體，又有什麼幸福可言呢，你賺了再多的錢到頭來還不是得用於治病？所以啊，煩來愁去白了頭的是你自己。為什麼不讓自己從生活上的壓力的堅殼中掙扎而出，重新拾起活力，看到生活的美麗之處呢？

　　有一位中年商人，三年前，相伴三十餘年的愛侶不幸暴病而亡。他哀慟不止，大病一場。十個月後，剛從國外畢業回來準備接他班優秀的大兒子慘遭車禍，追隨母親去了。一年之內，這兩樁巨大的不幸把他完全擊垮了，吃不進，睡不著，一天到晚神情恍惚，非常頹喪。所幸的是他還有一個四歲的小孫子。一天下午，商人靜靜地坐在後院

裏，小孫子很不識趣地來到他身邊扯著他的衣服一邊請求：「爺爺！給我做一隻小風箏！」此時的他是什麼興趣也沒有的，更別談做什麼風箏了。但這個孩子一向挺能纏人，他不能不滿足他的願望，最後花了三個小時終於做好了風箏。望著滿地的紙屑、木條，商人忽然想到：剛才的三個小時似乎和以往大不相同——那是他數月以來第一次感受到恍惚精神擁有了安靜和休息。此時，他似乎已跳出精神恍惚的陷阱，已經振作起來了，同時也恢復了昔日的活力。

人生不如意十之八九，每個人都有空虛、寂寞、恍惚、失意的時候，當你被煩心事糾纏不休時，是任由它左右你，摧毀你的意志和生活呢？還是選擇勇敢的承受下來，收放自如地控制它？相信只要你鼓起勇氣，並且堅守事在人為、人定勝天的偉大原則，不要總覺得「此愁無計可消除」，我們一定可以從容、樂觀面對一切煩惱。

想要消除壓力所帶來的煩惱情緒，不妨照以下幾個步驟做起：

❶ 要使自己有一個明確的目標，為生活做出一個可行的計畫。這樣你的生活就有了方向、有了動力，並且會帶來階段性的成就，然後你就可以細細品味成功的幸福味道了。盲目的朝一個龐大的目標猛衝過去的結局，可能就是半途而廢，所以分步驟行動是聰明的做法。在樹立自己目標的時候，不妨考慮一下：曾經有什麼夢想，現在是否還能實現，但是別花大量精力和時間在根本不可能實現的事情上。比如你攀岩技術高，也千萬不要妄想打破金氏世界紀錄。

❷ 目標內容要具體化，比如到明年七月份，我將去日本旅行，這期間我要有足夠的閒餘資金支援這次遠行，同時要保證身體的健康。

❸ 每月列出一個行動計畫，週末你要分成幾塊時間，每部分用來做什麼、準備花掉多少錢、睡多長時間的覺等。沒有特殊情況就不要臨時改變它，否則你又將忍受一個亂紛紛的週末了。

❹ 當你目標徹底完成時，不妨給自己一點小小的獎勵，一是享受一下成功的喜悅，一是給自己一個激勵，使自己更有動力以這樣的

方式去實現一個又一個的人生理想。

❺ 要學會自我調節。無端的猜忌別人、嫉妒別人是不可取的做法。把自己從對別人或其他事情的挑剔中「解放」出來，大度大方地接受你面前的這個世界。另外，要多做一些自己感興趣的事情，讓自己沒有精力注意眼前的不愉快，正所謂眼不見心不煩嘛。或者乾脆回到自己舒服的小窩裏睡上一覺好了！

❻ 有了煩惱的事情最好不要憋在心裏，找親人和朋友們聊一聊，就會釋放掉不少的壓力，感到輕鬆終於又找你來了。鍛鍊身體、讀自己喜歡的書、聽音樂，都是排解煩惱的有效方法。

生活不可能事事都如你所願。但是只要找到煩惱的根源，集中一切力量去消滅這個心魔。以自己寬容、上進之心去面對生活，相信那些寂寞和空虛，或者是各種各樣的慾求帶來的心靈上的煩惱，都會化解掉的！

5 ／ 自己給痛苦加一匙糖吧

就算是商業大鱷、明星驕子也難免會傾家蕩產。所以你不必為自己現在的境遇感到痛苦不堪，感到除了壓力，你身邊再也沒剩下什麼了，進而喪失了對生活的信心，對未來勇往直前的勇氣。曾經的遭遇可能讓你還記憶著撕心裂肺的痛楚，以至於那個可怕的夢魘深深的根植於你的腦海之中，阻止著你的腳步。於是曾經的失敗壓得你抬不起頭，挺不直腰板。如果你沒勇氣擺脫痛苦的困擾，你就很可能會被它壓在身體之下永無出頭之日了。

但是你要知道，你的存在不是為了印證曾經的悲慘遭遇在你身上，曾留下了多麼深重的痕跡，而是為了要過明天更美好的生活的。所以就沒有必要讓自己陷入痛苦的深淵不能自拔。人生畢竟是有限的，是瀟灑還是鬱悶，關鍵是看你去怎樣對待壓力，對待加在身上的

不公正待遇。你不能不思進取，而是要保證你每天都在進步而不是倒退，都是在奮鬥而不是沉淪。

一位姑娘與男友戀愛多年，可是有一天男友卻另結新歡狠心的離她而去。從此後，姑娘終日茶飯不思，萬念俱灰，覺山水無色，日月無光，前途渺茫，不禁產生厭世情緒，後因自殺未遂而就醫於心理醫生。失戀，是許多年輕人追求異性時會遇到的挫折，痛苦自然難免，但多數人能從失戀的痛苦中走出來，不會因此而要死要活。這位姑娘之所以痛苦地選擇了自殺，是與她對現實的感受產生了偏差有直接關係。

人們對現實的感受，由於受到主觀因素的影響，往往總是高估了痛苦的力量。在生活中的一些關鍵時刻，人們往往把主觀感受以外的天地及尚未感受的世界忽略了。因此不能客觀、準確地認識現實，從而導致情緒和行為上的偏差，產生極度的痛苦感覺。這位失戀的姑娘亦是如此。首先，她忽略了生命的其他意義，愛情在人生中的價值是重要的，但它不是生命意義的全部。忘記這一點，使她在失去男友的同時，也一下子迷失了生活的目的。其實她沒有想到天涯何處無芳草，時過境遷，說不定又是柳暗花明。所以她用『自殺』這樣如此極端的行為，來應付漫漫人生中必定要遇上的千百次挫折中的一次，顯然是不恰當的。如果她在遭受挫折不得不忍受痛苦時，能夠冷靜下來重建對失戀的認識，也許就不會選擇自殺了。

由於痛苦的壓力所造成的抑鬱症狀，常常是針對失落而發生的心理反應。如喪失了家人或朋友、丟失重要的財物、失去感情上的依賴或希望、事業上遭受打擊等等。這些本來都是每個人在生活的道路上都可能遇上的，而性格比較內向的人，對周圍世界及自己，都缺乏一種基本的能喚起愉快的心理素質。如果你被錯誤觀念或不正確的認知程序控制了大腦，就會很容易導致了不良的行為和情緒的產生。墜入痛苦陷阱的人，往往精神萎靡，對工作和生活失去興趣，不能去愛別人和體會別人的愛，常把自己和世人用一堵牆隔離開。在這堵封閉的

牆裏，不僅拒絕別人哪怕是極微小的幫助，而且還可能用各種方式來懲罰自己。這無異於把自己囚禁在自我封閉的監牢裏，沉浸在抑鬱情緒的角色裏，日日夜夜心神不寧，痛苦不堪。有些極端的人還會在痛苦的壓力中沉淪下去，最後只好自我了斷，結束了只有痛苦沒有歡樂的一生。

三毛是一位才華橫溢、名滿天下、收入極高的著名作家，何以會在四十八歲正當盛年之時，陷入自縊身亡的絕境？悲劇是在瞬間發生的，但其根源卻是久遠的。

三毛早在十三歲時就自殺過一次。自幼性情孤僻、感情脆弱的三毛，讀初二時由於代數成績很差，平時對三毛就十分冷淡的那位代數老師，因三毛做不出習題，用飽蘸墨汁的毛筆在三毛眼睛周圍畫了兩個大黑圈，全班同學哄堂大笑起來。等到下課，老師又罰她從有眾多同學的走廊和操場繞一圈再回到教室。全校同學看到三毛這副模樣，都尖叫起來。這件事發生後，三毛心理出現了嚴重障礙，而且一天比一天嚴重，以至一想到自己要去上學，就立刻昏倒，失去知覺。三毛在一九八六年所寫的《生之喜悅篇》裏回憶當時：「是因為不能適應學校生活，內心焦慮逐日俱增所致而自殺。」雖被及早發現，但三毛從此患了嚴重的心理疾病——自閉症。她的性格已變得扭曲成病態，她再也不肯到學校去，越來越怕接觸外面的世界，怕接觸所有的人。這種自我封閉的生活整整延續了七年，直到二十歲，她才又慢慢地重新接觸社會。

二十六歲的三毛出現過第二次自殺。那是從美回台在文化大學教一年書後，因「今生心甘情願要嫁又不可嫁的人」突發心臟病死去，感情受到挫折，便在朋友家吞服大量的安眠藥。三毛被搶救過來後，到了西班牙，與暗戀她的荷西重逢。一九七三年夏天，三毛與她「生命的一切」的荷西在撒哈拉沙漠結婚了。她成為沙漠裏最快樂的女人，過著神仙眷屬般的生活。不幸的是這種幸福生活僅僅持續了六年。就在她創作文思如泉湧的年代，一九七九年中秋節，荷西在愛琴

海潛水時發生意外，喪生於漆黑的海底。三毛看到打撈起來的荷西的屍體時，已經半瘋了。三毛的心乾枯得像撒哈拉沙漠，她又再次回到「瞬息萬變」的可怕境地，從此不能自拔。每次與人說及荷西，她都無不雙手掩面，泣不成聲。她越來越看破紅塵，並常把「死」掛在嘴邊。她外表雖然瀟灑，而心靈深處卻「幾乎是一片空白」，總是在尋找與荷西「赴約的方式」。她花心血最多的《滾滾紅塵》沒能獲得最佳編劇，精神再次受到刺激，加速了她悲劇性的結局，兩週後的「吉羊」之年的元月四日凌晨二時許，以「自閉」為生命基調的三毛，終於選擇了用絲襪結束自己的生命。

三毛是一個悲劇性很濃的人物。由於她性格中的自我封閉、過分敏感、孤獨、厭世等缺陷，雖然事業成功，但悲劇性結局使人感到萬分遺憾。

平日裏，我們是不是產生過以下心理：

❶ 缺少興趣的日子很不快樂。原有的興趣愛好如打球、唱歌、郊遊、下棋、打牌等變得索然無味，享受不到生活的樂趣，更體驗不到天倫之樂。體驗不到愛的激情，失去愛的能力。性慾、食慾均會減退，整個人變得麻木不仁，無所愛，更無所求。

❷ 生活突然沒有什麼希望了。自覺前途暗淡無光，無論自己的身體還是學業、事業一切都變得很糟糕，毫無希望。就好像世界末日即將來臨，自己也行將魂飛煙滅，恐懼悄悄地走進了生活的每一個角落，吞噬著自己的靈魂，不知不覺中削弱自己的信心，甚至使自己連繫什麼領帶、午飯吃什麼這一類的小事都無法做出決定，變得無所適從，難以做出決定。比起對死亡的恐懼，更害怕死亡的過程，害怕死神的折磨，很注意身體的每一次疼痛，每一個異常的感覺，甚至將一些生理變化當做是症狀而惶惶不可終日。每當想起死去的親人，想起奪去他們生命的疾病，會莫名其妙地認為自己也患上了這種疾病。

❸ 生活在人群中卻發現很陌生。感覺周圍的環境好像是一座監獄，不僅孤獨，還是一種隔離，覺得自己軟弱，孤助無援，沒有人能

援救自己，一切已無法挽回。更可怕的是根本無心突圍，認為那都是徒勞，不可能成功。所有的安慰憐憫都無法穿透那堵把自己與世人隔開的牆壁，任何熱情關懷都不能打動自己的心。

❹ 感覺日子過得沒什麼樂趣更沒什麼憧憬。不願去上班，不願外出與人交往，日常生活如吃飯、洗澡都需別人催促，感到整個人都「垮」了，精神、軀體都喪失了動力，不再有所要求，對生活也不再有指望。

❺ 感受不到自己的價值。總感到自己什麼本事也沒有，什麼事也做不了，一無是處，一灘爛泥，是十足的廢物，是寄生蟲，對社會毫無用處，腦力與體力均消耗殆盡，覺得活在世上是別人的累贅，常自責自罪。

這些痛苦的心理感受，壓在心頭上使你喘不過氣，那是因為失意的挫折感在作怪。如果你想要告別昨天沉痛的記憶，使自己重見暴雨過後的彩虹，應該從以下幾個方面著手：

❶ 不論何時都不要給自己尋找藉口

當你陷入痛苦中難以走出時，通常都習慣給自己尋找藉口。例如「我本來性格內向，不喜歡和別人在一起」，或者「生活沒意思，又和別人的觀點不同，沒有什麼好朋友可以讓平淡的生活精彩起來」。許多抑鬱者都有不同程度的觀念和認知上的偏差。

應當改變自己的觀念，例如想到自己性格內向時，對自己說：「性格內向的人也有很多好朋友，也照樣活得輕鬆快樂。」不再為自己找藉口，抑鬱的情緒就能夠得到控制了。

❷ 學會關愛自己

許多心情經常不好的人，從來沒有感覺精神放鬆過，總覺得承受的壓力很大，所以對自己就嚴格要求，處理一件很細小的事，這種人也要盡可能地把困難想得多一些。總是自己生自己的氣，懲罰自己，看不起自己，甚至虐待自己，這是通病。只要做到了更加愛護自己，其餘的一切都會迎刃而解。

❸ 找到逃離抑鬱，走向快樂高原的傳送卷軸

學著寬容地對待自己，而不是苛刻地對自己；要加倍地愛護自己，而不是懲罰自己。當鬱悶的心情向人襲來時，一定要寬厚待己，要盡可能地以普通人的標準來要求自己。

❹ 讓心靈重獲安寧

意志脆弱的人對待生活總是覺得如同陷入了沙漠，越是茫然，就越找不著出路。如果想要走出痛苦沙漠，你除了要擁有力量以外，還需要智慧來幫忙，你得找到綠洲才能走出沙漠，那麼怎樣才能在自己的心靈深處找到綠洲呢？

❺ 學會行之有效的放鬆自己的方法，學習一套技巧並持之以恆。其要點是注意選好身體的某個部位，比如說你的左手，用力握緊它，然後再放鬆。你可以用這個方法讓身體達到完全的放鬆。當你注意身體的某個部位處於緊張狀態時，如果臉部肌肉繃著、呼吸急促、胸口發悶，你就應該有意識地收縮肌肉，然後放鬆，接著再慢慢地、深深地吸幾口氣，給心靈減壓，心靈的綠洲才會顯現。

❻ 相信自己也要相信別人

精神脆弱者常認為自己是個壞人、惡人，認為自己為別人所不容。他們不相信自己，不信任自己。他們還會畏懼、憎恨、嫉妒別人，因此他們也不會相信別人。其實世界的主流是真善美的，人與人之間的交流也多半是真誠和善意的。每個人更應該相信自己，也應該相信別人，只有增強對自己和對別人的信心，才能擺脫抑鬱的折磨。

這個世界沒什麼淌不過的河、邁不過的坎兒。誰沒有痛苦不堪、心灰意懶的時候呢？人與人之間是存在差距的，能迅速解決掉「痛苦」這個心理惡魔的人，就會更快一點的重新歸上正途，而意志薄弱者卻深陷日夜痛苦的迷津之中，永遠無法解脫。因此這個世界就有了成功和失敗之別，有了勇士與儒夫之分。現在你想讓自己變成哪一類人呢？

6 ╱ 打破自卑的外殼，你將收穫整個天空

　　自卑是相對於自信而言的。它是一種覺得自己不如他人並因此而倍受折磨倍感痛苦的情感，在現代社會中，競爭嚴酷又無處不在，「出人頭地」的想法越來越盛行，這就是許多來自普通家庭的人產生巨大自卑感的重要原因。只要有競爭就會有壓力，競爭可不管你曾經為了這場比賽花掉多少心血，如果你果然技不如人輸掉了，就往往會產生巨大的挫折感，而失去對自己的信心，覺得自己的人生從此黯淡無光而一蹶不振。

　　與此同時，你也會成為人家的笑柄，生活的懦夫。因為成功者從不認為自己需要為失敗而支付「自信」這個在奮鬥中攻無不克的無價之寶。面對挫折、災難，有人就能從容相待，所以成功就不得不對他俯首稱臣。曾經有這樣一個犯人，他已經在暗無天日的牢獄中生活了好幾年了。這幾百天來的禁錮、勞作和回想起的自己曾經犯過的錯誤，他竟懷疑起自己出獄後是否還能像從前那樣坦然地面對生活。他不敢想像戴上了「罪犯」的帽子的人，被大夥兒在背後指手劃腳的情形，也沒臉再去見親朋好友了。他的精神因此而日見疲憊，似乎出獄以後的生活，註定要與乞丐為伍似的了。

　　有一天他在門外曬太陽，仰頭望見藍色的天空，變化奇特的潔白的雲朵，忽然想起了小時侯他和母親，成家後又和心愛的妻子一起站在自家陽臺上觀看同樣景色時快樂的心情。此時他突然有了一個全新的發現：人在任何環境中，都有選擇自己人生命運的自由。後來他出獄了，經過幾年的努力，終於成了一位有名的作家，並重新找回了昔日的伴侶，開始了嶄新的生活。

　　所以影響你人生成功和幸福的，絕不是惡劣的環境和所受的遭遇，而是你對這些事保持什麼樣的心態。

　　畏懼與自卑在一個人的成功過程中構築的障礙物，使不少有志之

士成為它的陛下之臣，所以努力讓自己看到失敗後蘊藏著的巨大生機，而不是畏懼來自四面八方的恥笑和壓力，不要受到他人的強勢影響，而去試圖改變自己去追趕仿效他人，就不會很輕易的就對自卑繳械投降的。否則的話，你除了感受到自己的無能而為之失去信心外，再也體會不了自己的其他價值了。並且在你對自己的改造的過程中，很容易就迷失了自己。

　　每個存在這個世界上的人都是獨一無二的，然而當無法確認自己的專長是什麼的時候，一個人最容易對自己失去信心，從而產生自卑感。世上遭自卑感纏身的俘虜或揹負不幸命運的人為數不少。其實這不過是自尋煩惱，是你自己在看不起你。被自卑的壓力折磨得痛苦不堪完全是咎由自取。難道不是嗎？事實上，每一個人都是天生奇才，重要的是暫時還沒能挖掘出來，是你自己沒有信心將這些才能挖掘出來罷了！你看看殘疾的舟舟是個對音樂敏感的天才。患有帕金森氏症的霍金是個物理天才，愛因斯坦從小就被叫做弱智。打敗了拿破崙的威靈頓將軍小時候更是被小孩子們追著打的對象，因為大家一致認為他是個白癡……你有他們任何一個的偉大成就嗎？所以你大可不必為自己是個「不如人」的普通百姓而愁眉苦臉，自怨自艾，徒增煩惱。要知道，沒準從小愛看星星的你，只需要再努力一點就會成為偉大的天文學家。至少你可以發現一顆從沒有人見過的星星，然後把它起作你的名字，然後你就可以和它一起「永垂不朽」，或者變成流星輝煌那麼一下子。

　　但是如果你拒絕「自己也是個能人」這種觀點，你是得不到重視和成功的。連你自己都看不起你，還指望伯樂走出來指著垂頭喪氣的你說你是個人才？會讓人笑掉大牙的！並且自卑這個習慣並不好，有時候它會讓你的人格扭曲，讓你的成功灰飛煙滅，就是這麼嚴重。

　　有一位企業家曾經談及他公司內一名前途相當看好的年輕人。他說：「我準備大力栽培他，但是……我卻又不能讓他參與任何具有機密性的工作。這實在是一種遺憾──否則，我將能造就他成為我事業

上的得力助手。」

故事是這樣的：這位年輕人在公司中交往的對象大都是相當優秀的人，而那些人多半具有大學學歷，而且在大學時代也都是十分活躍的成員，可是這位年輕人的成功背景並非如此幸運。他自幼生長在貧窮的環境中，沒有進過大學之門，也無緣接觸大學社團。因此他總自覺本身的背景、條件遠不如公司中的夥伴，當他參與公司重要會議的時候，他就把這些所謂的內幕消息當作法寶向夥伴炫耀，而這種做法也的確滿足了他本人的自我表現慾望，同伴對他投以欽羨的眼光，著實令他感到相當有成就感。但與此同時，企業家卻對他這種做法表示了深深的遺憾。在努力「改造」這位年輕人的「壞毛病」無效後，他不得不放棄這個可造之材。

人們在外界的壓力下體會挫折，感受自卑。自卑的人總是哀歎事事不如意，拿自己的弱點去和別人的強處比，越比越失去信心，越比越消沉。甚至最終導致心理扭曲。但是自卑向自信的轉化又是無比神奇的，心理學家阿德勒認為，每個人都有先天的生理或心理缺陷，這就決定了每個人的潛意識裏都有自卑感的存在。若是處理得當，會使自己以超越自卑的姿態去迎接人生的挑戰，而處理不好的話就會被打敗在自己的心理壓力之下，不僅生活會受到影響，還會產生多種身體疾病。

試著想像一下，以下這些情況是否出現在你的生活裏？

❶ 當你做出成績時，總是習慣於先歸功於他人。如「多虧了××，沒有他的幫助我是無處下手的」，「這些都是××的功勞，我基本上只是協助指導了一下」。

❷ 走進豪華飯店，不去點你看中的菜，並不是因為你吃不起，而是覺得自己不配吃那麼好的菜。因為你是「農村裏來的」。

❸ 不買自己喜歡的鮮花、煙酒等消費品，為什麼？因為你覺得那是一種浪費。你不配把鮮花插在花瓶裏，有束假花就足夠了。

❹ 以貶義綽號自稱，而且也讓他人對此稱呼，如笨蛋、胖子、

矮子、大傻等而你毫不在意。因為……這也是事實。

❺ 別人說你氣色不錯，你會想到：「他一定是為討我高興，才說這樣的話的！我還是那麼醜的一個人啊。」

……

上面所舉的都是些生活中微不足道的小例子，但正是因為這些在你的大腦中牢牢佔據了位置，形成了餘音繞樑三日揮之不絕的架勢，才會使你的成功之路上飛來大大小小的砸腦袋的隕石。

那麼如何才能衝破壓力束縛下的自卑心理呢？想要獲得自信真就那麼困難嗎？

E・羅斯福說：「除非你自己這樣想，否則沒有人可以使你感覺低人一等。」樹立信心的辦法有的是，關鍵是你如何給自己一個正確的評價。這裏有以下幾方面可以參考一下：

❶ 永遠不要輕視自己。用「我」這個詞來要求自己追求想要的一切並學會自信。堅信沒有你不能得到的東西，不能做到的事情。

❷ 實踐。自信是從實踐中獲得的。第一次騎自行車時你可能會摔倒，但是經過不斷的練習，你可以像別人一樣成為一名優秀的騎手。關鍵是摔倒，你是一見自行車就發怵哭著不學了，還是抹抹臉上的土，晃晃悠悠地重新開始。

❸ 向他人學習。盡力去模仿自信人士的姿態、行動、思想和言語。學得多了，你就發現會內化成激勵自己的一種能量了，這就是榜樣的力量。

❹ 注重外貌。為了使自己感覺良好，為自己購置一些新衣服或者是換一種新髮型。不信你可以試一試，穿上新衣服、化好妝走路時，頭一定比平時抬的更高，這就是自信。

❺ 設想自己的成就。思想上對自己計畫取得的成績進行多次彩排。把注意力集中到自己的認識和感受上，甚至是自己所品嘗到、聞到以及聽到的一切上。來點阿Q精神，你也會學會樂觀。

❻ 一定要從自己的錯誤中汲取教訓。一旦犯錯誤，不要過分責

備自己，而應從中汲取經驗教訓，千萬不要讓自己第二次踏入同一條失敗的河流。

❼ 不要責怪自己。忽視或者挑戰自己內心的責備聲音：「我做錯了，我太沒用。」積極地對自己說：「下一次，我肯定將一切搞定。」這點失敗算得了什麼！

❽ 多與那些使你感覺良好的人來往。避開那些損害自己自信心的人，比如帶你一起上街，只是為了讓你當他的參照物的那些人。

❾ 善待自己。不要懲罰自己，學會善待自己並多給自己鼓勵。其實有些時候你不能單純看到自卑的可怕，也不要因為已經有了自卑心理而覺得恐懼不安，覺得生活毫無希望了。可以肯定的說，自卑是會向自信轉化的，只要我們有勇氣和信心，將這種自卑化為鞭策自己人生的動力，就會推動人生一步步走向高潮。

有一個被公認為是全班最膽小怯弱的人。大學畢業時各人揮手告別，許多人預言十年後的相聚，他將是最失敗者之一。

十年後的相聚如期舉行。當年許多意氣風發指點江山的同學，如今被生活改變成了一言不發的旁觀者，許多才華橫溢認為一出校門即可擁有一切的同學，因苦苦掙扎而終無意料之中的成功有些垂頭喪氣，只有他——那個被公認為將是最失敗者，還是和當年一樣平凡得如一粒塵土，不出眾，不顯眼，也不高談闊論。

聚會到了高潮，每人依次上臺講述自己的現狀和理想，還有對目前生活的滿意程度。大多數人目前的現狀不如當年跨出校門時的理想，對目前生活滿意者幾乎沒有。

他上臺了：「我目前擁有數家公司，總資產上億元，遠遠超過當年走出校門時的理想。如果說還有什麼遺憾的話，就是我認為離那些我所欣賞的成功者還很遙遠。是的，無論是在學校還是走向社會，我一直很自卑，感覺每一個人都有特長，都比我強，所以我要努力學習每一個人的特長，並且丟掉自己的缺點。但我發現無論我如何努力，也總是無法趕上所有的人，所以我就一直自卑下去。因為自卑，我把

遠大理想放在心底，努力做好手頭的每一件小事；因為自卑，我將所有的偉大目標轉化成向別人學習的一點點的進步。進步一點，戰勝一個自卑的理由，同時又會發現一個自卑的藉口。這樣永遠讓自己處在自卑之中，我就會獲得源源不斷的前進動力。」

長久的沉默之後，優秀者或平凡者們才明白了自己竟然失敗於自信！因為自信，總認為自己比別人優秀，所以不肯虛心求教，看不到別人的長處；因為自信，目光一直看向遠方，卻忽略了腳下的道路應該一步一個腳印地走。

學會自卑，為了生命中期望已久的成功。從某種角度說，當自卑化成了謙虛，化成了上進動力的時候，自卑又何嘗不是一種自信呢？

在人生的旅途中創造出美好風景的，是你自己的雙手。只是盼望有一天自己家「祖墳上冒青煙」，想讓好運直接找上你，從而帶來生活的奇蹟和轉變的做法是不可靠的。生活中的美好事物猶如深海中奪目的珍珠，你不去找尋不去挖掘它，恐怕永遠也不會得到。所以正視現實中自己的不足，迎接自卑的挑戰，戰勝失望的危機，才是你走向成功和幸福人生的不二法則。

7 ／ 逃離恐慌的魔掌

恐慌雖然不等同於恐懼，但確實也是嚴重威脅人們成功的一個重要敵人，它給你帶來了無盡的煩惱。在別人看來，有時候你真是「成事不足，敗事有餘」，這樣的評價使得你無時無刻不戰戰兢兢，生怕做錯了什麼事而貽人笑柄。因此你總是缺乏信心，有些慌張，不敢做什麼有難度的事情，你已經徹底被恐慌的壓力震懾住了。

除非你主動想辦法去解決，否則恐慌這個魔頭才不會自動消失呢。這就像當你遇到困難和挫折時，別人是不會主動跑來幫你排除煩惱的，你得主動去找能和自己推心置腹談心的人。只有說出了你的煩

惱，你的心頭才會輕鬆許多。你應該多交些朋友，在人生的道路上一同前行，在你擺脫不良情緒的過程中，你所遇到的各種各樣的朋友，會給你以各方面的安慰和幫助，他們將幫助你渡過難關。

俄國詩人普希金在《假如生活欺騙了你》裏這樣寫道：

「假如生活欺騙了你，

不要悲傷，不要心急。

憂鬱的日子裏需要鎮靜，

相信吧！快樂的日子將會來臨。

心永遠嚮往著未來，

現在卻常是憂鬱。

一切都是瞬息，一切都將會過去，而那過去的，就會成為親切的懷念。」

我們所處的環境中，很多事件可能直接導致壓力。但是我們的絕大部分壓力來自於自己。自我產生的壓力並非來自於工作等外部事件，而是通過你看待和理解那些事件的方式產生的。壓力存在於觀看者的眼中，並非存在於事物本身。它是一個內在的東西，它在你的思維中產生。壓力的真正原因在於你如何看待和思考事物。壓力的真正起因就是你自己！是你自己對自己缺乏信心，所以才會緊張的難以控制，所以才會抵制不住內心惶恐的侵襲！

凱薩琳・赫本在未出道時，曾有一次非常關鍵的演出，正是這次演出，令她一舉成名。但在她準備正式登臺前的十幾分鐘裏，她感到了恐慌，覺得自己無法演出，並且認定她的嗓子將會發生問題。她告訴醫生說，她覺得渾身癱瘓，幾乎無法移動雙腳。

「怎麼回事呢？」醫生問道。

「我突然感到很恐慌。以前在演出前通常會感到緊張，但這一次有點不同。」

「不要擔心，」醫生說，

「你是一位真正的演藝專家，你一定能克服緊張情緒的。我袋子

裏正好有你所需要的東西，這是一種新藥，效果又快又好。」

說著，醫生從皮包中取出針管，打斷一個蒸餾水的小玻璃瓶，並把瓶中的蒸餾水抽到針管中。接著醫生給赫本打了一針蒸餾水，並向她保證說，這種特效藥馬上就會生效。

「坐下來，」醫生說，「放鬆心情。」

幾分鐘後，她已經很鎮靜了。「這真是神藥呀，我真該吻你一下，向你表示謝意，」她說，「大夫，我覺得很好，真是太感謝你了。」

她登上了舞臺，完成了一次精彩的表演。

後來在慶祝演出成功的宴會上，醫生走過去向她道賀：「你知道嗎，這是你最精彩的一次演出。」

「謝謝你。」赫本說。

「不，應該感謝你自己。努力的是你，而不是我。我給你注射的只不過是一瓶蒸餾水而已。」赫本大感驚詫，然後不禁哈哈大笑。

赫本在她的成名之夜感受到巨大的壓力，這種壓力幾乎使她功敗垂成。富有戲劇性的是解除她巨大壓力的良藥，竟是一針管蒸餾水。

沒有什麼比希望更能改變我們的處境。當我們處於楣運的時候，當我們面對失敗的時候，當我們面對重大災難的時候，我們都應該將人生寄託於希望。希望會使我們淡忘眼下的痛苦，給自己的人生插上重飛的翅膀。

高太太是一個很不幸的女人，由於命運的安排，她幾乎經歷了一個女人所能遭遇的一切不幸。然而她卻用一顆滿盛著希望的心靈，演繹了一個幸福美麗的人生。十八歲時，她嫁給了中學時熱戀的同學，剛結婚不久，丈夫外出做生意，便如同飛出的黃鶴，一去不返。有人說他死在了響馬的槍下，有人說他是病死他鄉了，還有傳說他被一家有錢人招了當女婿。當時她已經懷上了孩子。

丈夫不見蹤影幾年以後，村裏人都勸她改嫁。沒有了男人，孩子又小，這寡居生活到什麼時候是個頭？她沒有走。她說丈夫生死不

明，也許在很遠的地方做了大生意，沒準哪一天發了大財就回來了。她被這個念頭支撐著，帶著兒子頑強地生活著。她甚至把家裏整理得更加井井有條。她想，假如丈夫發了大財回來，不能讓他覺得家裏這麼窩囊、寒碜。

這樣過去了十幾年，她的兒子在十七歲的那一年，一支部隊從村裏經過，她的兒子跟部隊走了。兒子說，他到外面去尋找父親。不料兒子走後又是音信全無。有人告訴她說兒子在一次戰役中戰死了，她不信，一個大活人怎麼能說死就死呢？她甚至想，兒子不僅沒有死，反而做了軍官了，等打完仗，天下太平了，就會衣錦還鄉。她還想，也許兒子已經娶了媳婦，給她生了孫子，回來的時候是一家子人了。

儘管兒子依然杳無音信，但這個想像給了她無窮的希望。她是一個小腳女人，不能下田種地，她就做繡花線的小生意，勤奮地奔走四鄉，積累錢財。她告訴人們，她要賺些錢把房子翻蓋了，等丈夫和兒子回來的時候住。

有一年她得了大病，醫生已經判了她死刑，但她最後竟奇蹟般地活了過來。她說，她不能死，她死了，兒子回來到哪裡找家呢？這位老人一直在村裏健康地生活著，今年已經滿百歲了。直到現在，她還做著她的繡花線生意，她天天算著，她的兒子生了孫子，她的孫子也該生孩子了。這樣想著的時候，她那佈滿褶皺與滄桑的臉上，即刻會變成像繡花線一樣絢爛多彩的花朵。

這位老人，怎能不使我們感慨萬千呢？一個希望，一個在世人看來十分可笑的希望，在她的一生當中，執著著支撐起柔弱的心靈和脆弱的生命。正是由於她覺得自己的相思無錯，等待無錯，才會在人們的扼腕歎息中堅強的等待。她的人生是從容而淡定的，並不惶恐，因為有一個值得她為之付出所有的信念支撐著她，在蒼茫的人間走了幾十個春秋。有時候寬容可以戰勝恐慌，對生活寬宥一點，對自己厚道一些，內心就無所畏懼，也就容易成就所向無敵的剛毅品質。

有這樣一句話：「假如上帝在你面前摺下了一座山，那麼你絕不

要在山腳下哭泣！翻過山它就是了！」多麼富有哲理的話呀！我們確實要用希望的力量來武裝自己，勇敢地去翻越面前的那一座座生活的險峰。

人生之路，一帆風順者少，曲折坎坷者多，成功是由無數次失敗構成的，正如美國通用電器公司創始人沃特所說：「通向成功的路，即是把你失敗的次數增加一倍。」

如果讓自己沉溺於以往失敗的經歷中掙扎不出，就會在今後的工作生活中，更容易的被恐慌的壓力控制住。因為當你做某件事的時候，恐慌這個東西總是悄悄的對你說你曾經在這個地方跌倒過，怎麼能成功呢？所以你就認輸了，不敢再去嘗試，其實就算倒了又怎樣？還能讓那個經歷在心底一生一世永遠壓得自己抬不起頭來嗎？爬起來拍拍身上的土裝作沒看見，臉皮厚一點，你的身體照樣完好，能有什麼損失呢。

圍棋大師聶衛平經歷過無數鮮花，無數獎盃，但你是否知道，他同樣也擁有過失敗和失利。只是他沒有被失敗的恐慌戰勝過，所以他成功了。

一九八二年，對聶衛平來說，是很不幸的一年。三月，在北京舉行的全國比賽中，他敗給了邵震中，丟掉了決賽權，退居第四名；七月，他又敗給了馬曉春、劉小光，丟掉了『國手戰』冠軍；八月，在承德舉行的「避暑山莊杯」賽中，他又名落孫山。由於聶衛平的接連失利，圍棋評論界已有人預言：「聶衛平時代將要過去。」那麼聶衛平又是怎樣面對失敗的呢？聶衛平在他的自傳《我的圍棋之路》中曾有過一段十分坦誠的表白：「我是不大會因失敗而垂頭喪氣的，而是每輸一盤棋，就想方設法去贏回十盤來，不但現在是這樣，以前水準不高的時候也是這樣，在被陳祖德、吳松笙讓三子時，每次輸棋，我都憋足了勁，要在下一次贏回來！」

在個人的失利面前，聶衛平總是表現出一種不屈不撓的拼搏精神，那麼在大陸圍棋曾一度落後於日本圍棋這個客觀事實面前，他又

是怎樣對待的呢？

聶衛平曾說過這樣一段話：

「一九七三年以阪田榮男九段為團長的日本訪中代表團，竟把我們殺得狼狽不堪。當時，對於絕大多數大陸棋手來說，曾獲得過幾十個大小棋戰冠軍頭銜的阪田榮男九段，簡直就如一尊棋界的戰神，至於說要戰勝他，更是許多人想都不敢想的事，雖然那時我連上場和阪田九段交手的機會都沒有，但看看比賽中的阪田榮男穿著拖鞋，悠閒地在賽場內來回地巡視的狀態；看看他漫不經心略微掃一眼棋盤就隨手丟下一子的傲然舉動；看看與他對陣的大陸棋手，對此只有抱頭苦思的情景；便感到有一種說不出的壓抑。儘管憑資歷、聲望、實力，阪田九段有這種表現也無可指責，但是我相信當時有志氣的大陸棋手，都會覺得臉上無光。也許從那時起，我心中的目標突然變得明確了：努力奮鬥，一定要戰勝日本最強棋手，打敗日本的冠軍。」

是的，聶衛平就是憑著這股不甘心失敗的精神，而成為超一流的棋手的。

面對失敗的恐慌，唯有樂觀積極的心態，才是戰勝它進而走向成功的利器。那麼人們應該怎樣打敗內心因失敗和經驗不足帶來的恐慌感覺呢？❶ 堅忍不拔，不因挫折而放棄追求；❷ 注意調整，降低脫離實際的「目標」，及時改變策略；❸ 用「一定成功」來激勵自己；❹ ，採用自我心理調適法，提高心理承受能力；❺ 努力完善自己，資本在手，無論什麼情況都會感到很踏實，也就不會有所畏懼了。

要使自己不成為「經常的失敗者」，就要善於挖掘、利用自身的「資源」，努力彌補自己心理素質上的漏洞。雖然有時這種改變是一個痛苦的過程，但是只要你有勇氣和內心作戰，不斷完善自我，總有一天你會「藝高人膽大」，再也不會懼怕什麼了！

8／**享受人生的孤獨**

　　所有的人都會有孤獨的感覺，尤其是當你投身於茫茫人海，卻發現沒有一個人相識的時候。這種孤獨的恐懼感就會排山倒海般撲面而來。在工作場合中，如果你的才幹用錯了地方，也會感到很孤獨的，因為沒有人會理解你！你可以抱怨生活抱怨命運，但是為什麼不能好好反省一下自己呢，你真的瞭解你這個人嗎？為什麼會活在孤獨的痛苦中不能解脫呢？你找對自己的人生座標了嗎？要知道，唯有生活在一大群和你類似的人們當中，你才能有親切的感覺。有一句話：垃圾是放錯了地方的寶貝。不錯，在澳門，全部電都是利用垃圾做出來的。愛迪生說：「什麼是野草？就是一種還沒有發現其價值的植物。」每個人都有自身的優勢，也有自身的劣勢，問題在於怎樣發現並發揮優勢。但是有時候孤獨卻可以成就一番事業，因為孤獨也是催促你奮進的一種強大動力。

　　著名的物理學家愛因斯坦說：「我總是生活在孤獨之中，這種孤獨在青年時代感到痛苦，但在成年時卻覺得其樂無窮。」

　　孤獨往往能夠產生巨大的創造力。古今中外的許多作家、藝術家、科學家、哲學家和政治家，就是在孤獨之中埋頭於事業，發奮鑽研創造，在心靈的世界中體會到無窮的樂趣。

　　有人把孤獨與心情不好聯繫得非常緊密，認為孤獨是因為不和群造成的，也必然導致人際關係的壓力和心裏的惆悵。但並不是所有的孤獨都是悲情的，如果換個角度看待它，我肯定你絕對會願意適當地接受它，並且可以從中品味出快樂！

　　一對年輕的美國夫婦，在繁鬧的紐約市中心居住。時間一長，覺得生活就像部運轉的機器，雖然總是在忙忙碌碌地轉著，但太千篇一律了，即使是那些花樣繁多的休閒娛樂項目，也像是麥當勞、肯德基那些速食一樣，只能滿足一時的胃口，過後很少會有餘香留下的。於

是他們決定去鄉下放鬆放鬆，他們開車南行，到了一處幽靜的丘陵地帶，看見小山旁有個木屋，木屋前坐了一個當地居民。那個年輕的丈夫就問鄉下人：「你住在這樣人煙稀少的地方，不覺得孤單嗎？」那鄉下人說：「你說孤單？不！絕不孤單！我凝望那邊的青山時，青山給我一股力量。我凝望山谷，每一片葉子包藏著生命的秘密。我望著藍色的天，看見雲彩變幻成永恆的城堡。我聽到溪水潺潺，好像向我的心靈細訴。我的狗把頭靠在我的膝上，從它眼中我看到忠誠和信任。這時我看見孩子們回家了，衣服很髒，頭髮蓬亂，可是嘴上卻掛著微笑，叫我『爸』。我覺得有兩隻手放在我肩上，那是我太太的手，碰到悲愁和困難的時候，這兩隻手總是支持著我。所以我知道上帝總是仁慈的，你說孤單？不！絕不孤單！」

　　華燈初上，我們躲進自己的小屋，點一支煙，任由那繚繞的煙霧籠罩在自己的周圍，牽引著自己零亂的情愫。然後關上燈，一陣黑暗便迎面襲來。黑暗中，只有那若明若暗的煙火在一閃一閃地跳躍，似乎在指引人們前進的方向。這時四周一片寂靜，只有自己心頭那微弱的振動聲。孤獨也就隨之而生，帶給人一份心靈異常的靜謐。

　　孤獨也是一種美麗。它不是逃避，也並非是一種放棄，只是為了使自己疲憊的心靈得到片刻的休息，使自己重現一種「清水出關蓉」的天然。孤獨猶如咖啡，能作為美麗人生的一種調劑。一個懂得生活的人，肯定是懂得孤獨的人，一個能享受孤獨的人，肯定擁有美麗的人生。

　　我有一個忙碌的朋友，每天將自己的生活安排得很「充實」，白天上班，晚上去學習語言，而且每天晚上十一點就寢，也就是說，她一回到家洗漱完畢就上床睡覺。睡醒後又重複同樣的生活，平時想找她都找不到。有一天，我「運氣好」找到了她，和她相談甚歡，不經意間我聊起她很會安排生活，她居然感慨地說：「我是不得不如此的，你不知道完全讓自己空下來沒事做，是一種很可怕的空虛感。」我驚訝極了，忙慣的人有時間可以空閒下來，卻不是種享受？她說：

「根本不是享受，是恐怖。最怕的是有時間就會胡思亂想。想到高興的事還好，如果想到不愉快的事，有一種想哭的感覺，再加上身邊沒人，空氣中又充滿了冷寂的氣氛，真想死了算了。」

單獨一人時，我們總會儘量找事做，即使都沒有人在，我們也會找可以陪伴自己的東西。有沒有想過：為什麼我們獨處時，不是看電視、打開收音機，就是找一本書來讀，不然就是馬上抓起電話，找朋友聊天？當忙碌的生活過久了，我們偶爾也會想，如果可以擺脫掉工作，一切將有多美好？如果可以獨自一人，不受干擾地做自己的事，沒有義務只有寧靜該有多好？

只和自己相處，享受孤獨是絕對必要的，什麼事都不做也不用有罪惡感。剛開始情緒也確實會劇烈地起伏不已，但沒有關係，讓情緒過去(它們總會過去的)，接下來，你將擁有生命中難得的經驗。獨處是需要多練習才能駕輕就熟的，要學習和孤獨無聊空虛的感覺對抗，那些都只是假象，實際上，你一點都不孤獨，你擁有的比想像中多許多。學會經常獨處，駕馭孤獨也會帶來健康。

這一切，關鍵就在於我們用什麼來充填孤獨的空間。在孤獨的時間裏，最好的事情是進行有關人生境界的靜悟、學習和修養，它會使我們的心靈洗去骯髒的塵埃和瑣雜的慾念，歸於大自然的純淨開朗和平靜輕鬆。這是一種多麼有益的生活！

如果無法和自己相處，總是將時間花在跟別人團團轉上面，人生是不會充實的。命運的坎坷、離群索居、漂泊異鄉等等是許多人都曾體會過的孤獨。先天獨特的個性，再加上環境的壓抑、教育的影響、風俗習慣的潛移默化和經歷的磨煉，會使一個人得不到世人的理解，也將產生難以排遣的孤獨感。我們大多數人容易將孤獨看成一種壓力，使自己處於一種不良的心態中。其實換個角度，孤獨地體驗未嘗不是一種有益的心態。

孤獨實際就是一種美，一種大漠孤煙的壯觀，一種長虹貫日的氣勢。它是雪山上泛著清輝和華彩的雪蓮花，靜靜的守候著自己的一方

神聖之土，在內心的世界裏思考和編織自己的夢想，這是種完整的靜謐與安詳，它不屬於繁花和密林的喧囂，而是在狹小的空間中回味著自己無限豐富的精神世界。這，就是神聖的孤獨之美。

9 / 你可以愛上演講

在你即將上臺發表一篇演說的時候，你或許會有種被世界拋棄了的痛苦感覺，這是一種令人窒息的沉重壓力，以至於你想馬上找個地洞鑽進去，或是乾脆馬上死掉算了，省得再次承受那綿延無盡的痛苦感覺。當眾發言絕對是一種對你心理素質的考驗，如果你能承受這種壓力，那麼就具備了一種領導者所擁有的技巧，並且很快會將你推向成功。愛默生說：「恐懼較之世上任何事物，更能擊潰人類。」

著名的演說家和心理學家愛德華・威格恩先生，曾經非常害怕當眾說話和演說，在他讀中學時，一想到要起立做五分鐘的講演，就驚悸莫名，但他經過努力克服了恐懼。

「當講演的日子靠近了，」他寫道，「我就真病了。只要一想到那可怕的事情，血就直往腦門衝，我的兩頰燒得難受，不得不到學校後邊去，把它貼在冰涼的磚牆上，設法減少洶湧而來的潮紅。讀大學時也是這樣。有一回，我極力背下一篇講演的開頭，『亞當斯與傑佛遜已經過世，』當我面對聽眾時，我的腦袋轟轟然，幾乎不知置身何處。我勉強擠出開場白，除了『亞當斯與傑佛遜已經過世，』我再說不出別的詞句，因此便鞠躬……在如雷的掌聲中凝重地走回座位。校長站起來說：『愛德華，我們聽到這則悲傷的消息真是震驚，不過在目前的情況下我們會儘量節哀的。』接著，就爆發出了震耳欲聾的笑聲。當時我真想一死以求解脫，後來我就病了好幾天。」最後，他誠懇地說：「活在這個世界上，我最不敢期望做到的，便是當個大眾演說家。」

在離開大學一年後，愛德華・威格恩先生一直住在丹佛。

在那場「自由銀幣鑄造」的爭論中，他讀到了一本小冊子，這本小冊子建議實行「自由銀幣鑄造」。愛德華・威格恩先生非常不同意這種觀點，並感到十分憤怒，因此他當了手錶作盤纏，回到家鄉印第安那州。到了印第安那州之後，他便自告奮勇，就健全的幣制發表演說，而在他的聽眾席上，有不少聽眾就是他昔日同學。「我開始時，」他寫道，「大學裏亞當斯和傑佛遜的演講那一幕又掠過我的腦海。我開始窒息、結巴，眼看就要全軍覆沒了。不過聽眾和我都勉強地撐了過來；小小的成功使我勇氣倍增，我繼續往下說了自以為大約十五分鐘的時間。使我驚奇的是其實我已經說了一個半鐘頭。結果以後數年裏，我是全世界最感吃驚的人，竟然會把當眾演說當成自己吃飯的行業。所以我體會到了威廉・詹姆斯所說的『成功的習慣』是什麼意思了。」

是的，愛德華・威格恩先生終於學習到了要克服當眾說話那種地震山搖的恐懼感，最確切的方法之一，便是獲取成功的經驗，並將它作為後盾。

在生活中有很多人對上臺演說懷有深深的恐懼，他們甚至害怕當眾說話。羅賓生教授曾說：「恐懼皆衍生於無知與不確定。」這話說得很有道理。因為對於大多數初登講臺的演講者來說，當眾說話是一個未知數，他們並不瞭解當眾演講是怎樣一回事，就不免心裏感到焦慮和恐懼。對於他們而言，那是一連串複雜而陌生的情境，要比學打網球或學開汽車還要感到繁雜，要使這種可怕的情境變得單純而輕鬆，就要靠堅持不懈的練習。要真正克服懼怕當眾講話的心理，必須從以下幾個方面著手：

❶ 問一問自己為什麼不敢當眾說話，是因為膽小還是其他原因。

其實害怕當眾說話並不是某一個人的心理，大多數人都程度不同地具有這種心理，因此這也可以說是相當一部分人的共同心理特點。

某種程度的登臺恐懼感對人們練習演講反而是有益的。因為人類天生就具有一種應付環境中不尋常挑戰的能力。當你注意到自己的脈搏和呼吸加快時，千萬不要過於緊張，而要保持冷靜，因為你的身體一向對外來的刺激保持著警覺，這種警覺表明它已準備採取行動，以應付環境的挑戰。假使這種心理上的預備是在某種限度之下進行的，當事者會因此而想得更快，說得更流暢，並且一般說來，會比在普通狀況下說得還更為精闢有力。

　　因此只要是通過練習獲得成功演說的人，當眾說話就會不再是一種痛苦，而變成一種享受了。

　　其次，在準備發表一篇演講之前，要多方面的蒐集材料、做足準備工作、你就不會感到有那麼大的壓力了。

　　在紐約扶輪社的一次午餐會上，主講人是位顯赫的政府官員，大家在演講開始前，都拭目以待地要聽他述說部裏的工作情況。但是很快大家便發現，這位官員並未做事前準備。本來，他想隨意即興一番，結果不成。於是他便從口袋裏掏出一疊筆記來，這些筆記顯然雜亂無章，像一貨車的碎紙片。他手忙腳亂地在這些東西裏摸索了好大一陣子，說起話來便愈發顯得尷尬笨拙。時間一分一秒地過去，他也變得愈來愈無條理和糊塗，可是他卻繼續在掙扎。起先，他還想把筆記理出一點頭緒來，同時用顫抖的手舉起一杯水，湊到焦乾的唇邊。真是慘不忍睹，他完全被恐懼所擊倒，就只因為完全沒有準備。最後，他坐了下來。他發表演說的方式，正像盧梭所說的情書的書寫方式一樣：始於不知所云，也止於不知所云。

　　只有有備而來的演說者才能獲得自信和成功。這就像一個人上戰場一樣，帶著故障的武器，並且身無彈藥，怎能奢談猛攻「恐懼」之堡呢？林肯曾說：「我相信我若是無話可說時，就是經驗再多，年齡再老，也不能免於難為情的。」這話說得太深刻了。要進行成功的演講，就必須有成功的準備。否則未經準備即出現在聽眾面前，與未穿衣服是一樣的。

❷ 對演講進行精心的準備，是不是說就得逐字逐句地將演講稿全部背下來呢？不是的。卡內基指出，為了保護自我，免得在聽眾面前自己腦中一片空白，許多演說者剛開始便一頭栽進了記誦的陷阱裏。一旦染上這種心理麻醉的癮頭，便會不可救藥地從事浪費時間的演講方式，那會毀掉演說的效果。

卡騰波恩先生是美國資深的新聞評論家，他在哈佛大學當學生時，曾參加過一次講演競賽。他選了一則短篇故事，題為「先生們，國王」。他把這篇故事逐字背誦，並預講了許多次。但在比賽那天，他說出了題目「先生們，國王」之後，腦子裏就一片空白，什麼也說不出來了。他頓時不知所措，但在絕望之下，他開始用自己的話來說故事。當評審把第一名獎章頒給他的時候，他真是吃驚極了。從那天起，卡騰波恩先生不曾再背過一篇講稿，通常他只做些筆記，然後自然地對聽眾說話，絕不用講稿，那是他廣播事業裏成功的秘訣所在。

寫出講稿並加以背誦記憶，不但浪費時間和精力，而且容易招致失敗。人們在一生當中說話都是發自自然的，從未費心去細想言辭。我們隨時都在思想著，等到思想明澈時，言語便會如我們呼吸的空氣一樣，不知不覺地自然流出。

即使是溫斯頓・邱吉爾，也是通過辛苦和失敗，才學得這一課的。年輕時，邱吉爾愛寫講稿和記講稿，然而，有一天當他在英國國會上大背講演稿時，思路突然中斷，腦海裏一片空白。他尷尬極了，也感到羞辱極了。他把上一句重複一遍，可是腦子依舊空白，而臉卻變成了豬肝色，他只得頹然坐下。從那以後，邱吉爾再也不背講稿了。

逐字逐句地背誦講稿，在面對聽眾時很容易遺忘，即使沒忘，講起來也會顯得十分機械。因為它不是演講者發自內心的言辭，而只是出於記憶的應付。平常我們私下與人交談時，總是一心想著要說的事，並把它直接說出來，並未特別去留心詞句。我們一直都是這麼做的，現在又為什麼要改呢？許多人把講稿扔進紙簍去以後，不是反而

講得更生動，更有效果嗎？這樣做，也許會遺忘了某幾點，說起來有些散漫，但是起碼它顯得更有人情味一些，更自然一些。

美國總統林肯曾說過：「我不喜歡聽斧削式的、枯燥無味的講演。當我聽人講演時，我喜歡他表現得像在跟蜜蜂搏鬥似的。」這就是自在、隨意而又激昂起伏的演講。在背誦、記憶演講稿時，是絕不會達到這種效果──表現得像和蜜蜂在搏鬥似的。

其實在準備演講的過程中，最好是將自己的生活和經歷融入所要演講的內容之中。應當在你的生活背景中，搜尋有意義、曾經教導你有關人生內涵的經驗，然後彙集由這些經驗汲取來的思想、概念等，並根據這些對你的題目加以深思，使得演講的內容更為豐富和生動。

當講演準備得有點眉目時，可以適當地進行一些演習。這裏有一個萬無一失、簡易而又有效的方法，就是把你要講演的內容運用到和朋友及同事的日常談話中。你不必搬出全套，而只需要在他們面前這樣說就夠了：「朋友，你知道嗎？有一天我遇到了一件不平凡的事，告訴你吧！」那樣，你的朋友可能很願意聽聽你的故事。在向他們講述的過程中，最好仔細地觀察他們的反應，聽聽他們的迴響，說不定就能從他們的評價中吸取一些頗為有趣和有價值的東西。只要你不說，朋友們也許根本不會知道你是在預演，不過話又說回來，即使他們知道了，也沒有多大關係，他們也可能會說，談得真痛快。

著名的歷史學家艾蘭‧尼文斯先生曾經這樣告誡人們：「找一個對你的題材有興趣的朋友，詳盡地將你的心得說出來，這種方式可以幫你發現你可能遺漏的見解和事先無法預料的爭論，並找到最適合講述這個故事的形式。」然後再對所演講的題材依計畫加以整理。

進行演習之後，為了使自己的演講更具魅力，更加生動吸引入，還應該使自己的題材儘量具有深刻的價值和深層次的意義，這樣可以一方面使自己的演講達到令人信服的效果，另一方面，也對聽眾起到一種激勵和有所幫助的作用，使他們聽過之後感到深受啟發，認為只要依此實踐，便會成為更好和更加有用的人。另外，在演講的過程

中，還應當儘量避免令自己不安的反面刺激。比如在演講過程中總是設想自己會犯語法錯誤，或總擔心自己講著講著會突然地停頓下來，講不下去了，這就是一種反面的假想，它很可能會影響你對演講的信心。因此在開始講演前，最重要的就是要把注意力從自己身上移開，或是集中精力聽別的講演者說些什麼，以便把注意力放在他們身上，避免不必要的登臺恐懼感。

對於任何一個演講者來說，都會有懷疑自己所確定的演講題材的時候。他可能會問自己，這個題目對我合適嗎？聽眾會對這個題材感興趣嗎？在有些情況下，他很可能一氣之下便把題目改了。遇到這種情況，當消極思想可能完全毀去你的自信時，你就該為自己做一番精神講話，用淺顯、平直的語言跟自己說，你的講演是很適合你的，因為它來自你的經驗，來自你對生命的看法，在你的聽眾中，你比任何人都更有資格來做這番特別的演說，並且你將全力以赴，把它說個清楚。現代的實驗心理學家表明，由自我啟發而產生動機，即使是佯裝的，也是導致快速學習的有力刺激之一。而根據事實所作的真誠的自我精神講話，其效果會更加明顯。

美國著名心理學家威廉‧詹姆斯教授曾說：「行動似乎緊隨於感覺之後，但事實上卻是行動與感覺並行；行動在意志的直接控制之下，受著約束。我們可以間接約束感覺，而它是不受意志的直接控制的。因此假若我們失去了原有的自然的歡樂，那麼通往歡樂的最佳方法，就是快快樂樂地站起來說話，表現得好像歡樂就在那裏。如果這樣的舉動不能讓你覺得快樂，那就別無良方了。所以感覺勇敢起來，表現得好像真的很勇敢，運用一切意志來達成那個目標，勇氣就很可能會取代恐懼感。」

詹姆斯的勸告對我們非常有用。為了培養勇氣，當面對觀眾時，不妨就表現得好像真有勇氣一般。可是當然除非有所準備，否則再怎麼表演也是無用的。不過，如果已經定下並熟悉了自己所要講的內容，那就大踏步而出，並深深地呼吸吧。事實上，在開始演講之前，

應深呼吸三十秒，這樣所增加的氧氣供應可以提神，並能給你勇氣。

　　把身體站直，然後開始信心十足地講話，好似他們每個人都欠你的錢，你在催他們還債，假想他們聚在那兒是要求你寬限還債的時間，並且他們都在認真而虛心地聆聽著你的講話。這種心理作用對你大有幫助。

　　美國總統羅斯福曾在自傳裏說：「我曾是病歪歪而又蠢拙的孩子，年輕時，起先既緊張且對自己的能力無信心，我不得不艱苦而辛勞地訓練自己，不只是身體，而且還有靈魂和精神。」

　　他接著寫道：「孩提時期，我在馬利埃特一本書裏讀到一段話，印象極深刻，時時刻刻縈繫在心。在這段話裏，一艘小型英國軍艦的艦長，向主角解說如何能夠器宇軒昂、無畏無懼。那段話說：『起初，若要有所選擇時，人人都是害怕的，不過他所應依循的法則是駕馭自己，使自己表現得好像毫不懼怕。這樣持之以恆，原先的假裝就會變成事實，而他只不過藉著練習無畏的精神，就在不知不覺間真的變成無懼的勇者。』這便是我據以訓練自己的理論。初時，我害怕的事情真多，從大灰熊到野馬及槍手，無一不怕。可是我表現得好似不怕的樣子，漸漸地我便停止了害怕。人們若是願意，也能如我一般。」

　　你也許最初在面臨聽眾時，總會經歷一些恐懼、一些震擊、一些精神上的緊張，這是正常的。別說是你，即使是曾做過無數次公開演出的大音樂家，有時也會有相同的感覺。帕德列夫斯基臨到要在鋼琴面前坐下時，總是緊張地摸弄著袖口。可是等他一開始彈奏，他所有的恐懼便會瞬間消逝無蹤。只要你能堅忍不拔，不久你的所有顧慮都會一掃而光。包括這種初期的恐懼，而它也就僅止於初期的恐懼而已。說過了開始的幾句話，你就會完全控制住自己，你就會自信而歡快地講下去。

　　有一次，一位渴望學習法律的青年寫信向林肯求教。林肯回答他說：「如果你已下定決心要做律師，事情就已成功一半有餘……要時

時記住，你自己下定的決心，比任何別的事情都重要。」

　　林肯是明白的，他是過來人。終其一生，他所受過的正規教育總共不超過一年。而他卻很愛讀書，並從中吸取有益的營養。他曾步行五十哩以外去借自己要看的書，在他的小木屋裏，總有柴火燃燒終夜，有時他就會藉著柴火的餘光讀書。小木屋的木頭間有裂縫，林肯往往就朝那兒塞上一本書，等到早晨天亮得可以看書了，他就一骨碌自樹葉床上爬起，揉著眼睛，拉出書本來開始「狼吞虎嚥」。為了練習演講，他除了從書本上學習以外，還會走上二、三十哩路去聽別人演講。而在回到家以後，他又處處練習演說，在田野間，在樹林裏，在雜貨店聚集的人群前，他從不放過任何機會。他加入新沙侖和春田的文學與辯論學會，並練習講演當時的各種題目。他在女性面前很害羞，當他追求瑪麗穗時，總是坐在走廊上，羞澀而沉默，找不著話說，只聽著她一個人唱獨角戲。然而就是這個人，他在家裏窮讀不休，到處勤練不輟，終於把自己塑造成一位講演者，進而與當時最傑出的雄辯家道格拉斯參議員大開辯論，一決雌雄。也就是這個人，他所發表的總統就職演說冠絕古今，令人嘆服。

　　想想自己身受的種種艱難挫折與令人心酸的奮鬥，難怪林肯要說：「如果你已下定決心要做律師，事情就已成功一半有餘。」這確是他有感而發，在這一句話中，凝聚了他一生的奮鬥經驗。

　　威廉‧詹姆斯教授曾說：「願青年人不要為自己教育的結果憂心，不論它的界限何在。只要他在每日的工作時間裏，每小時都忠實地忙碌著，就大可把最終的結果留待自己去處理。他可以自信十足地期待著某一個美好的早晨醒來，發現自己已經是當代能者之一，不論他所選擇追求的是什麼。」詹姆斯教授的話，同樣適用於想提高演講口才的人，只要你不斷地努力練習下去，你便可以滿懷信心地希望，一個美好的早晨醒來時，你已發現自己是城裏、區裏或單位裏出類拔萃的演說家之一了。

　　不管這話聽起來多虛幻，它卻是真正的道理。例外當然是有的，

一個心性、個性極度自卑的人，加上沒有資料可為談論，自然不能妄想有朝一日成為演說家。但是就一般道理而言，這個斷言卻是正確的。

　　紐澤西州州長史多克有一回參加卡內基演講口才訓練班的結業晚宴。他評論說，當晚他所聽到的演說，好得就和他在華盛頓的參、眾兩院所聽到的講演一樣。而這些演說，是由那些數月前還舌頭打結、畏懼聽眾的商人們所做的。這些是紐澤西州的普通商人，他們卻在一個美好的早晨醒來，發現自己已經具有演說家的能力和氣質了。

　　在那些成功地獲得了演講技巧的人當中，只有極少數是真正的天才，而大部分都是在自己家鄉小鎮隨處可見的尋常人，但是他們肯堅持，也同樣獲得了成功。至於較特殊的人們，則有時會氣餒，有時因為過分忙於賺錢，結果反倒庸庸碌碌。雖然是尋常人士，只要有膽量、有目標走到路的盡頭時，往往也爬到了頂端。這是合乎人性與自然的。在商業和其他各行各業中，相似的事情隨時都在發生。名聞全球的美國石油大王洛克菲勒曾說：商業成功的第一要訣是耐心與相信收穫終將到來，它同樣也是有效說話能夠成功的首要條件之一。堅定地相信自己會成功，就會去做走向成功所必須做的一切，因而也必定能走向成功。

　　卡內基認為，在他的訓練班上受訓的大部分學員，所獲得的最寶貴的東西，是對自己的信心，是對自己成功的能力多了幾分信任。

　　愛默生說過：「無熱忱即無偉大。」這不只是一句文學修辭，還是一個通往成功的指路航標。

　　演說是否具有轟動效應，經常是你的頂頭上司用以判斷你工作能力的尺碼。你要想得到上司的青睞，就需要你對自己的口才技巧勤加練習。在平時你可以養成快速思考與敏捷用詞的技巧，雖然這種技巧不適於正式的講演，但是它可以每天為我們每個人所使用。最近在工業界、政府機關裏和各職業組織裏，風起雲湧紛紛開設口頭溝通的課程，更加說明了今天在各種職業和行業裏，對清晰明確的談話的要

求。

　　在演講中必須能夠發覺演講內容的更深刻含義，這樣才不會讓聽眾感到內容空洞乏味，才更喜歡認真聽你的演講，稿子的說服力才更強。力求使演講更加深刻，這能給聽眾留下更深刻的印象。當然，只觸及問題表面的演說，要比深挖力掘的演講容易多了。只是若選擇容易的路，聽眾便僅能獲得很少的印象，甚或全無印象。題目縮小之後，最好是問自己一些問題，加深自己的瞭解，使自己準備充分，而能以權威的口吻來講述自己選擇的題目。演講如果能達到這種程度，就能使聽眾正襟而坐，分外留意，印象特別深刻。

　　「我總是搜集十倍於我所要使用的資料，有時甚至達到百倍。」約翰‧甘德曾這樣說。他是暢銷書《內在》的作者，他說的是準備寫書或講演的方法。一九五六年，他著手寫一連串有關精神病院的文章。他前往各地的醫院，與院長、護理者和病患者分別談話，他日復一日，走了數不清的路，記滿了許多筆記本。在他的辦公室裏，堆滿了政府與各州的報告，私立醫院的報告，各委員會成疊的統計資料。最後他寫了四篇短文，簡單而又有趣，是很好的講演題材。形成文章的紙張，也許只有幾盎司重。可是記得密密麻麻的筆記本及他所依據的資料，卻足有二十磅重。

　　甘德先生知道自己挖掘的是價值連城的礦石。他知道不能忽視任何一部分，他是幹這行的老手。他把心思全放在上面，然後把金塊篩出。講演也是如此，必須準備周密，以應急變。比方說，由於前一名講演者的論調，你不得不改變自己講演的主題，或是在講後的討論時間裏，要回答聽眾關切的問題，而對於這些，沒有充分的準備是不行的。

　　儘快選好題目也很重要，千萬別拖三拖四，直拖到要講的前一兩天。如果早早把題目定好，你的下意識便能為你發揮作用，這有莫大的好處。在每天工作完成後的零星時間裏，你便可以深入探究自己的題材，把要傳達給聽眾的思想精練、修琢。在駕車返家、等候公車或

乘捷運時，常會胡思亂想，你不妨將這些時間用來思索自己的講演題材。靈光一閃的頓悟，多來自這段孕育期間。你老早便把題目決定好，便能在下意識裏將它千錘百煉，使之愈加成熟。

　　在這種過程中，你會感受到強烈的誘惑力，總想把自己的講演依序寫出。切莫這樣做！因為一旦你定了型，就很可能對它滿意起來。這樣，你可能便會停止再對它做更具全面性的思考。另外，還會有嘗試背誦演講稿的危險。馬克・吐溫對這樣的背記講稿曾如此說：「筆寫的東西非為講演之用；它們的形式是文學的；它們生硬，無彈性，無法使自己愉快有效地傳達。假如講演的目的只在歡娛聽眾，不在說教，而在於將它們變得柔軟、分類、口語起來，並將其改變成通常未經事前思考的說話方式，否則他們將會不歡迎你，你也不能使他們得到快樂。」

　　克服當眾說話的恐懼，對於我們做任何事情都會有極大的潛移默化功效。那些接受挑戰的人，會發現自己口才一天天好起來・還會發現由於戰勝當眾說話的恐懼，已使自己脫胎換骨，進入更豐富、更圓滿的人生。美國著名演說家吉特林先生也說：「我相信，我所要講的話實在太過於重要，不能在紙上寫下。我將自己的每分每毫都寫在聽眾的腦海裏，記在他們的情感中。區區一紙講稿，在我和我要用以感動聽眾的東西之間，並無容身之地。」這也正是卡內基先生所要告訴聽眾的。

　　一個人在自己的事業中，是否擁有良好的溝通方法，是否能取得一些可觀的成就，是否能受到大家的尊重和支持，都和這個人有沒有能力調動大家的熱情有關。演講的成功更是會直接影響工作的成績和成就。無論你的職業是銷售人員、公司經理、專賣店的店員還是部門首長、團體領袖、教師、牧師、護士、主管、醫生、律師、會計師、工程師等等，你們都有責任精通專業領域的知識，來為向你們求助的人進行清楚的解釋，並給予職業性的指導。演說對一些人來講，真是件恐怖的事情，可是由於工作的需要，你不可能逃脫當眾講話的命

運。不管你是否曾經極度的自卑過，也不管你是否天生膽小、怯懦，只要你想在事業上有所成，就必須克服演講壓力的難關。這不僅是戰勝性格的弱點，更是在與心理壓力苦苦鬥爭，只要你勝利了，就會發現成功的果實，已經輕而易舉的被擱進自己的口袋裏了！

10 / 嫉妒是個毒蘋果

　　嫉妒是人類的天性。你或許很無緣無故地對知交多年的好友或是素不相識的人產生這種情況。僅僅是因為朋友說了一句自誇的話，和那個陌生人手臂上挎著的是你心儀已久的手袋。如果不及時化解掉嫉妒帶給你的心理障礙的話，總有一天你的生活會深受其害。

　　古往今來，嫉妒這個東西一直遊蕩在人們的生活中。無德行的人嫉妒有德行之人；才疏學淺的人嫉妒有才能的人；庸才嫉妒人才。「木秀於林，風必摧之；堆出於岸，流必湍之；行高於人，眾必非之；事修而謗興，德高而毀來。」有嫉妒心的人慣於「暗箭傷人」，諷刺、挖苦、造謠中傷、誹謗抵毀，攻擊別人不擇手段。

　　嫉妒是一株有毒的植物。一個人如果被嫉妒的情緒佔據心靈，他就會變得心胸狹窄、視野盲目、舉止乖張。似乎對世界有無盡的要求和不滿。善嫉妒者也會以損人開始，以害己告終。克服嫉妒的最好辦法就是提升自己的德行，不是把比自己高的人想盡辦法讓他跌下來，而是自己站到高處去。

　　日常生活、工作中的嫉妒是無時不有、無處不在的。無論是誰，看到別人在某些方面強於自己，心中自然不平衡、不舒服，如果性格極端的，就會心生嫉妒。再遇到一些不順利的事情，那就不僅僅是妒忌了，簡直要變成仇恨！於是有些人用盡手段去摧毀自己心生羨慕卻得不到的人和物，並為此付出昂貴的代價，以不正當的手段去打擊別人，自己也同樣受害匪淺。

　　嫉妒者因視朋友為路人、同學為對手，把寶貴的時間和精力耗費在算計、誹謗別人的行動中，和因嫉妒他人而陷入煩惱和恐慌之中。嫉妒者由於長期處於壓抑、自擾的狀態，導致神經系統的功能紊亂，心理變態，甚至精神失常。正如巴爾扎克所說：「嫉妒者比任何不幸的人更加痛苦，因為別人的幸福和自己的不幸將使他痛苦萬分。」

　　因此嫉妒能腐蝕人原本純淨的靈魂，毒化人的精神世界，扼殺人的進取精神，是一種卑劣低下的情慾。嫉妒嚴重影響人的身心健康發展。

　　某單位主管，看到同事小容參加單位舉辦的出國學習的考試合格，不禁嫉妒心起，向小容的丈夫多次寫匿名信，誹謗她在外亂搞男女關係，致使小容的丈夫對其毒打摧殘，並提出離婚。後來當這位主管聽到單位會議上提出要讓小容做副局長的接班人時，又迫不及待地向上級寫誣告信。當事情水落石出之後，這位主管終因犯有誣陷罪而被逮捕。

　　所以對於你已有的妒忌心要學會克制忍耐，強忍妒忌不是不承認別人的優點、業績，而是要正確地認識他人的成績，正確地評價他人，評價自我，抵制自卑情緒，克制和避免妒忌心的形成。

　　嫉妒的人是永遠沒有幸福可言的。他這一生所有的追求便是如何攻擊比他們更有力量的人。在這個急功近利的時代，嫉妒已成為嚴重危害人們健康的一種疾病。那麼我們如何克服這種心理呢？

　❶ 克服攀比心理

　　嫉妒心容易產生於同地位之間，例如是同學間成績的比較、同行間的業績比較等這種不服輸、不甘落後，是產生嫉妒心理的重要因素，自覺克制事事與人攀比的習慣。

　❷ 承認自己的弱點

　　不停地指責別人是毫無意義的。你要正視他人的成績和自己的弱點，努力彌補它。

　❸ 約束自己的行為

　　如果你必須表現出嫉妒，那就只讓自己嫉妒一段時間，二十分鐘就可以了。要學會克制自己。

　　❹ 昇華人生目標

　　培根說過：「其實每一個埋頭沉入自己事業的人，沒有功夫去嫉妒別的人。因為嫉妒是一種四處遊蕩的情慾，能享有它的只能是閒人。」人生最要緊的是選準自己前進的目標，並堅持不懈地努力奮鬥去實現目標。擁有崇高生活目的的人，能夠自覺抑制嫉妒心理。

　　❺ 想像沒有嫉妒的生活

　　嫉妒能解決一切問題嗎？你的嫉妒成為憂慮的焦點，引發了其他潛在的問題嗎？比如使你名譽受損或健康受損等。

　　嫉妒別人是讓自己痛苦的事。如果你承認自己是渺小、微不足道的，如果你承認別人比你強，比你更有資格享受人生，你就去嫉妒吧！那樣只會讓人家得到名譽和成績，自己則變成了歷史憎惡的小人。所以要學會讚美別人，讓他成為你人生的楷模吧！

11／讓心靈之美流光溢彩

　　一個人要想有所成就，就必須消滅掉侵入自己心靈的一切敵人，包括所有的嫉妒、自私、恐懼、自卑、怯懦、孤獨、痛苦等等。只有將心靈從它們的野蠻壓迫中解救出來，只有將它們牢牢的封印住，你的心靈才會騰出時間對將來思考一番，才會有精力決定為夢想而努力奮鬥。如其不然，你對自己尚且不能把握，還有什麼力量去控制這個世界上的其他事情，還有什麼能力去阻止外界壓力的侵襲呢？因此先保衛好自己的心理健康，才是最為關鍵的一步。

　　禪宗有句名言：「不是風動，不是帆動，仁者心動。」心理學家說：你眼中的世界是你想看到的世界，你做出的反應不僅是外部因素的導引，也是內心慾望的驅使。所以緩解壓力的確需要外部營造一個

寬鬆的環境；更需要內部有個良好的心態！調整心態的內容與方式很
多，這裏只能概要說明之：

❶ 無論何時都不要讓自己陷入痛苦之淵，無論曾經發生過什
麼，都要只記住好事，忘記壞事。你的心情不是取決於你盡遇上好
事，還是盡遇上壞事，而是取決於你是記住好事，還是記住壞事，這
也是你能抗拒痛苦的原因所在。

❷ 遇事不要過分悲觀，學會聰明的利用幽默。生活是緊張或者
嚴肅的，但嚴肅不意味著刻板、死氣沉沉。在忙碌的日子裏，有一些
適當的、高品味的幽默，可以化解衝突、可以活躍氣氛、可以振奮精
神、可以緩解壓力。並且它是低成本甚至是無成本。我們沒有任何理
由排斥它。

❸ 拒絕自卑心理，在處理事情的時候記得要做積極的自我暗
示。你要多對自己說一些：「我行！我能勝任！我很堅強！我不懼怕
壓力！我喜歡挑戰！」少對自己說一些：「我不行！我太差了！我受
不了了！我要崩潰了！」積極的自我暗示可以影響你的心態，進而影
響你的行為及其行為結果。

❹ 時刻保持樂觀的心態，選擇笑對人生。樂觀與悲觀可以說是
人們給自己解釋成功與失敗的兩種不同方法。樂觀者把失敗看作是可
以改變的事情，這樣他們就能轉敗為勝，獲得成功；悲觀者則認為失
敗是其內部永恆的特性所決定的，他們對此無能為力。這兩種迥然不
同的看法，對人們的生活品質有著直接的、深刻的影響。

❺ 永遠不要為打翻的牛奶而哭泣，珍惜你現在擁有的東西。人
性的一個共同的弱點，就是企盼得到自己沒有得到的東西，而對自己
現在所擁有的一切卻不那麼珍惜。只有在失去時，才倍感它的珍貴與
不可替代。

❻ 戰勝心裏過於貪婪而對他人有所嫉妒的強烈慾望。把得不到
的東西說成是不好的；把自己得到的東西看著是完美的、符合自己意
願的。由此來減輕內心的失望與痛苦，這就是「酸葡萄機制」和「甜

檸檬機制」，或曰「合理化機制」的本質所在。這種行為雖然不乏自欺欺人的色彩，但作為一種心理防禦機制，適當地運用，對保持人類的心理健康，恢復心理平衡是有益的。

❼ 得不到的東西就隨它去吧，不要把「得不到」當成是自己人生的失敗，來不停的責怪自己。在生活中，大部分人心裏都在想如何更多地「擁有」，如面子、金錢、地位、權力、信任、知識、經驗、能力、學歷、人際關係。一樣都不能少，通吃最好。結果是想擁有得越多，心理包袱就越大、越重。其實你們可以放棄一些，擁有得太多，不也累得慌嗎？

❽ 時刻提醒自己要保持良好的心境。心境對一個人的影響不可低估。憂鬱的心境會導致生理上和心理上一系列的病變。而積極、愉快的心境，對一個人的身心健康、工作學習的順利、事業的成功大有幫助。對於正確看待壓力、緩解壓力，化壓力為動力也大為有益。所以我們要特別注意適時調整自己的心境，使之處於一個良好的狀態，至少說，不因自身心境的原因而徒增那些本來並不存在的壓力。心理健康在現代人看來已經是個不算小的問題了，不管你是否在事業上有所成就，不管你出身在多麼顯赫的家族，也不管你身分卑微得是否連自己都覺得慚愧，所有還在生活還在演繹著生命的人們，都會發現自己無時無刻不在追求的其實只是心靈的解脫和寧靜，都在希望著不讓心靈的壓力桎梏住自己前進的步伐，給自己的心靈唱一支美妙的歌曲，讓它在這種恬靜中徹底擺脫壓力的毀滅性力量的控制，煥發出流光異彩的奪目光芒吧！

chapter 04
別讓壓力毀了工作和事業

對人們而言，工作是一種必需品，只有工作著，生命才不會毫無意義的隨著時光而逝去。在現代社會，數十億的人們若想在與自然、與高科技的競爭中獲得一席之地，就必須承受更大的壓力來工作，以期換得「永恆」的資本。

但是「水能載舟，亦能覆舟」，在壓力之中，要嘛你可以一鼓作氣扶搖直上，要嘛一敗塗地全軍覆沒。個中關鍵是讓壓力成為工作和事業的生命之源，而不是擋在你前進道路上的巨石。

1／職場壓力劇正在上演

當有人問你：「五年後你會怎樣？」你的反應應該是茫然地搖搖頭，眼睛裏寫的都是疑惑。是的，在現在這個社會裏，沒有人能確定自己五年後是什麼樣子，會在哪兒，會有怎樣的生活。「不是我不明白，這世界變化太快」。事實就是，只要你喜歡，你就可以讓地球在第二天的清晨醒來時突然發現認不出自己來了！

想一想沒有快樂的田園生活了，你不能再依靠祖傳的手藝了，沒有鐵飯碗的工作了，你不能再老老實實的盡職盡責。今天的你我只能是拼命的為柴米油鹽醬醋茶而奮鬥的「可憐人」。生活的舒適意味著你必須為此付出更多時間和更多精力，因此你終於成為工作的奴隸，並且成為機器的奴隸。

歷史再一次地嘲弄了人類，在從人壓迫人的時代走出之後，又不小心陷入了社會壓迫人的時代。不過，如果你能融入你身邊的社會環境中，並且聰明的與之保持平衡的話，你就能生存下去，並且能夠滿足你平凡的心靈。沒有人期望你有一天可以凌駕於社會和時代之上那麼偉大。所以你只扮演好自己的角色就可以了，畢竟大家都是普通人。

物競天擇，適者生存。在同樣的工作狀態下，選擇成為強者就選擇了成功的人生。然而，首先要清楚的是真正的敵人不是別人，是你自己，只要戰勝內心的恐懼、懶惰、無知和荒蕪，燦爛的生活遲早會迎接你的光臨。所以和自己做個較量吧！

2／挑戰你自己

綜觀人生，每做一件事情都要面對一種壓力。身處職場上的你，是選擇迎難而上還是知難而退呢？和自己競爭，和懦弱競爭，不僅是

一種人生態度，更重要的是它會成功完善自我和成為助你青雲直上的東風。

當奧運會運動員站在世界第一名的頒獎臺上時，只有片刻的欣喜和安慰，隨之撲天蓋地而來的是一種比以往任何情況都濃重的巨大壓力。他們明白，現在的 NO1，並不等於像化石那樣定格了、成型了。而是隨時都有人準備與之競爭，一決高下。這個時候如果他們對自己的要求哪怕有絲毫的懈怠，都會從天堂跌到地獄。當沒有人可以與他們爭鋒時，就必須和自己競爭，才永遠不會被淘汰。只有壓力才是促使自己成為更加優秀的一員的不竭動力，否則等在前頭的就是死亡，而不能是成功和快樂了。

和自己競爭，不是要讓你當工作狂，也不是讓你將身、心、情感和精力通通消耗殆盡，而是說你要敢於向自己挑戰，敢於向自己已成為歷史成就或是失敗挑戰，要讓自己在一個積極的狀態下向高處發展，逐步走向更完美的人生。

加州大學洛杉磯分校傳奇教練的約翰‧伍登，在上個世紀六〇年代中期到七〇年代末的十四年內，領著他的弟子在大專杯比賽中捧回了十次冠軍杯。信不信由你，這位超人教練並沒有什麼魔法「點化」他的略有才華或是本來對籃球一竅不通的稚嫩青年，而他在自己的內心中，一次又一次地將自己作為競爭對手，一次又一次地和過去自己的輝煌在較量。與此同時，他的訓練方式也沿襲了這個做法，他從不要求隊員們看待其他球隊怎樣怎樣，只要他們全心全意地盡自己最大努力去練習，去超越每一個階段上的自己。

所以他成功了，他的隊員也成功了。奇蹟並不是總是幸運地光顧他的生活而是他引領著自己走向人生的一個又一個奇蹟。

道格拉‧拉赫在他的詩中寫道：

如果你不能成為一棵大樹，那就當叢小灌木。

如果你不能當一叢小灌木，那就當一片小平地。

如果你不能是一隻麝香鹿，那就當尾小鱸魚──但要當湖裏最活

潑的小鱸魚。

我們不能全是船長，必須有人當水手。

這裏有許多事讓我們去做，有大事，有小事，但最重要的是我們身旁的事。

如果你不能成為大道，那就當一條小路。

如果你不能成為太陽，那就當一顆星兒。

決定成敗的不是你尺寸的大小──而在於做一個最好的你。

「塑造一個最好的你」，這就是人們不斷超越自我的目標，你只要意識到自己是世界上獨一無二的人物，堅信自己擁有「無限的能力」與「無限的可能性」，就可以建立起理想的自我藍圖。

或許你看到這裏會想，做一個理想的自己和現在所面對的壓力有什麼關係呢？當然是有的。當你在不斷努力、不斷使自己向著對自己滿意的狀態發展時，工作中的阻力就會越來越小，壓力也會隨之減弱。如果你曾經取得了伍茲或是麥克‧喬丹的成就，你在人們心目中永遠是最好的那一位時，又有什麼壓力敢侵犯你呢？

當然，還有另外一種情況，就是與自己競爭的結果是最終消弭了競爭。你說，天啊，這是不可能的，多麼荒誕的觀點啊，可事實確實如此。如果你不斷開拓屬於你的領域，做個一流的自己，就不會再有競爭，也不會有壓力了。

看看，一位房地產商是這樣做的。

傑克在芝加哥從事房地產生意，但他很少看報紙上的廣告。他說，等到需要靠刊登廣告銷售時就已經太晚了：會有太多人出價，而那麼多競爭者表示那不可能是筆好交易。傑克怎麼成為億萬富翁的？他和自己競爭。他將芝加哥地區所有重要建築的資料都詳細建檔，幾年之內他的資料庫就非常可觀了。

他的資料庫包括：房屋面積大小與周邊相鄰建築物的風格、作用等細節。有時他看準了，就向一些房地產的擁有者出價，而那些擁有者根本沒想過還會有人對他們的房地產感興趣！就這樣，他以非常划

算的價錢買下了許多房地產，因為根本沒有其他買主和他競爭。

　　傑克堅持，不論你從事什麼產業或職業，只要睜亮眼睛，機會就會出現，而且少有競爭。結果你就會從中獲利，體會到成功的價值和快樂。

　　還有一個故事也許能給你更明顯的啟示：

　　美國歷史上重要的作曲家之一柏林，在他剛出道的時候，一個月只有一百二十美元。而當時的奧特雷在音樂界已如日中天，名氣很大。奧特雷很欣賞柏林的能力，就問柏林要不要做他的秘書，協助他處理一些工作，薪水在八百美元左右。但是與此同時，正直誠實的奧特雷對他說，「如果你接受的話，你就可能會變成一個二流的奧特雷；但如果你堅持保持自己的本色，總有一天會成為一個一流的一柏林。」柏林接受了這個警誡，後來他慢慢地成為那一時代美國最著名的作曲家之一。

　　其實每一位成功者最終能功成名就，並不是有多出色的智商，多麼幸運的機會，而是選擇與自己競爭，保持了自己的本色，並把它發揮的淋漓盡致。在這個世界上你是獨一無二的，所以你必須與你自己開戰，必須有一個自己的活法，必須拿出對抗各種各樣壓力的特有的資本。而這些出現的前提就是發掘你自己。

　　工作中是不可能不存在壓力的，選擇逃避不如選擇接受風浪的考驗。你讓自己變的愈加堅強，愈加堅不可摧，壓力就對你起不到絲毫作用，只能乖乖的躲開了。相反，如果你自怨自艾，總是跟在別人的腳步之後，或者乾脆放棄努力隨波逐流，你就只能永遠扮演在工作的重壓下苦苦掙扎的小人物角色。因此決定命運之劇如何上演的導演，其實就是你自己。從現在開始，試著這樣做：

　　❶ 翻翻以前的日記，看自己曾經有怎樣的夢想，試著去一一實現它。

　　❷ 至少在你自己的崗位上要做到「更好」，讓自己成為同行內的佼佼者，或者是公司不可或缺的人。

　　❸ 隨時記錄下你腦中的閃光點，沒準什麼時候就能派得上用

場。

❹ 樹立對自己的信心，隨時準備接受競爭和挑戰，不要讓壓力破壞了你堅持自己正確方法和路線的決心。

❺ 承受不住壓力時看看名人傳記，喝杯綠茶放鬆兩天，看著成功人士是怎樣挑戰自我最終獲得輝煌的。

❻ 健身，別讓壓力搞垮了身體，否則一切都完了。沒有人能逃避壓力而獲得成功，如果想要取得自己人生的輝煌，最好的辦法就是向自己發動挑戰。這樣既減弱了外界壓力的襲擾，還能在戰勝自己的信心中找到成功的自豪感。一個人最大的敵人是誰，是壓力嗎？不，是自己。只有在這場對抗中獲得勝利，你才能夠以傲視一切的堅定姿態，向更高難度的工作發起衝鋒。

3 ／ **失敗的下一站是成功**

在職場上，從未有人不曾體味過失敗的苦澀，失敗是獻給人生的艱難又重要的一課。無數次失敗的嘗試後破繭而出的那一隻勇敢的蝴蝶，雙翼上沾滿的是太陽璀璨的光芒，從此世界就屬於它。

從某種意義上來說，人生就是在失敗與掙扎中求生存的綜合體。你也許會認為，失敗只是匆匆過客，可以毫不在意；也許會認為失敗了，天塌了，一切都完了；也許會覺得，失敗算什麼，下一次保準你不會再犯這樣的錯誤了！人生幾多風雨，但相信過後總有彩虹。古代寓言裏也曾告誡我們「塞翁失馬，焉知非福」，因此如何看待失敗，如何攻克失敗這道難關，就是衡量一個人最終是否能從渺小走向偉大，從失意走向成功的重要標誌。並且始終堅信，在失敗的壓力面前仍然能昂首挺胸的人，才是值得擁有世界的人，也只有他們，得到了毫不吝嗇地將名望、財富、地位、智慧賜與他們的上帝的欣賞。

以下是一個人的簡歷：

　　二十二歲生意失敗；二十三歲競選州議員失敗；二十四歲生意再次失敗；二十五歲當選州議員；二十六歲太太去世；二十七歲精神崩潰；二十九歲競選州長失敗；三十四歲競選國會議員失敗；三十七歲當選國會議員；三十九歲國會議員連任失敗；四十六歲競選參議員失敗；四十七歲競選副總統失敗；四十九歲競選參議員再次失敗；五十一歲當選美國總統。

　　這個人就是亞伯拉罕‧林肯。幾乎全世界的人認為他是美國歷史上最偉大的總統。如果你認為自己是一個做事害怕失敗的人，認為不做是最保險的方法，因而一事無成。看了林肯的簡歷之後，你可以重新考慮自己的想法了。的確，「失敗」是個消極的字眼，但是不可避免，我們每個人在人生的道路上，都會或多或少地遇到它。

　　我們之所以會害怕失敗，是因為我們或許從未想到過自己走向成功。愛默生說：「一心向著自己目標前進的人，整個世界都給他讓路。」勇敢地向著自己的方向，不懼怕失敗所帶來的心理和生理、生活的壓力，以積極的心態去對待，還有什麼可怕的呢？有時候失敗的壓力，可是事業取得成功的重要因素呢！

　　一位泰國企業家玩膩了股票，他轉而炒房地產，他把自己全部的積蓄和從銀行貸到的大筆資金投了進去，在曼谷市郊蓋了十五幢配有高爾夫球場的豪華別墅。但時運不濟，他的別墅剛剛蓋好，亞洲金融風暴開始肆虐了，他的別墅賣不出去，貸款還不起，這位企業家只能眼睜睜地看著別墅被銀行沒收，連自己住的房子也被拿去抵押，還欠了一屁股的債。

　　這位企業家的情緒，被突如其來的巨大壓力壓得低落到了極點，他怎麼也沒想到對做生意一向輕車熟路的自己，會陷入這種悲慘的境地。

　　他決定重新白手起家，他的太太是做三明治的能手，於是就建議丈夫去街上叫賣三明治，企業家經過一番思索答應了。從此曼谷的街頭就多了一個頭戴小白帽、胸前掛著售貨箱的小販。

　　昔日億萬富翁沿街賣三明治的消息不脛而走，買三明治的人驟然增多，有的顧客出於好奇，有的出於同情。許多人吃了這位企業家的三明治後，被這種三明治的獨特口味所吸引，於是經常光顧，回頭客不斷增多。現在這位泰國企業家的三明治生意越做越大，他慢慢地走出了人生的低谷。

　　他叫施利華，幾年來，他以自己不屈的奮鬥精神贏得了人們的尊重。在一九九八年泰國《民族報》評選的「泰國十大傑出企業家」中，他名列榜首。作為一個創造過非凡業績的企業家，施利華曾經倍受矚目，在他事業的鼎盛期，他認為自己尊貴得像城堡中難得一見的皇帝。然而當他失意時，習慣了發號施令的施利華，親自推車叫賣三明治，無疑需要極大的勇氣。然而他頂住了壓力，做到了，因此他成功了。

　　人的一生會碰上許多擋路的石頭，這些石頭有的是別人放的，比如金融危機、貧窮、災禍、失業，它們成為石頭並不以你的意志為轉移；有些是自己放的，比如名譽、面子、地位、身分等。它們完全取決於一個人的心性。生活最後成就了施利華，它掀翻了一個房地產經理，卻扶起了一個三明治老闆，讓施利華重新收穫了生命的成功。

　　在人生的事業之路上，我們遇到了太多可怕的巨石，使我們一次又一次地墮入失敗的苦難深淵。但是面對困境，如果你以百折不撓的意志去對待，相信天生我材必有用，你就會順利地從痛苦的束縛中掙脫，將自己的生命之舟駛向更加美麗的成功的彼岸。

　　人生難免起起伏伏，沒有經歷過失敗的人生並不完整。沒有狂風暴雨的震撼，哪裡來的大樹的挺拔身姿，沒有砂粒的磨礪，哪裡會有珍珠的華彩。正因為有失敗、有挫折，世界才會選擇投入誰的懷抱。是勇士，就要承受住壓力，經受住考驗；是勇士，就要頂得住失敗，扛得起人生。

　　「天將降大任於斯人也，必先苦其心志，勞其筋骨，餓其體膚，空乏其身，行拂亂其所為，所以動心忍性，增益其所不能。」

　　「所寒，知松柏之後凋也。」……

　　人在逆境中更容易發奮崛起。壓力造成了無數悲劇，同時也造就了許多人才。科技發達的現在，許多人都不清楚每天忙碌著是為了什麼。安逸的生活讓很多人失去了理想的方向，許多人沉浸於幸福的生活無法自拔。壓力就如同警鐘，喚醒了那個沉睡已久的夢想，是激發了人們前進的動力，從而為國家、為社會盡上自己的一份力，使晚上的街道旁少了一些流浪漢。

　　苦難對於天才是一塊墊腳石，對於強者是一筆財富，對於弱者是一個萬丈深淵。

　　這便是需要歷練的成功！

　　當你正遭受不幸、忍受失敗和挫折的痛苦時，你要靜下心來，認真地為自己做一些調整，儘快從這種痛苦中解脫出來吧。

　❶ 應該向他人（朋友們）傾訴你遭受的挫折、心中失意和今後打算，改變內心的壓抑狀態，以求身心的輕鬆，從而讓自己對未來有信心。你要堅信，當你把煩惱傾訴給一個人時，你的煩惱就減輕了一半。

　❷ 學會自我寬慰能容忍失敗，要心懷坦蕩，情緒樂觀，發奮圖強，滿懷信心去爭取成功。

　❸ 失敗無可避免時應進行冷靜分析，從客觀、主觀、目標、環境、條件等方面，找出受挫的原因，採取有效的補救措施。儘量降低自己的壓力。

　❹ 原先預期的目標受挫，可以改行別的途徑達到目標，或者改換新的目標，獲得新的勝利，即「失之東隅，收之桑榆」。

　　人在落難受挫之後奮發向上，將自己的情感和精力轉移到有益的活動中去，使之昇華到有益於社會的高度，這也是人的一種心理防衛機制。

　❺ 應善於化壓力為動力，遇到挫折和失敗或即將遇到挫折和失敗，會面臨很大的心理壓力，在這個時候你是承認自己的失敗和無能，還是奮起繼續勇敢地堅持自己的理想？這是一個很大的考驗。很多名人、偉

人在挫折和失敗面前，從不低頭、氣餒，而是善於化壓力為動力，堅持從逆境中奮起。他們成功的經歷值得我們大家去深思、去學習。

不要讓失敗阻止了你事業的前進步伐，如果你的工作是只木舟，就讓失敗這場暴風雨來檢驗它的牢固程度吧！只要在壓力之中你仍能昂首挺胸，失敗，又算得了什麼？

4 ／ 不要替工作做牛做馬

在競爭如此激烈的社會裏，人們無時無刻不繃緊了一根弦。努力工作，彷彿如果他們稍有鬆懈停下來時，就會被淘汰掉一樣。其實這只是一種不必要的壓力而已，只有首先懂得從外在壓力之中解脫出來，給自己安排一個合理的規劃，你才能在未來的競爭中獲得勝利。

回憶一下自己每天的狀態：

除了節假日（有時也包括），你是否都是天還未亮就離開家去趕早班的公車？

上班的日子裏，你幾乎從不奢望在正常的下班時間能離開公司？

最近你加班的時間越來越多了，甚至不得不把工作帶回家來做，可是除了疲憊，你沒有絲毫的成就感？

回到家中，你還有精力和自己家人聊天嗎？

你的頸椎和腰部是否在最近時常酸痛呢？

你失眠嗎？或者乾脆把腦袋擱在辦公桌上就算「睡」了一夜。

除了對你的電腦或是網路遊戲產生興趣外，你再也不希望走出家門或邀請朋友一起聊天、旅遊了。

如果對於上述的問題，你已經有了明確和肯定的回答，哪怕只有一兩條，我也可以告訴你，你工作得已經太多了。

也許你會無奈地說，我受雇的是屬於高度競爭的行業，如果不超時工作的話就無法贏過別人，無法在職業競爭中獲得一席之地，所以

就必須全力以赴，別無選擇。可事實是你有所選擇，而且不得不這樣做。工作的過多，意味著你要投入更大的體力和精力。如果總是陷入繁重的工作中掙脫不出，早晚有一天你的精神和身體會同時抗議甚至崩潰，這絕不是危言聳聽。

在工作中，你是不是總是感覺到胸悶、心悸或者一種疼痛突然地湧上心頭？你是不是精神恍惚，記不清什麼好像十分重要的東西？你是不是疲勞的每天依賴藥物和補品，才覺得生命得以維持下去？你是不是總是一不小心就在自己的指頭上切個小口子，卻過一會兒才發覺疼痛？

看，你因工作的壓力過大而表現出來的生理現象有多可怕！如果你不及時留心自己的這些身體警報，總有一天會有慘劇降臨在你的身上。到了哪個時候就難以喚回了。

清算一下你的工作任務和時間，真的有值得為它們犧牲所有之處嗎？是不是你對自己有太多的要求呢？還是原本你的老闆就要求你成為他們的工作狂？

對待前兩個問題你需要坐下來重新審視一下自己，考慮一下到底不滿足和有所需求的地方在哪裡。至於最後一個問題你要毫不猶豫的炒了這位老闆的魷魚，另找新東家或乾脆為自己賣命，因為把身家性命放在自己身上要划算得多。

在職場上，想要讓自己永遠像個不知疲憊的機器人，你乾脆直接喝汽油算了。一個人有的只是血肉之軀，不是鋼筋鐵骨。消耗生命是件太容易不過的事，不過壯烈「犧牲」在繁多的工作下，響應「過勞死」的號召，真的是做了一件愚蠢至極的事情。

當你的伴侶、同事和朋友對你說「夥計，別那樣，放輕鬆點」時，拜託，千萬要接受。如果你真的不想被壓在工作之下。

幾乎沒有人是天生的工作機器。如果工作程度果真超出了自己的承受範圍時，聰明人是不會讓自己拼命去趕上進度和步伐的。相反，他們卻想方設法讓工作跟上自己的節拍。實在不行，乾脆放棄，「以退為進」，反思自己，選擇另一條路。他們懂得，唯有暫時放下一些

東西才會有所收穫，錯過太陽，你照樣可以得到整個星空。

曾經有個年輕的建築師，每天不得不拿出自己全部的時間和精力，來完成老闆交待的看起來似乎永遠都做不完的工作任務。他用盡了心思，但卻無法從自己的作品中得到任何快樂和成就感，相反，總有要崩潰的感覺。原因是無論他如何努力，他都無法超越前輩們出色的建築設計，只能跟在大師後面亦步亦趨。

在他沮喪了一段時間後，決定放下手頭繁多但收入豐厚的工作，帶上所有積蓄，遊覽全世界的著名建築。

當他跋山涉水走過一個又一個城市，遊覽了一個又一個國家的雄偉建築時，最後來到金碧輝煌的泰姬陵時，他被徹底地征服了。

從此以後，他的靈感如泉水般噴發而出，完成了一個又一個的出色的建築設計。

這個年輕人也因他的這些心血的結晶而聞名於世了。

人們在工作中如果要有所得，就不要給自己揹上過多的包袱。否則當連你自己都覺得自己是一部機器而不是人的時候，別說還有什麼發展前途，你基本上已經完了。

我們常常認為自己能勝任，能做的更多，能人所不能，憑這點也可以讓老闆對你青睞有加。可是你錯了，當生命被繁重的工作圈固起來時，外面的世界也就不會對你美好的微笑了。你會在一點一滴的浪費自己的時間。如果你有清醒的頭腦掙脫出來時，會驚奇的發現，世界或許會變得有你努力的方向了，那麼為什麼不趁現在去求得更大範圍的發展呢？

現在，讓我們深呼吸一下，對待面前堆積如山的工作，要這樣：

❶ 確認工作的重要性，挑選值得自己為之付出心血和汗水的工作，紮紮實實的認真完成，「不合格」的統統靠邊站。

❷ 繁瑣的工作要嘛請求別人幫忙完成，要嘛用「比賽法」將它解決掉。即你準備上午完成多少，下午要比上午完成得多，第二天上午要努力比昨天今天完成的多……這樣的話，用不了多久惱人的活兒就會向

你繳械投降，然後你就可以不動聲色地騰出一大塊時間用來休息了！

❸ 重新研究你的工作週期，選擇今天最有精神的時間去完成工作，以保證高效率，並且不要輕易放棄這個週期。

❹ 找到真正適合自己的公司。你要對你自己負責，而不是替公司賣苦力。

❺ 學會對老闆説「不」。當老闆看到你已經把日程表安排得滿滿的，他（她）就不會經常讓你做這做那了。當然，如果他（她）沒看到的話就要主動讓他們知道。

對繁重的工作說再見吧，要知道，工作的數量並不能讓你快樂，要緊的是它的品質令你是否滿意。學會放棄，學會選擇，你離你的的人生目標就會更接近一步。別把自己迷失在多做了工作的壓力之中了！

🌿 5 ／ 讓興趣做主

據調查資料顯示，在成功人士當中，有百分之九十的人從事的是他們喜歡的工作。假如你現在並不滿意你的工作和生存的狀態，試著從事你所感興趣的工作吧！哪怕一切都要從零開始。

不得不承認，我們所處的這個時代雖然不像科幻電影裏所呈現的物慾橫流，資訊、機器操縱一切的情況，但也基本開始向它靠近。上世紀八、九〇年代的思維模式、辦事方式、道德觀念等像塵封在泥土中，已似若干世紀般的遙遠。所以很少有人在上大學進修時放棄了自己感興趣的專業，甚至有一部分「天之驕子」，根本不知道在生命的頭二十來年裏，自己究竟對哪一種行業產生過興趣。他們像株剛挺起身姿的小樹，任憑父母拿著剪刀修剪自己的枝幹——決定他應該向哪個方向發展。父母的想法、做法並沒有錯，他們要將自己的孩子推上最賺錢的行業，以免長大成人後購買不起水漲船高的房子和其他奢侈品。

　　當這些學生從世外桃源般的校園走出後，一部分人不能投身到自己花了幾年心血研究的學問當中，而是改頭換面去適應「天下熙熙皆為利來，天下攘攘皆為利往」的市場，而另一部分人則在努力追尋自己的夢想中苦苦掙扎。可以說，在這個熱門橫行，一切基本都要為賺錢讓路的時代，委屈求全成為現代人才市場上屢見不鮮的事。但是大多數從事自己並不十分中意的「熱門」行業的人沒有崛起，而是隕落了，默默無聞了。真正獲得成功的是那些對自己所從事的行業懷有滿腔熱情，願意為它而奉獻一切的堅定追隨者。

　　一位心理學家指出：如果我們僅把工作作為一種謀生手段時，我們不會去重視它、喜歡它，甚至熱愛它。而當我們把它看做是深化、拓寬自身閱歷的途徑時，每個人都會從心底裏重視它。因為那樣工作帶給我們的，將遠遠超出其本身的內涵。工作已經不僅僅是工作，它們是對生活方式的一種選擇。它成為生活的一部分，為我們構築一段豐富而有意義的人生。

　　畢卡索說：「我工作時，覺得舒服自在；無所事事或談天說地，令我困倦。」

　　風靡歐美的《簡單生活》一書的作者麗莎指出：「……每天都給自己一段獨處的時間，好好問問自己，到底想過什麼樣的生活？什麼是可有可無的？什麼是必須去不懈追求的？這樣的追問可以一直延續下去。還可以把每天的想法記錄下來，這樣你會看到，隨著生活閱歷的增加，思考地深入，你的回答也在不斷地成熟。只要我們不再一味追求外界的認可，疲憊無耐地生活在他人的注視之下，我們就會真誠地生活，成為自己命運的主宰者。」

　　這些話是每一位正在鬱悶的工作著的，並且找不到自己努力方向卻又夢想著有一天會獲得成功的人們所應記得的。

　　安娜曾是一位律師，她在夏天的時候去找住在義大利的姐姐。由於沒什麼事好做，她姐姐建議她去拜訪隔壁的雕刻工作室。安娜那時雖然完全不懂得雕刻藝術，但是卻從此找到了真正可以改變她一生的

興趣所在。出於巨大的熱情，她開始頻繁地出入雕刻坊，學習所有和雕刻有關的知識。此後，她一邊從事日常工作，一邊利用休息時間進行雕刻創作。漸漸地，雕刻在她生活中所占的位置越來越重要，各種各樣的材料和工具，把她的房間擠得滿滿的，以至於她不得不在家裏開設工作室。她的努力很快就得到了回報，她的作品不斷出現在最新的藝術展上，還有不少藝術館要求收藏。最後，她辭掉了事務所的工作以全力投入雕刻。現在她已是一位很有影響力的藝術家了。

　　安娜做了自己喜歡的工作，不但避免了日常工作中繁瑣的任務所給她的生活帶來的巨大壓力，而且她逃離了壓力的控制。這並不是說逃避，而是如果你喜愛你當前的工作，把它當成一種樂趣、一個遊戲，每天沉浸其中，它就不會對你的生活造成絲毫的威脅和損害。相反，你會從中找到人生價值的真正意義所在。如果是這樣，你還有什麼心思和時間去考慮是否生存在無休無止的壓力之中呢！

　　很多人為了自己所從事的工作煩惱不已。並不是因為它所帶給這些人的薪金不夠豐厚，而是他們每天十幾個小時的工作，這種連軸轉的巨大壓力，使他們不能享受家庭的放鬆快樂，不能好好地體會一下親情和愛情的美好滋味。在這些人心中，是永遠無法找到一個平衡點。絕對不能放棄工作，因為工作等於支票和金錢，為了能夠買到足以向別人誇耀的奢侈，寧願放棄享受生活的念頭。這樣的人總是抱怨工作很累，生活更累。這種情況至少說明一個問題，人們不能投身到自己所從事的行業中，壓根兒就不熱愛它，也就容易為它所累，活的痛苦。其實，從你決定離開家庭走出父母溫暖的羽翼那一刻起，就應該明白自己究竟想要什麼。很可惜，大多數人卻是糊塗的像一鍋粥。

　　大余的父親開了一家飯店，他把高中畢業後準備讀大學的兒子叫到店中說道：「希望他將來能接管這家飯店。」但大余不喜歡這種工作，所以懶懶散散的，提不起精神，只做些不得不做的助手工作，其他工作則一概不管。有時候他乾脆「缺席」。他父親十分傷心，認為養了一個沒有良心又不求上進的兒子，使他在員工面前丟臉。有一

天，大余告訴他父親，他希望做個籃球員——到大學籃球隊專心學習。什麼？一切又從頭開始？這位老人十分驚訝。不過大余這時堅持自己的意見。他穿上自己的隊服，從事比飯店更辛苦更需要力氣，在別人看來很難的工作，訓練的時間也更長。但他竟然快樂得在訓練中吹起口哨來。他選修籃球課程，研究技術和理論，而當他在一九九四年去世前，已是舉世聞名的籃球教練了，培養了無數出色的籃球隊員。如果他當年留在飯店不走，他和飯店——尤其是在他父親死後——究竟會變成什麼樣子呢？

　　人們總是花了大量時間在自己並不喜歡的事情上，並向世人展示自己的一種貌似積極的形象，也許內心的空虛是難以言述。當掛著一個個令人羨慕的頭銜，工程師、醫生、律師、經理、作家等等出現在各種場合，並感到有所驕傲、得意洋洋時，也許不過是在太陽底下的一種偽裝。等到最後終於抽空來瞭解自己內心的感受，問自己到底想要什麼，想怎麼辦了，除了茫然心底還有些隱隱的疼痛吧。因為你為了這份並不喜歡的工作，浪費掉的美好事情真的是太多了，包括曾經也許能抓的住的夢想的翅膀，而為了「忙」，統統捨棄了。記住吧，只有真正讓我們感興趣的工作，才能叫做幸福和滿足。那麼從現在開始，坐下來真實地面對你的內心，問一問自己，為何要為了取悅他人而徒增煩惱。

　　❶ 首先，知道自己想要什麼，想過怎樣的生活，而不是職業，不是只讓你養家糊口的賺錢機器。

　　❷ 清算你手頭關於實現你的愛好和夢想的財富。比如熱情、精力及積累的知識等，靜靜的等待適當的時機，投入到你的夢想的現實工作中去。要記住，一定要勇往直前，不要害怕失去，最好連失敗的後果都不去想，這樣你就更有了破釜沉舟置之死地而後生的動力了。

　　❸ 樹立起對你自己的信心。不要害怕失敗，因為每一位成功者都經歷過比你多得多的困難和挫折，如果你沒有失敗的經歷，又拿什麼去驗證真理呢？

　　❹ 要有切實可行的理想。比如你已經四十歲了，有高血壓、糖

尿病，卻還想當飛行員。這就不值得鼓勵了，因為這時候對你的夢想投贊成票無異於謀殺。正確對策是要嘛擁有一架自己的直升機（當然最好不要親自開），或者做航空模型玩具店的老闆。

❺ 尋求家人的理解和支持。相信沒有親人願意看著你在整日忙碌的工作中，受著身心的雙重煎熬。他們會希望你能夠開開心心的工作，從事自己真正喜歡的事業。

如果你想擺脫沉重的工作壓力，不為加班、漫無邊際的任務而發愁，並且還能從中汲取需要的營養和健康的心態，就此快樂起來的話，就趕快先找到自己的興趣所在吧！這是走向快樂的工作人生最有效的辦法！

🌿 6 ╱ 認真做自己

不要苛求所有人對你的工作都表示認可，不要過分關心你所做的每一件事是否完美，是否讓大家讚不絕口。否則你會陷入「永不完美」的為別人生活的痛苦境地。

「人無百日好，花無百日紅」，只要生命還是隨著時光在流逝，你就無法成為人們心中完美的那一個。在這個世界上，沒有人會指望你成為理想中的「完人」，所以不必為自己只是個平凡而普通的自己而苦惱。其實只要是按照你喜歡的方式去生活，去工作，去享受人生，就會體驗到價值所在。最可怕的人生就是活了一輩子之後，卻發現這不是自己想要的一輩子！人生一世，草木一秋，白白浪費了生命，只為在別人眼中熱鬧好看，真是一個天大的笑話！所以勇敢地喊出來：「走自己的路，讓別人去說吧！」

琳達是一個劇團的舞蹈演員，她八歲在上小學時就開始接受訓練，然後在眾人的羨慕或是嫉妒中上完了初中、高中，最後進入了藝術學校。她是美麗的，加上這些年來舞蹈所給她塑造的完美氣質，使

她成了家裏人向外人炫耀的對象。同時，琳達也為了不辜負人們的期望，努力地追尋著更高的藝術殿堂。但是令她苦惱的是當她選擇了民族舞時，有人對她建議說，其實她更擅長的是節奏感強的現代舞；當她改成現代舞時，又有人對她說像她這樣基礎好的演員，應該去水準最高的芭蕾舞學院；當她又考慮是否接受這一建議時，有個小孩子對她說，最適合她的職業是去當一名電影演員……

琳達猶豫了，迷惑了，她在總結了別人的意見後，發現了一個事實：在不同人的心目中她的形象是不同的，如果按照所有人的願望去發展自己，結果可能在哪一領域都取得不了成功。於是她挑選了自己最愛的民族舞方向，並為它付出了大量的心血和汗水。若干年後，當她站在世界頂級舞臺上演出時，沒有一個人說她的舞蹈不好，相反，人們都誇她真是個民族舞的天才藝術家。

可以說琳達的成功，是因為她及時的隔絕了外部環境所給自己的工作所造成的壓力和影響。她堅持著，按照自己的定義過生活，最終使事業達到頂峰。

在工作中，除了你自己，還有誰能知道你究竟想做什麼，想怎樣做呢？還有誰能替代你想出那麼多天才的構想呢！

有人活了一百歲，卻是為別人而活，自己無法決定要走的那條路。年輕時選了自己不喜歡的專業，等到了自立了，工作了，又努力想獲得所有人的讚賞，想讓自己成為人人心目中的頭號種子選手，緊緊跟隨著別人的口令和動作，心中念叨著一定要讓老闆歡喜，一定要讓所有同事都沒有異義地對我刮目相看，一定要讓行內的人都對我刮目相看。結果呢，魚和熊掌不可兼得，如果用這樣的心態去完成一件工作，最終結果可能就是在猶豫再三後，毅然地「丟了西瓜撿芝麻」，失去的可能遠比想像的多得多。

人，一定要明白怎樣才是自己，一定要給自己先下個定義，一定要找到自己的路、自己的方向。才會在生命即將結束時安心的說一句：「這輩子沒白活。」認識你自己，需要一個怎麼樣的乾坤鏡呢？

　　年青的僧人總是愁眉苦臉。長老問他，為什麼有那麼多煩心的事？他說我到山下去，做買賣的叫我和尚；辦事的官差叫我長老；婦女們叫我僧人；無賴們叫我禿驢，那麼我究竟是個什麼呢？

　　長老聽完笑了笑，指了指身邊的一塊石頭，又舉了舉遊廊上的一盆花。僧人想了想，恍然大悟，臉上露出了笑容。

　　是啊，在別人眼中，你可能是這個或是那個。但是在你看來，你就是你，不是他，也不是她，更不是它。身為你的你有獨特的思想、方法、目標、道德品質和處世原則就夠了，又何必在乎別人的想法呢？一千個人眼中有一千個哈姆雷特。除了你，這世界上還有誰比你更懂得自己要扮演的是什麼呢？

　　「走自己的路，讓別人去說吧！」絕對是至理名言。從現在開始，你要下定決心做回自己。所以可以試試這樣做：

　❶ 告訴自己，你就是不完美的，沒必要每天在工作中都要求自己做得面面俱到，否則痛苦的是你的身體，別人才不管呢！

　❷ 讓工作做到自己滿意即可。別人怎麼想管他呢！分內的工作當然要做得出色，只要對得起自己，對得起薪水，誰愛說什麼就去說什麼吧。

　❸ 保持正常狀態，你將輕鬆很多。別給自己訂太多的條條框框。對自己畢竟要寬容一些，而不能像嚴厲的對待犯人那樣，接受自己能接受的建議，但不是全部。

　❹ 堅持自己的信念，勇敢地向其他試圖阻止你的人說「不」。絕對不要讓別人的評論，束縛住自己奔向夢想的腳步。

　　生命是自己的，生活是個人的，路也是自己選擇的，每個人都有自己獨特的天賦。在你的工作之路上，做的每一件事都會引起眾人的議論，如果你想做得面面俱到那是不可能的，就算你真的做到了，那完整也便成了莫名其妙的不完整了，你永遠不可能得到所有人的一致認同，所以羅丹讓納維斯折斷雙臂，這樣的話就不會再有人吹毛求疵的挑剔其他的缺點了！在工作上你也應該這樣做，大家都有缺點，大

家就都覺得彼此很可愛了。如果現在你面臨的情況是所有的壓力都來自於他人，似乎他們總是想把你推向「完美」的頂峰時，你就大可不必感到有壓力而驚慌失措了，記住，不論何時，只要做好你自己就是正確的選擇！因為你活出的，將是你生命的本色！而不是製造出人們眼球中的「完美物品」的機器了！

7 / 抓住想溜走的機遇

　　工作中時刻充滿著機遇，如果我們懂得擦亮雙眼，在它到來的那一刻一躍而起將它牢牢抓住，也許就會馬上飛上枝頭變鳳凰，也許今天坐在老闆辦公室的那個人就是你，也許你的工作壓力就沒那麼大了。

　　現在盤點一下你的工作資產：經驗，有了；業務，精熟了；人際關係，良好了。可是你還是不得不在一個普通科長的位置上再耐心的等待幾年。為什麼？經理還沒辭職或升遷，那個位置還有人佔據著，也就是說，你還沒有機會，所以你所感受到的壓力還在痛苦的進行式中。

　　其實要想減緩工作所給你造成的難以釋懷的壓力和影響，你需要做到事業的一把手。為此，你不是每天做著白日夢，幻想著有一天上司能主動讓賢，或者是因為生病和其他糟糕的原因（這樣想有些不道德），而不得不把位置空出來留給你（事實證明這樣是不切實際的）。為了事業的更上一層樓，你必須時刻努力，不能因為已經取得的成績就止步不前了。你要清楚的知道，機遇到來之前是不會跟你打招呼的。你要站到事業的頂端，消弭競爭壓力的騷擾，就要謹慎的抓住每一個來到面前的機遇，隨時做好向上走的準備。有些事情，你錯過了一回，就錯過了一輩子。或許這樣的機會在你一生中只有一次，而你錯過了這一次，即便以後你做好了種種準備，也會變得毫無價值。

　　在這個充滿挑戰的社會裏，如果你忽視了機會，也許一輩子也取得不了成功，也許一輩子都註定要默默無聞，為生計而奔波勞碌，一

輩子都要做個抬不起頭來的小人物，一輩子都要為開門七件事操心，都要為保住飯碗戰戰兢兢，一輩子都要活在看不到邊的壓力之中。試問，這樣的生活能讓你心有所甘嗎？如果你抓住了機會，情況可就大不相同了。機會就等於成功的一半，距離成功不遠了，而且還是自己主動找上門來的，幾乎不費吹灰之力。你可以藉此會或一夜成名，或一本萬利，或戰無不勝，從而讓生活和事業真正為自己所主宰，讓小市民的日子見鬼去吧！可見機會真的是對付工作壓力的絕招啊。

有一個年輕的美國人，叫約瑟夫‧高登史東。他是愛荷華州農村挨家挨戶推銷珠寶的推銷商。

有一天，他忽然得知日本生產著人工養殖的珍珠，品質良好，色澤美麗，價格也比天然珍珠低很多，約瑟夫看到了機會。當時正值經濟大恐慌，他和妻子艾莎變賣了所有的家當飛往東京。

幾經周折後，他們見到日本珍珠販售協會的主席北村，提出在美國銷售日本人工養珠的計畫，要求北村提供首批價值十萬美元的寄賣品。這是一個大數目，尤其在不景氣時。但是 7 天後，北村答應了。那批人工養珠在美國很快的銷售一空。幾年之後，他們決定設立自己的養珠場，他們要抓住這個機會不放，最後當然地取得了成功，走向自己人生的輝煌。

面對壓力，聰明人主動迎上前去，把握機會，最終消滅掉各種各樣的壓力的襲擾，而愚笨者寧願白白看著機會從身邊溜走，還前怕狼後怕虎的瞻前顧後，無動於衷。所以有些人成功了，有些人一輩子都不可能出人頭地。還有這樣一個故事：

兩個年輕人安和迪，同時看到一則投資廣告。內容是說某公司研製成功一種新產品，需要批量生產。但資金不足，尋求志同道合的合作者。

兩位青年人都是剛走上工作崗位不久，囊中空空如也。安認為自己沒有資金，無法投資，打算自己現在努力賺錢，等日後有機會再來投資；迪雖然也是兩手空空，但他意識到這是一個千載難逢的好機會，所

以他想方設法四處借錢，湊夠了足夠的資金，成為該公司的合夥人。

幾年之後，迪不僅還清了所借的款項，還獲得了額外的利潤，並成為該公司的股東。隨著公司的逐漸擴大，他也隨之財源廣進，日子過得有滋有味。而回過頭來再看看安，雖然在幾年之後賺了一些錢，但卻失去了這個對他而言一生中重要的機會。在日益激烈的競爭壓力中，他已經憔悴不堪了。

機會能讓每一個人成功，但也並不是說所有人都能抓住機會，一定要選擇適合你的，否則機會也會不留情面的化為更大的壓力。比如如果你沒有出眾的口才和交際能力，只是有嫻熟的技術，公關部有一個重要的位置缺人，而你毫不猶豫地抓住坐上去了，結果只能是承受加倍的壓力和痛苦。

所以說面對身旁轉瞬即逝的機遇，你該清醒的有個認識，而且要聰明的不放過任何適合自己的那個。不要像個無頭蒼蠅般瞎闖亂撞，畢竟你抓住機遇，使事業獲得成功，是為了減輕工作中和生活中的壓力，而不是給自己惹來更大的麻煩。

❶ 不知道自己要做的是什麼的人，盲目選擇的工作，永遠都不會成功。提前為你所準備投身的事業做好積累工作，貯藏足夠的智慧和經驗。

❷ 不要把運氣當作成功的關鍵，它只占百分之一，辛勤的汗水才會澆灌出成功之花，所以為了迎接運氣的到來，你還需要頂住壓力，不斷進取。

❸ 瞭解市場，瞭解自己，明確自己的發展方向；當然你的付出和收穫絕對會成正比，當你努力後你所做的只是靜候時間做出公正的判斷。

❹ 為了使自己具備可以高瞻遠矚的素質，最好選擇每天有新聞可聽、報紙可看的生活。如果你感興趣的話，不妨選擇一兩門經濟學課程。畢竟它是最有可能讓你一夜暴富的學問。

❺ 積極地參與競爭，不要怕競爭所帶來的壓力，也不要怕把缺

點暴露出來，因為總有人會看到你的優點並把機遇拋向你。

❻ 做個好人，壞人沒有好下場是與人類共存共亡的真理。你對別人好，別人才會對你好，而且機遇有時也會來源於朋友。

人都是相同的，人的命運卻又如此不同。這個世界上，除了自己以外沒人能幫你。而那個消除壓力的煩惱，將生活的美好呈現給你的仁慈的「上帝」，就是給你帶來驚奇和從此走上與眾不同之路的機遇。但是機遇是可遇而不可求的，作為一個聰明人，還是努力把心思花在每一點一滴的工作上吧，既不要給自己施加過分的壓力，也不要過分放縱自己，做好準備，總有一天幸運之神會找上門來的！

8 ╱ 殲滅壓力需要為人所不能為

現在令人滿意的工作真是越來越難找了，而且即使你成為了找到理想工作的幸運兒，你還是會有所擔心的。為什麼？競爭壓力太大了，有一天被後生擠掉怎麼辦？假如你那時不想黯然離開，就從現在開始，努力讓自己做得的出類拔萃吧，如果你認為這份工作值得你那麼做的話。

如果想要減弱或是消除你身旁的其他同事與你的競爭，確保到公司決定要裁員的那天，不會首先把你列入名單之中，最好的辦法就是讓自己成為公司不可或缺的人。也就是說，你需要為業務多學一些知識和技能。從表面上看，這樣做似乎是在給自己施加更大的工作壓力，但是你要知道，你的付出一定是可以有所回報的，你擁有越多其他同事所沒有的技術資本，你在公司的地位就會提升越快，因為你讓自己成了這一行的「狀元」了！

李絲是顧問公司新來的員工。她原本是以培訓師和教學設計的名義進公司的。不同於其他自詡為教育專家的同事，李絲成為方便專案規劃的試算表軟體專家。有一天公司宣佈所有的財務記錄都要轉換成

該軟體下執行。

這時候李絲看到她的「資本」——一項別人不願意或沒有的技能。總經理希望找一個能跟其他同事說明該軟體特性的人。李絲每個星期花兩天下班後的時間留在公司，徹底學會該軟體。很快的，每個同事都知道只要有問題就來找李絲。她變成公司中不可或缺的人了，在這個領域也沒有人和她競爭，工作變得瀟灑多了。

從上面的例子中可以得到啟示，你可以發揮自己的專長，掌握一門公司裏需要的專項技術，最好是別人都不願做而你卻運用的很好的那種。

還有一種方法，其實確切說是一種態度，就是做一行，愛一行，努力讓自己融入到工作中去，為它多付出一些，你所收穫的就不僅僅是上司的青睞，公司會把你當成寶貝，給你加薪升職，更有機會讓你自己開闢一番事業。

有一天早晨，史瓦登來到他所經營的一家鋼鐵工廠，看到有一位公司的儲備速記員也在那裏。當史瓦登問他為什麼這麼早來公司時，這位速記員說他是來看看史瓦登先生是否有什麼急的信件或電報要處理。史瓦登向這位員工說了聲「謝謝」，並告訴他晚一點會需要他的幫忙。當天晚上史瓦登回到辦公室的時候，身邊多了一位私人助理，而他就是在早上令史瓦登印象深刻的那位儲備速記員。這位年輕人吸引史瓦登的地方，並非他的速記能力，而是他願意多付出一點點的進取心。多付出一點點使你成為公司裏不可缺少的人物，因為你為公司提供其他人無法提供的服務。也許其他人具備更多的知識、技術和聲望，但是只有你能提供公司不可缺少的服務。也許還有其他公司能提供公關專業服務，但如果你能容忍在半夜十二點時被叫醒，並且以「願意做」的姿態提供服務時，客戶們將會記住你並會給你高度評價。如果你認為以上所說的已經都做到了，那麼下一步要做的，就是了解工作、瞭解部門目標和公司方針。瞭解你的工作應達到何種要求，並照著去做，或是視需要加以修正，避免誤解工作的目標。這樣

亦有助於瞭解你在公司所扮演的角色——達到工作滿意度和升遷機會的要素。而且充分得知部門或小組目標，有助於你行動的方向，想想看，如果公司只有你一個人關心公司動向，並讓自己的工作做出適應的話，那上司還會看不到嗎？

　　作為員工，你時刻都要記得，除非你能成為某人或某集團不可或缺的人物，否則你的所得將永遠無法超過一般的水準。你應該使你自己的地位，變得重要到別人無法取代的地步，能使自己變得比別人技術強、比別人確實，並且服務中有多付出一點點的精度和具備積極進取心的人，便可以自己決定自己的壓力大小和薪水高低，是不是很羨慕呢？請記住這句話「力量是與奮鬥息息相關的」。如果你想擁有控制生活、控制壓力的足夠強大的力量，就必須首先要經過壓力的考驗，必須通過奮鬥來換取提升力量的砝碼。既然成功可以消除壓力，那麼為什麼做事情時不努力讓它獲得成功呢？抱怨你的工作和薪水並不能讓你過上好日子，務必要把精力都集中到做出好成績上來，也就是讓公司離不開你，搶著把你留下。要做到比別人棒，就要做到：

　　❶ 做沒有人願意做的工作，如果你想得到別人注意的話。前提是這項工作對你來說是有所收穫的。

　　❷ 多做一些工作，把它當作分內的事而不要求獎金。老闆會察覺並欣賞你這種認真的態度。

　　❸ 老闆不在時也要嚴格要求自己，努力工作，做到「慎獨」，總有一天他（她）會發現還有你這位好員工的。

　　❹ 成為公司資歷較淺或新進同事的良師。哪家公司都希望擁有一名願意義務為培訓師的員工。如果有可能，你的公司會專門讓你做這一行的。

　　❺ 誠心誠意的幫助同事，讓他們在你的週邊替你形成一道保護圈，那麼當壓力襲來時，你就可以高枕無憂了。

　　❻ 及時覺察到公司的期望，瞭解你應該做什麼，必須做什麼，跟上公司的步子，或許你還能超前一步！

從現在開始起，不要再抱怨工作的壓力了，為工作多付出一點，讓自己多學一些技術和知識，成為不可或缺的人，你就可以將自己從日夜縈繞在你心中的競爭壓力的恐懼中解脫出來了。

9／獨木不成林，你需要與人合作

沒有人能夠不需要任何幫助而生活。如果你在工作中只顧埋頭苦幹，不願去和別人分享你的成績或是快樂，忽視了人際關係的培養時，你所遇到的困難就會翻倍的增加，你所感受的壓力也會成倍增長。並且你將肯定不再受歡迎。

初中的課堂上老師教導我們：人是社會的動物。語文老師則在黑板上寫了一個大大的「人」字，語重心長地對大家說：「『人』的一撇一捺是相互支撐的，缺少了其中任何一半，『人』字都將不復存在。」你說：我知道這個道理！可是「知道」是一回事，懂得又是另一個一回事。在職場上，有多少人因為承受不住同事所帶給自己的巨大壓力而黯然謝幕了呢？不是因為工作能力差，知識不夠豐富，為什麼被排擠掉或是主動辭職的總是這些人呢，難道是上天偏偏讓他們命運多舛不成？其實也怪不得別人，誰讓這些特立獨行者總是和別人對不上眼，相處得不融洽，搬起人際關係這塊巨石來砸向自己事業之路上的腳呢？

答案就是，對不起，怒我直言，你太自私，太狂妄了。在新進公司的第一天，你不願和別人說話，不願向老員工討教，因為你覺得自己沒有必要主動說話，至少你的學歷很可能比他們高；當工作中你遇到困難時，你不屑向同事們請教，而是毫不猶豫地衝向總經理辦公室，這樣一來在別人眼中你的另一個名字叫做「馬屁精」。如果你取得了可喜的成績，你更不願把它拿出來和同事們一起分享，因為這是自己努力的結果，關別人什麼事？當然，也沒有人會祝賀你的成功……久而久之，你突然發覺到自己似乎變成了公司裏最不受歡迎的那一個，沒有同事朝你

真誠友好的微笑，聚餐也沒有你的份。天啊，每天除了要應付煩死人的工作，還要應付同事們所加在你頭上的壓力！看，你會有多痛苦？

這一切惡果都是由你自己造成的，不要抱怨別人。

每一份工作都需要他人的幫助，例如你需要一份幾天前的報導來充實你的報告，而鄰座的女孩恰巧手頭還有。於是你就必須對她說請把舊報紙借我一下。如果你臉上寫滿微笑的話，相信她會十分情願地把它借給你看的。

當你輕鬆完成了自己的工作任務，剩下的時間就用來享受生活就好了。看，合作多麼美好！懂得運用人際關係合作完成任務的人，哪裡還有什麼所謂的工作壓力？所有任務老早就都輕鬆愉快的搞定啦！

請看卡內基找尋一位首席化學家的故事。經過全球探訪後，他找到一位當時在德國公司任職的化學家，這位化學家的能力是無庸置疑的，於是卡內基便和他簽了長達五年的合同，但是不到一年。卡內基就和他解約了。為什麼呢？因為這位化學家很容易發脾氣，整個部門被他搞的一團糟，沒有人願意與他共事。而他也因為太計較小事而經常怒氣沖沖，以致什麼成就都沒有。像卡內基一樣，所有老闆都願意僱用善於和他人合作的人。因為企業是一個團體，其中的每股力量都是奮勇向前的，如果你不能很好地和他人協調，你的思想、行為上不僅會因此而產生負但，同時你還會成為人民公敵，害群之馬。所有人都一致認為應該把你從這個集團中「剔除」掉，接下來的日子你可能就要再一次的面對事業的壓力了。

每個人的力量都是有限的，一個單獨的個體絕沒有機會取得成功。這是大家都清楚的問題。但是只一味地付出，不能與人互利互惠，對你來說也不是件好事。人們需要合作，才能有一個美好的未來。

馬克思在寫巨著《資本論》時，家庭生活陷入極度窮困的地步。為了支持好友不斷寫下去，恩格斯暫時放棄了自己的理論研究，去從事他最厭惡的買賣行當，他用這筆錢資助馬克思完成了著述。

當《資本論》第一卷問世後，馬克思在給恩格斯的信中動情地說

道：「這件事成為可能，我只有歸功於你！沒有你的犧牲精神，我絕對不能完成我那三卷的巨著。」

由此可見，合作是具有多麼大力量的一件事！它能幫助你完成自己的工作，減輕你的壓力和負擔，讓你精力十足活蹦亂跳的投入到下一項更有挑戰性的工作當中去！

在社會大舞臺上，不論你從事什麼事業，要想取得成功，都必須搞好人際關係。因為如果你不占天時、地利，就必須得占上「人和」。不論在哪一個專業領域，單獨一個人想獨立達到事業的頂峰，是不可能的事情。而要得到別人幫助的最好辦法，就是願意幫助別人。當你試著隨時鼓勵並協助他人求取事業的成功時，大部分人在你需要他們時都會助你一臂之力。不吝於伸出援手，你才會得到相等的回報。反之，你將一無所獲。

與人和諧相處與分工合作的精神，是最高尚的人際關係。從廣義來說，合作就是對你的同行以行動來表示關心。當你能與別人合作無間時，你的困難會因為多一個人進來分擔而降低，而取得的成就的喜悅，會因為多一個人分享而加倍。你要記得，只要繼續專心於自己的工作，並儘量協助他人，最終是會達成自己的目標的。要讓自己始終保持友善及充分合作的態度並不容易，但你最後一定會發現，這樣的努力是值得的。

在一個團隊中，你只需這樣做，便會降低你的工作壓力和人際壓力：

❶ 每進入一個團體都要儘快融入其中，並讓大家看到你是一個有工作能力的人，且對他們有所幫助。

❷ 不要拒絕別人向你請求的幫助，否則也沒人願意在你有困難的時候施以援助之手。

❸ 有了成績要與上司分享，更要與同事們分享，做個大度的人，才會贏得他人的尊重與信任。當然你也可以享受別人的成績帶來的快樂。

❹ 不要有嫉妒心理，真誠的助別人一臂之力或是讚美別人的成績，嫉妒除了扭曲你的人格，讓你做出破壞同事間關係的傻事外，沒什麼別的用途。

❺ 必要的時候做出一點犧牲，你能捨小利去幫助別人，相信上司和大家總會看到的，那樣的話，人們就都會開始信任和感謝你了！

❻ 要對別人做出客觀公正的評價，壓制、貶低別人或是扮演阻擋他人進步角色的人，遲早要受到懲罰，不但自身形象大大受損，而且也沒有人再願意幫助他了！

無論是在工作中，還是在生活中，許多人都不懂得付出的快樂，不懂得合作的力量，因此他們承受著加倍的壓力和痛苦，當習慣了付出，回報在你即使不要求的時候，也會來找你的。比如有一天，當你正愁眉苦臉對著一堆數字發愁時，你的做會計的女同事會過來，輕輕對你說，請問：需要我幫忙嗎？

10 ╱ 維護好辦公室中的互聯網

在工作場合，每個人都要首先忠於工作，然後才可以顧及自己，假如你將這個次序弄反了，事事以自我為中心，那麼你就會變成「一塊臭肉」，會被上司和同事驅逐出這個圈子的。所以人際關係對你來說相當重要。它能給你的工作帶來無盡的壓力或是動力。

人的一生中，有許多事情要做，每遇到一個問題，就是擺在眼前的一種壓力。

如果你關注一下生活雜誌裏的八卦新聞，就會曉得知名人士們是如何會面、交際的。正是因為他們能有效利用人際關係，才得以真正出名的！你可以在事業上擁有非凡的成就，可是如果你在成就了這些輝煌之後，只是奮力為自己的臉上貼金，而忽視了大家對你的幫助的話，那麼你所取得的成功只能是曇花一現。

　　沒有任何一個在事業上攀上頂峰的人，可以完全脫離人際關係爬到今天的位置上。以前總是被人們輕蔑地稱為「後門」和「世故」的這種關係，隨著它為各方人士都帶來了幫助的非凡效果，漸漸得到了社會的認可和肯定。

　　所以評價一個人在現代社會是否有能力，是否能生存下去，關鍵是要看他能不能「搞定」辦公室中的人際關係，能不能得到同事的敬重、上司的器重和下屬的愛戴。在工作戰場上，照樣是「得民心者得天下」，玩不轉人際關係這個互聯網，那麼你工作的天下就會被其志不在小者奪去。到那個時候即使你空有一肚子學問，也無濟於事了。

　　三國時的禰衡就是一個例子。他本是狂放不羈的有志之士，也頗願意尋一位對自己禮遇有加，甚至最好是「恩愛有加」的老闆。可是他似乎從來未讀過人際關係學，要嘛覺得那些東西根本無用，有才華才是最重要的硬體設施。等他來到比較有度量的老闆曹操那裏，不但不明白給人家打工就要夾起尾巴做人的道理，反而是當著眾同事的面在辦公大樓裏給老闆好大難堪——脫光衣服，一手拿木棒一邊敲地，一邊唱著自己編的「歌謠」，罵老闆個痛快。不僅如此，他還一臉蔑視地對曹操說了同事們的壞話，幾乎把每一位公司能人都批得體無完膚，結果曹操和同事們都受不了了，就把他解雇了。

　　禰衡這個傢伙該有所明白了吧，可他偏偏糊塗得很，依舊我行我素，又換了兩個東家後，他終於因口無遮攔被性情暴戾的黃祖「報銷」了。

　　在禰衡眼裏，荀彧可使弔喪問疾；荀攸可使看墳守墓；程昱可使關門閉戶；郭嘉可使作詞念賦；張遼可使擊鼓鳴金；許褚可使牧牛放馬；樂進可使取狀讀招；李典可使傳書送檄；呂虔可使磨刀鑄劍；滿寵可使飲酒食糟；于禁可使負版築牆；徐晃可使屠豬殺狗。夏侯惇稱為「完體將軍」，曹子孝呼為「要錢太歲」，其餘皆是衣架、飯囊、酒桶、肉袋耳！而自己卻是「天文地理，無一不通；三教九流，無所

不曉；上可以致君為堯、舜，下可以配德於孔、顏，豈與俗子其論乎」。在他眼裏，當世之豪傑都比不上他，都是碌碌無為之輩。對這樣一個自許為才高八斗的人，老闆尚不能相容，同事尚不能相契，更何況今之你我！更何況今之你我多是扶不起的阿斗！

儘管明明知道自己會得罪老闆、同事，可有人還是恃才傲物，那樣只能是成為公司不重視不栽培的對象，越工作越感到有壓力，最後不得不放棄了，當他們轉向新一輪工作中去時，還是會重蹈搞不好人際關係的覆徹，然後是又一次的拖著沉重的心靈離去。在這種壓力的重覆循環下，這種人的生活始終是沒有出路的。

有這樣一個故事。麥克是電視臺記者，由於口齒清晰，相貌堂堂，反應迅速，所以除了白天採訪財經新聞，晚上還要播報七點半的黃金檔新聞，按說事業應該是一帆風順的。但因為做人不夠圓滑，而得罪了他的直接上司——新聞部主管。「麥克報告新聞的風格奇特，不容易被一般觀眾接受，以後不准播黃金檔新聞，改播深夜十一點的新聞。」新聞部的主管突然在會議中宣佈。

所有的人都怔住了，麥克當然更吃一驚，他知道自己被貶了，但他極力鎮定，甚至做出欣然接受的樣子說：「謝謝長官，因為我早盼望用六點鐘下班後的時間進修，卻一直不敢提。」從此麥克果然每天一下班就跑去進修，並在晚上十點多趕回公司，預備夜間新聞的播報工作。他把每一篇新聞稿都先詳細過目，充分消化，絲毫沒有因為夜間新聞不重要，而有任何鬆懈。

在和同事們的共同努力下。漸漸地，夜間新聞的收視率提高了，觀眾的好評不斷，而隨著那些好評，觀眾也有了責難，為什麼麥克只播深夜，不播晚間？一封封信寄到公司，終於驚動了總經理。「麥克為什麼只播十一點，卻不播七點半？」總經理不高興地把厚厚的信件攤在新聞部主管的面前。「因為……他晚上六點鐘以後有課，所以拒絕播報晚間新聞。」「叫他儘快重回七點半的崗位，我下令他播報晚間新聞。」

　　就這樣，麥克被新聞部主管「請」回了黃金時段，並在不久之後，獲得全國最受歡迎的電視記者的榮譽。

　　面對壓力，麥克的成功說明了不管他遭受多大打擊，他都能忍辱負重，不跟當權者發生正面衝突，而是把自己的才幹、自己的努力，一點一點的展現在大家面前，得到所有人的認可。當然，麥克之所以能堅持，還是與他的同事們的幫助密不可分的。少了眾人的支持，恐怕他也取得不了什麼成就。是啊，你既然已經得罪了主管，若你再得罪別人，他們定會聯合起來將你「驅逐出境」的。

　　不得不承認，在工作中，你除了要承受工作本身的壓力，還要承受來自四面八方的人際關係的壓力。培養了有力的外交手腕，你就能更快更好地將自己「推銷」出去，否則你就只能待在原地等待歲月將你腐蝕掉。

　　半個世紀以前，鋼鐵大王，億萬富翁安德魯・卡內基就評論道：他可以為了任何事業雇用管理或技術上的人員；但有一種人他更願意重金禮聘，就是有能力與人周旋的人。事實上，公司的老闆們絕對都是特別擅長玩交際花招的人。

　　如果你不想讓人際關係成為你事業之路上的負擔，你就必須為它作出一定的準備和付出，首先要知道的是你必須學會與人相處，也就是要鍛鍊 EQ 值，只有這樣，你才能有所成就。

　　不相信嗎？難道你還不明白，這世界、這工作都是一個巨大的人際關係網嗎？從你做推銷員的第一刻起，你就明白需要尋找第一位客戶，然後是第二位，然後就是等著客戶們幫你聯繫其他人了。此外，和上級友好相處了，他就會給你熱心的指導和幫助，與同事們友好相處，他們會給予你尊重且樂於與你分享成功和秘密。你看，有了這麼多人的幫助，你還怕成功不了嗎？

　　要想獲得上司的首肯，你需要做的是：

　　❶ 以上司的意志為轉移，對他的指示、命令不可有任何懷疑和抗拒。當你完成不了任務時，也要接受上司的批評，不能據理力爭，

否則很容易得罪他們。

❷ 多向上司學習，你越虛心上司越賞識你，才會有你被提拔和栽培的機會。

❸ 學會向上司送禮，送禮亦有「度」，把禮物當作一種感謝上司的方式，而不是用這些東西向他索取「前途」。

❹ 要多接觸你的上司，挖掘你們的相同點，這樣你們之間就會很容易培養起來一種貼心的感情。

❺ 清楚老闆想從你這兒得到什麼，給老闆所要的東西。職場上的你必須緊遵這一原則。

❻ 寬容上司，夾緊尾巴做人，當一個溫順的下屬吧。

❼ 表現自己的同時，別忘了當眾讚揚上司，他們會接受並喜歡。

要獲得同事們的尊重，你需要做的是：

❶ 照顧同事的情緒，走群眾路線，在同事中結交幾個「鐵哥們兒」，多幾個知心人，可以增強抵禦各種流言和嫉妒的攻擊。

❷ 不要承諾過多，尤其是你根本無法辦到的事，你應該牢記這一點。

❸ 盡可能維持愉快的性情──學會對他人友善的微笑。他人不需要你做什麼，你也不求他們什麼；微笑就只是微笑。

❹ 盡可能成為好聽眾。很多人都以為自己是好聽眾，事實上他們都不是。你也不是，只是或許還有進步的空間。聽他人的牢騷會增強他對你的信任。

❺ 無論職位的高低，儘量尊重工作場所的每個人。對待屬下和老闆要一樣的尊重。個人的自我價值並非以等級高低來判斷。人由於生為人類而值得驕傲。對待一個乞丐你也要如此。因為這是你人格的魅力。

❻ 找出別人的優點。每一個人都有優點。如果你注意他們的優點，他們也會發現你的優點。避免指責同事們「說長道短」。

❼ 對自己的錯誤負責，不要讓別人承擔責罵。真理就是真理，誰要負責大家都心知肚明。相反的，如果事情做得成功，應該把榮耀歸功於整個團體，不要獨往自己臉上貼金。這樣才會得到大家的喜愛。

不管工作場所中的情況和你受到工作壓力程度如何，你都要盡力扮好老闆、同事或部屬的角色，成為讓人敬重的人。和他人維持良好關係，不但能減少你的壓力，也讓你不致成為某人的攻擊目標。從而為你的工作創造一個和諧有利的環境。你的行為可形成一種典範，讓緊張的情況緩和。當然，你也會更受歡迎。這對你的人生或是事業有太大的幫助，相信這些，沒錯的！

11 ／ 失業了，你也可以繼續輝煌

一年前，你在一家公司做了十年之後失業了，從此後你要為自己重新振作起來而不致於太頹廢，付出很大的努力。你的自信心受到巨大的打擊，家庭生活也遭受了極大的影響。最主要的是你不確定自己在今後是否還能像從前一樣有激情的工作了。

無論是由於失業還是因為退休而導致的沒有工作，它都是位居充滿壓力的生活事件的前列，並且會引起心理壓力的各種症狀，如血壓升高、自卑和沮喪。你被迫在家中待著，整日裏遊手好閒或無所事事。當然生計也成了列上日程表的重要問題。如果你已經成家了，那麼你的親人可以為你分擔重負，但是全家人都要適應新的角色。失業會使你經歷很多種失落，包括收入、地位、社會交往、日常工作、奮鬥目標和方向以及成就感。

如果你的失業突然而又在意料之外，就好似突然間喪失親人一般，那就必須要有一個逐漸調整的過程，包括震驚、拒絕接受、憤怒、心煩意亂、沮喪，隨後是重新整理心緒，並最終接受現實。此時的你是脆弱

無能的，你得適應角色的變化。如果你已經習慣了早晨起床後去上班，一旦被突然間告知你不再需要如此這般了，這對你的情緒來說可能是一次毀滅性的打擊，你會感到自己無用，感到被拋棄了。

假使你在幾個月裏把尋找工作當成自己的職業後又失敗了，那麼對你而言，痛苦就不會那麼容易對付了，你身體的疾病會由於壓力的摧殘接踵而來，信心被吞噬的同時，你也不會覺得工作和事業會有什麼進展的神話了。這種情況對於一個獨立奮鬥以求生存的人，大多是男人來說，無疑是異常殘忍而且殘酷的。但是你控制不了公司持續擴大的縮編問題，主管在解雇員工時，通常也會顯得相當無情，希望事情結束得越快越好。到這個時候你就不要再妄想以你對公司的忠誠度和為之奉獻的業績，來打動無情的主管了，還是靜下來面對這不可改變的事實另謀出路吧，沒準這將是一個全新而又美好的開始。

一九三八年，兩位史丹福大學的畢業生，在尋找工作的過程中，受盡了四處碰壁的痛苦，而且他們還成為了公司第一批裁員的對象。當他們看到求助他人謀生的艱辛，看到許多人因找不到工作而走投無路的窘態時，忽然悟出了一個人生哲理：與其去找工作，不如自己開創一番事業，為自己創造工作的機會。

於是他倆擺脫了受雇於人的思路，決定合夥開創自己的事業。兩人湊了五百三十八美元，在加州租了一間車庫，辦起了公司，公司以兩人姓的頭一個字母組合為名。

剛開始時，迎接他倆的是說不盡的艱辛，研製出的音響調節器推銷不出去，試製出的顯示器無人問津。但兩人毫不氣餒，以忘我的熱情不分晝夜地研究、改進，四處奔波去推銷。還好，他們研製的檢驗聲音效果振盪器有了一點銷路。到了第二年，總算沒有白幹，賺了一千五百六十三美元。

他們深知，創業固然比受雇於人的名頭大，但付出的辛勞、代價更大、更多。它不是一般人所能承受得了的。但是一日又一日、一年又一年，挖空心思的他們經過苦心研製、試驗、推銷……終於變成了

美國電子元件和檢測儀器的大供應商。這對黃金搭檔也有了分工，惠爾特專心於新技術的研究發明，八十二歲時的惠爾特仍活躍於科技領域；普克德長期擔當起了企業管理的重任。這就是永遠成為傳奇的惠普公司。

　　面對找不到工作或是失業的打擊，所有人都會自問：「我現在是否還有希望？我怎樣能找到另外一份工作？」其實沒有人是永遠不會失敗的，當失敗的不良情緒困擾你的時候，用積極的心態還是消極的感覺來回答自己很重要。如果你能積極看待自己的處境，去深刻地思考一下，你就會發現自己將比以往更加成熟，更加有抗打擊能力和有更多的機會，人生方向開始掉頭，擁有了重新開始的可能性。生活會將它的幸福花園向你這樣的勇士敞開的。你需要告訴自己的就是：相信自己，我也會和那些成功者一樣出色。

　　遭遇失業打擊時，你要懂得這樣來調整暫時賦閒的日子，頹廢便不再頻頻光顧你了。

　❶ 失業等於自己將要雇用自己。將這種處境看成是對自己的一種挑戰，把它看成是動盪不安的人生旅程中的一個全新的「自雇」階段的開始。

　❷ 計畫好你的時間

　　接受這樣的現實，即你將失業至少兩個月，計畫好你將如何利用這段時間。每天、每週都要制訂計劃，不要白白浪費時間，無所事事的日子會讓你更緊張、更消沉。

　❸ 保持積極狀態和樂觀情緒

　　‧把這段時間當成是一次學習新技能的機會，報名參加一門課程的學習或去上夜校。

　　‧參加體育鍛鍊來保持身體的健壯。

　　‧美麗也是你自信的源泉。

　　‧去旅遊吧！

　❹ 要看到光明的一面

記住這短暫的危機，或許就是一次自我發掘、尋求新的發展方向的時機。

❺ 總結自己的經驗教訓，並加以彌補，如果你有真才實學是不用為工作而發愁的！

只要堅信自己再站起來的勇氣，你就不會再感到自己是生活的棄兒了。泰戈爾說，人類常將路障擋在自己的前方。只要你勇敢的放下失業的壓力，把自己給自己設立的心靈之障消除。抬起頭，你會在藍天中看到自己的笑臉！

🍃 12／做個品嘗工作的聰明人

在工作中的人們，是脆弱而又堅強的，也是痛苦而又幸福的，要學會對自己仁慈一點。

工作的最大意義，不僅在於由此獲得維持你物質生活的報酬，更重要的是工作能使人在團體中表現自己，以體現個人的價值。對待在工作中產生的壓力，如果你能夠有良好的心態，不以工作為生活的全部，而為之患得患失，在你的世界裏一切就都很美好。而且適度的壓力能使人挑戰自我，更有效率和創造性。但是不幸的是——太多人把工作當作生命的全部意義所在，這時悲劇就會發生，你終會因為工作中的大大小小的麻煩，而把自己鎖在牢籠之中，你在壓力下變成了狂暴的野獸了。總結一下我們在前幾節中所討論的問題，我們就會發現，工作其實原本可以是一件很快樂的事情。不要再感到危機四伏的壓力了，愈工作愈年輕才是助你走向美好人生之路的根本。

那麼如何緩解來自環境或個人因素的工作壓力呢？

❶ 和自己競爭，做最好的自己，是消彌競爭的有效方法。成為你自身的能力和知識不會欺騙你，最終可以憑藉他們走向成功的。

❷ 失敗的力量是巨大的，它能讓懦夫變成勇士，能讓渺小變得

偉大。

❸ 不要給自己無謂的壓力

減少你所關注的瑣事數量，別給自己增添無謂的壓力，對自己無法控制的事情就由它去。

❹ 從事你感興趣的工作，你所有的努力、心血和付出、收穫都是快樂。

❺ 享受個人空間。不要總是想著工作，努力在每天都安排一段時間處理自己的事情，如與家人、朋友一起聚餐、看電影等。

❻ 更有效地組織你的工作，利用團隊來減緩你的工作壓力，可能的話把工作分攤或委派以減小工作強度。別認為你是唯一能夠做好這項工作的人，這樣可能會給自己帶來更多的工作，你的工作壓力就會膨脹許多倍了。

❼ 建立良好的辦公室關係，與同事們建立起有益的、愉快的合作關係；與老闆建立起有效的、支持性的關係，理解老闆的問題並讓老闆也理解你的問題，瞭解自己和老闆在工作中的權利和義務。

❽ 機遇是你自己創造的，抓住從身邊一溜小跑而過的機遇，不懈地努力，努力，再努力，從量變到質變就只是個時間問題了。

不要給自己無謂的壓力。你在職場中，每一份工作或是每一個工作環境都無法盡善盡美，到處都充斥著使人抬不起頭、挺不起胸的壓力。但是應該確信的是每一種工作中都有許多寶貴的經驗，每一次挫折後都有許多值得探索的價值。如果你一有困難就選擇退縮，一有沮喪就抱怨不止，一味地尋求別人的幫助，一味地去縱容自己驕橫無理取鬧的話，你所感受到的不滿，只會以同樣多的方式向你襲來，直到有一天你能意識到自己犯下的錯誤。

選擇遠離壓力去開開心心的工作吧！讓自己的心態不管是在成功的喜悅或是失敗的痛苦中，都重新回歸到零，將每天的工作看成新的開始，將每天的職場人生都過得津津有味，讓壓力化為動力，為你的工作和事業添上蜜糖吧！

chapter 05
別讓壓力毀了親情和友情

家，不只是單純的頭頂上的一塊瓦。當你躊躇滿
志準備踏向人生輝煌時；當你黯然失神經歷著痛
苦和挫折時；你就會迫切地需要感情這座屬於自
己的城堡，分享喜悅或是撫慰創傷。可是忙碌的
生活、緊張的工作，卻迫使我們戴上功利的假面。
如果你不能搞清楚在家庭中，在相契多年的知交
好友中自己所應當飾演的角色，這兩個人生中最
重要的感情支柱就會瞬間土崩瓦解。當你察覺到
喪失了這一切時，心情的痛苦就不僅僅是可以用
「失敗」來形容的了，當工作的壓力摧毀了親情
和友情的時候，生活還能剩下些什麼呢？所擁有
一切財富也不過成了海市蜃樓，失去了真實和幸
福。

🍃 1／ 呵護你的人生堡壘

家庭是生活中最難以處理、最複雜的事情了。但作為人們生命中的起點和支點來說，它確實功不可沒。雖然關於家庭和工作二者之間的矛盾衝突似乎從未間斷過，但不可否定的是它們對你的人生所做的貢獻，卻是巨大而且輝煌的。因此處理好壓力與你感情世界的關係，保持和諧一致性，是你人生是否能成功的重要標準。

當你成為早已獨立生活，有了自己意志和能力的成年人，當你以為你可以控制自己的生活和情感時，你的父母親來探望你了，於是不管手頭現在有多大權力、有多少金錢、有多高的地位，你只能變成一個在他們眼中慌裏慌張、毛手毛腳的小孩。尤其是在到醫院去看醫生時，你就會發現自己原來是那麼聽他們的話！

關於你的伴侶，我只能說，那個人在你生命中佔據著無可取代的位置。他/她不再是一個無關緊要的人。相反，他（她）已經深深地融入了你的靈魂和生命。也許已經組成家庭的你，或許只覺得日子煩悶和無聊，可是一旦你們離開彼此，傷害將是災難性的。因此你必須把這段感情看的比其他任何事情都值得關心和呵護。當然，還有你們血脈的延伸——孩子，這個倔強的小傢伙接受了你們賜與他的軀體，卻拒絕延續你們的靈魂，也許你會在培養孩子的過程中享受到幸福快樂，或是感受災難降臨的痛苦。但毋容置疑的是他們都是你最親密和最願意為之付出一切的人。

是的，你說我正是因為愛我們的家庭，正是因為我想讓所愛的人生活的更加幸福而加倍努力的工作。可是你要知道，幸福是由於人們能感受到的心靈交流出現的，並不是建造在豐富的物質條件之上。這不是在否定物質的基礎作用，而是說，別讓外界的壓力佔據了本該享受溫馨的家庭生活的時間和空間，別讓把你緊緊包圍的壓力，破壞掉這份來之不易的最寶貴的感情！

　　在你的旅途中，還有一種感情將與你密不可分，那就是——朋友。

　　當你準備一步步獨自走向生活之路時，你身邊總會多多少少出現過患難與共，願與你以真情相待的朋友。隨著所謂的「成熟」爬上你的心頭，那曾經遠逝的青春歲月、豆蔻年華，以及年少時的美好友情，都已經一去不復返了，「朋友」二字，也不知何時變成了純粹的利益關係，大家都在心照不宣地策劃著有利於自己的交際圈。當友情被披上了世俗的外衣，就不會再有暖融融的感覺了。所以有人說這是一個急功近利的時代。那麼我們應該如何經營這份在工作、職場、生活的層層束縛中，尚能得以倖存的真摯友情呢？

　　家庭、朋友、自由，人生因為常開的感情之花，而啜飲到花蜜的甜美芳香。

2／別把煩惱帶回家

　　在現代社會的家庭中，有百分之七十以上的家庭問題都是由於工作所導致的。勞碌了一天的人們回到家裏後，往往會往沙發裏一窩，什麼都不想做，並帶著滿腹的牢騷。在這個時候你的家人不得不承受你冷漠的態度或是狂暴的情緒。

　　你完全想錯了！「家」不單單是一個可有可無的提供休息和睡眠的地方，它的真實性在於你回到自己的小窩的那一刻起，便可以盡情地歡笑或是痛哭，可以酣暢淋漓地揮灑自己的感情，而不必再道貌岸然、裝模作樣。

　　每個人都離不開家庭的溫暖，當你感到外面的世界把你傷害了，讓你痛苦了，家，就成為心靈的避風港，你的親人就會成為可以依靠甚至是依賴的力量。但是職場中的你、我、大家，在白天進行了無休止的拼搏掙扎後，很難說我還可以留出許多精力來維持我的家庭生

活。或者你的親人們並不能在下班後按時回家。他們的生活世界已經完全被工作和工作相關的人所佔據了。這種只剩一個人的「家庭」，已經被那個獨自留家、獨自吃晚餐的人，覺得沒有再為之付出的必要了。因此家庭危機不可避免的產生。

工作已經牢牢地控制了我們一天三分之二的時間。越來越多的現代青年開始對家庭持冷漠態度，對感情不負責任。當有人問他，你在生活中得到了多少？他會驕傲地向你展示他的車子、房子、金子，但是唯獨缺少親情的他，確實是個情感的棄兒，是個不折不扣的可憐蟲。還有這樣的人，他們也擁有家庭，卻不懂得珍惜，他們無視妻子的疼愛，無視小孩還需要父慈母愛，而是把一天工作中所產生的煩惱情緒，一股腦兒地都宣洩在家人身上，責罵妻子，打孩子，搞得家裏雞飛狗跳，怨氣沖天，哭聲不斷。如果恰好孩子考了個不令人滿意的分數，家長會回來後家裏就翻了天──大大小小都要歷經一番「煉獄」的煎熬了。試問，這樣的人還有什麼資格要求「家」來給他溫暖呢？把家來當做自己出氣筒的人，早晚有一天會自食惡果。當他被列為家庭的頭號公敵時，恐怕單身的日子馬上就要開始了。朋友，趕快看看自己吧，一旦出現了這個苗頭，馬上學著控制好自己，別把壓力帶到家中來，帶到你最愛的和最不願傷害到的人身邊來。

趙明，民營企業老闆，已離異一年。趙明原來在一個機關單位上班，後來在妻子的支持下辭職下海，自己當起了老闆。在開頭的幾年，趙明處在艱苦創業階段，為了事業的發展，整天忙於奔波應酬，很少有空陪孩子老婆，就算回一趟家，不是喝的酩酊大醉，就是迅速地吃過飯鑽進自己的書房忙工作。往日的歡聲笑語在他們原本幸福的家庭裏已聽不到了。

剛開始妻子還耐心地聽他發牢騷、發脾氣，覺得自己可能幫他排解一下。可是到後來趙明竟因為在外面有了煩心的事，就指責在家照顧孩子的老婆不上班。還打起了孩子，只要趙明在家，就沒有一時三刻的消停時候。終於妻子忍不住了，和趙明離了婚。

這一年來，趙明過得很不好受：他雖然有超大面積的樓房，但卻冰冷的像旅館；他身邊有很多女人，但卻沒人會像前妻那樣叮囑他「開車小心」；沒有人會像前妻那樣做好可口的家常飯菜，等著他一同分享！也沒有教孩子讀書識字逛公園做遊戲的樂趣了，真是後悔莫及啊！

失去了家庭的人生，即使事業再成功、再輝煌，都掩蓋不了心底的滄桑和無人關懷呵護的傷痛。作為頂著幾千萬伏高壓辛苦打拼的職業人，若是讓工作情緒控制了你的大腦和行為，你失去的將要比從工作中得到的多得多。並且它會刺激你的神經，對你將產生難以估量的災難性影響。那麼如何才能避免將工作中的惱人情緒帶回家中呢？

❶ 當工作中湧現出突如其來的不滿或憤怒時，打開窗子或走到外邊去做深呼吸，看幾篇笑話，讓幽默化解心中的怒氣。

❷ 學會自我安慰。沒有人能做的盡善盡美，也沒有人永遠是正確的。不要讓自己一門心思都撲在工作上，更不要讓得失心理控制你的情緒。

❸ 你不必非要強迫自己成功。如果你有一位真心愛你的妻子，她會理解你，並且不會因為你的不算成功的人生，毀了她的一輩子的幸福。

❹ 增加你與家人的交流，瞭解傾訴的重要性。如果你不能在家庭外找其他的朋友排遣鬱悶的心情，就向你的伴侶和父母尋求這種精神的支持吧！

❺ 擁有你們共同的興趣愛好。可以是讀書或是鍛鍊等等。讓屬於自己的時間在做喜歡的事情中渡過，會增近你們的感情。

❻ 要知道把氣撒在孩子身上是完全錯誤的做法。在自己出現不良情緒的時候，可以找個公園回憶一下自己孩童時代的美好時光，回家後，你就不會看到那個淘氣的小東西而覺得生氣了。

你要記住，家庭是事業發展的基石。通往成功的路上充滿著坎坷崎嶇，沒有親人的幫助，誰也無法獨自承受失敗的打擊。不要再欺騙

自己，勇敢地對自己說：「我需要親人幫助我走向成功」！如果你已經擁有了港灣，就伸出你的雙臂，緊緊地將它摟在懷中，用百分之二百的心去珍惜它吧！

3 ╱ 造就成功的「小」人物

　　如果你已為人父母，就應該明白，你們創造出來的孩子只是繼承了你們的血脈，而並沒有繼承你們的靈魂。所以讓孩子做他們自己吧。

　　當你有了第一個孩子後，你們的生活會發生翻天覆地的變化。首先，你們從兩人世界變成了一個家庭，與此同時，各種關係也不可避免地發生了變化。你與愛人的關係發生改變，由此前認定的自己還只是個孩子變為孩子的父母，你父母親的角色也發生了變化，上升成為了祖父母。現在你可能這樣想了：「當時母親是怎樣為我做這一切的？他們是以何種方式培養我的呢？」當然，在孩子成長的每個階段你都會體驗到來自不同的挑戰和壓力，並且它們會為你今後的教育方式做出參考。

　　其實身為父母，都想為孩子創造一個良好的家庭環境，以有利於自己的孩子健康、幸福和積極地成長。「我這樣是否做對了，我這樣做是否能為孩子積累更多的財富。」這種擔心可能會帶來一定程度的壓力。從而對你的家庭、對你的伴侶及工作都造成影響。

　　再次，也是最重要的一點，面對培養孩子這個已經被提上日程的問題，你可能會依照自己的想法去辦，以便讓孩子完成自己未竟的事業或是未能實現的夢想。在人生的第一課上，你和你的愛人成為孩子靈魂構造的工程師。如果你的孩子無法幫你達成這個願望，而別人家的孩子不小心達到了，你將會感到深深的沮喪並且遷怒於孩子。

　　有人曾說：「如果父母是弓，孩子就是搭在弓上的箭。」孩子將

來之命運如何，會射向哪裡，會不會飛得更高、更遠，無疑將受父母這張弓的影響。因此父母一定要努力飾演好「良弓」的角色。讓孩子能夠自由快樂的成長。

然而，絕大多數的事實是家長們面對已有孩子的同事、朋友、親戚們的壓力，往往不能堅持自己尊重孩子們的選擇的初衷。在現代社會孩子之間的「攀比」風日漸興盛，為了讓自己在外人面前臉上有光彩，孩子便成為炫耀的資本，家長的心理作用到孩子身上，就給他們造成了難以言喻的重負，這對於整個家庭關係的發展來說是沒有任何好處的。

小朵今年上二年級了。學習成績一直在全班三十位小朋友中占中間。對此，她的父親很不滿意。每次當她拿著成績單回家，她父親看後就會怒氣沖沖：「你看你又考了這點分回來，我同事小左的女兒每次都得一百分，拿全班第一名。你看你，怎麼都不給我爭口氣！人家問起來，我都沒臉說自己的孩子就考這麼點兒分！」聽到這些，小朵似懂非懂的幼小心靈再也承受不住了，哇地哭出來。她父親吼道：「你就知道哭！不准哭了，回房間寫作業去！」從此小朵越來越懼怕考試。

有一次父母親帶小朵和鄰居一家三口去動物園玩，逛百貨公司時鄰居為自己大小朵兩歲的兒子買了電子琴。父母也給小朵買了一個，並且給她報了才藝班。由於小朵打心眼裏不喜歡，也就沒好好學，結果父親又說她笨，沒出息。

在按照父親的意思又參加了美術書法班、舞蹈班，最後又進了對她來說不啻為「地獄」的數學班後，剛上三年級的小朵終於忍不住了，小小年紀就離家出走要到很遠的地方找疼愛她的爺爺奶奶。她沒有錢，竟走著上路了。等員警發現這個迷路的小孩兒後，她已經離開家兩天兩夜了……

幸好結局沒出什麼事故，否則不曉得這將會給她的家庭帶來多大的痛苦，給社會帶來多大的震憾。這是個真實的故事，就發生在我的

身邊。這件事情發生後，小朵的父親終於不再逼孩子了，她也慢慢走上了正常的道路。只是曾經的傷痛變成了難以忘記的夢魘，再也揮之不去了。

作為父母，你真的愛護孩子、瞭解孩子嗎？你真正讓他們感到自己是在被愛的氛圍中成長著嗎？你有沒有仔細並且認真地聽孩子講述自己的心裏話呢？如果回答是否定的，那你可就要當心了，這些早已有自己思想的小東西們，正在暗地的反抗中和你的初衷背道而馳。

為了培養孩子，你肩負的壓力是巨大的，既有來自外界的，又有來自家庭的。在你看來，幾乎每一個人都在注視你是否能把孩子培養的出色，並以此來衡量你的人生是否成功，是否會令人心生羨慕。但是如果你把這種壓力轉嫁到孩子身上，即使最後你的目的達到了，孩子也不會覺得自己所取得的成績是幸福的。對他們來說，無數的嚴厲的教訓是人生的一場惡夢。只有因材施教，尊重孩子的天賦及創造力，才會使你們共同走向成功。

歌德說：「世上所有做父親的都有一種真摯的願望，就是想目睹本身所不能成的事業，被自己的兒子所完成，似乎他們想以此獲得再生，並且好好應用前一輩子的經驗。」

對孩子的教育，就是一種矛盾。在歌德家裏，父親對孩子寄託著繼承父業的希望。但是雖然十八歲的小奧克斯特，對六十多歲的老父懷著深深的眷戀、熱愛，及有一種朋友間親密的友好之情，但他仍講求實際，忠於自己不願從事文學創作的想法。歌德與兒子幾經交涉後，終於決定給兒子人生自主的權利，於是按照孩子的要求，讓兒子進大學學了法律，儘管他因此顯得不高興。不過歌德又以這樣的思想來安慰自己：比起文學來，青年時代的他自己更多研究的是法律。

他給兒子的信是冷淡的，也是善意的，完全不帶個人口氣，常常顯得十分枯燥。信中他從不說個人，也從不簽名，而是非常客氣地對兒子進行教誨，向他解釋：為什麼要求他節儉，為什麼希望他多花點時間在寫信上。

奧古斯特大學畢業，歌德向公爵呈信，請求公爵讓奧古斯特工作，於是奧古斯特很快成為法庭陪審員。

這位德國最優秀的詩人，寫了三十多年的文學巨匠，為了兒子的發展，從來不讓他知道自己的作品和自己的本質，從來不讓他接近自己的作品，很少讓他接觸信，也從來不問他喜歡不喜歡這些。

他愛兒子，以他獨特的方式。他並不因為自己是文學界的泰山北斗，而要求兒子繼承自己的衣缽。他尊重兒子的選擇，認為兒子可以選擇自己的人生之路。於是他便給予了。並且在這個過程中，他所頂住的來自外界的流言和壓力是可想而知的，他這麼做，只是因為無私的父愛。

所以如果你想要培養出讓人羨慕的優秀的孩子，千萬不要讓旁人的指指點點，左右你對孩子感情和興趣的尊重。否則只會惡化你們之間的親情。這樣的父子、母女關係，又有什麼幸福可言呢！

如果想要造就成功的父母和優秀的孩子，你應該這樣培養他們：

❶ 正確對待孩子的特點和表現

你的孩子會有一些與眾不同的奇思怪想，父母切忌隨意譏笑孩子，更不要說：「你怎麼不像某某孩子那樣聽話，那樣好成績？」這樣的話，會使孩子的創造力喪失，取而代之的是自我否定。

❷ 創造良好的條件和環境

若要孩子發展自己的興趣，非得營造環境不可。父母可以買一些孩子看得懂的他們喜歡的某一典型的故事書籍；玩具壞了，不必動不動就買新的，可以提供一些簡單工具，讓孩子自己動手改造。

❸ 讓孩子學會模仿

創造在於求新求變，而求新求變一定要在原來成功原型的基礎之上。

模仿是所有成功人士的童年，沒有模仿，就沒有創造，就不能很好地把前人的成就模仿繼承過來並發揚光大。不是站在巨人的肩頭上，任何人也不能有所成就。

❹ 鼓勵孩子的創造

日常生活中，孩子在某些他們喜歡的方面的創造性，往往很難得到鼓勵，這是做父母的誤區。

❺ 發現孩子的特長

孩子對某種事物表現出高度的注意力，並表現出具有某種專長的智慧品質，當你發現這一特點後應該馬上因材施教，對孩子進行培養，千萬不要讓孩子依照自己的想法發展而抹殺他們的「天分」。

愛爾維修說：「即使是普通的孩子，只要教育得法，也會成為不平凡的人。」每個孩子都是一塊純淨的水晶，只要你教育得當，他們就會感受到力量，感受到愛，並會以不同的方式來回報你們。身為父母，讓孩子走自己的路去吧！自己的夢實不實現要靠自己的努力，讓孩子去發揮想像力建造自己的人生宮殿吧！這會使你在獲得信賴和尊重的同時，更會讓孩子成功，讓孩子愛你們。

4／家庭是事業的「擎天柱」

在職場上，許多人都說家庭的和睦與事業的成功是水火不容的。

但實際上，它們應該是互動關係，只有得到家人的關心和支持，事業才能取得更大的成功。

我們聽得最多的夫妻間的抱怨，就是對工作方面的不滿了。「你根本沒有時間可以留給我」，一天二十四小時，只有吃晚飯的一會兒才能看到你，然後你又鑽進書房忙工作了！」這曾是女人對於事業成功或是走在創業路上的愛人最常見的埋怨，不過現在男人們也越來越經常地抱怨他們的愛人太專注工作，因而忽視家庭了。企業和私人顧問君特・F・格霍斯先生是長期從事對工作和私人生活研究的專家，他提出了一個值得人們關注的結論：成功人士在工作中所獲得的各項能力，同樣能在婚姻生活中發揮很好的作用。簡單地說，如果一個人

在工作中能夠表現得出色，那麼他就有能力打造自己的幸福美滿的婚姻。

夫妻關係是需要悉心經營才能生存下去的。但在這裏，金錢和利潤不再是重要因素，唯有家庭間的親情溫情，才是夫妻關係得以延續和發展的資本。你必須全心付出並小心謹慎地對待這分溫情，就像你在工作中和苦心營造的人際關係打交道一樣。在工作中為了收穫更多，你會付出多少時間和金錢呢？答案很簡單。類似的，對待家人你同樣也要多一些溫情和體貼，只有這樣你才不會有「後院起火」的可能。

你要知道，金錢再多也是換不來幸福的。即使你富可敵國，也未必有一個人真心願意為你縫衣補襪。聰明人是懂得平衡家庭和工作間的關係的。他們絕不會將全部都放在一個口袋裏。事實也證明，唯有家庭幸福，才會有你的人生發展。

大文豪普希金就是一個例子。他娶了貌美的妻子後，仍舊一心撲在浪漫的詩歌創作上，他以為同樣深愛他的妻子會一直等他，默默地站在他的身後。可是年青的妻子卻不這麼認為。由於她經常得不到關愛，心中異常的抑鬱煩悶，苦無傾訴對象，也無能為力。沒辦法，誰讓丈夫將文學作為自己的情人了呢？

正當普希金在品嘗新婚的甜美滋味，並以此萌發的濃烈愛意激情下，創作出舉世聞名的作品時，妻子卻再也無法忍受丈夫對自己的冷漠，和另一位善解人意的貴族青年墜入情網。最後這位天才詩人隕落在情敵的子彈之下。

還有一位文學巨匠——托爾斯泰。這位創作了《安娜·卡列尼娜》、《戰爭與和平》等鴻篇巨作的大師，卻長年與共同攜手人生之路的妻子不和，以致於在七十多歲高齡時滿心痛苦的離家出走，最後一個人孤零零地死在曾給他留下了美好回憶的小鎮上。

很難說，也許事業的成功確實是一種幸福，它是可以慰藉人們要「爭口氣」的遠大抱負，但是喪失了家庭關愛的人們，卻飽受著心靈

的煎熬。他們生命就此孤獨的消失，人們卻無法替他們惋惜。生命為太多事物所累的名譽、金錢、地位……而無法享受家庭的快樂。

今天，人們之間想要維持一種奉獻的、充滿活力和生機的關係實在太困難了。不信？看看你自己就知道了！夫妻今天要面對的問題包括個人財務、職業和雙方職業考慮、太多的責任、教養小孩、健康、贍養老人——和其他一大堆煩人鬧心的問題。因此才產生無盡的壓力和壓力重負下毀掉的家庭。

這些事業上取得了巨大成功的人，你覺得他們會因此而體味到幸福嗎？也許在他們的內心裏，有的只是喜悅之情吧。家庭的和美是多少富人羨慕得想用盡辦法去換卻換不來的。

家庭，從某種意義上來說，應該是一個緊密結合的團隊，只有這個團隊給你強有力的支援，你才能獲得成功和幸福的雙豐收。所以說協調好家庭和工作之間的關係是十分重要的事情。試想一下，如果你想做一件事，連和你最為密切的伴侶都不贊成的話，那麼除非你捨棄家庭離家出走，去開創全新的天地，否則你成功的可能性為零。當然家庭中的愛和溫暖，也是一個人走向成功的催化劑。

那是一個寒冷的冬日，霍桑像平日一樣，精神煥發地來到辦公室。突然，他發現自己的桌子上放著一封信。他平靜地拆開信，卻被上面的內容驚呆了。原來那是一份解雇通知書。從那一刻起，他失去了自己心愛的工作和經濟來源。

他像一片落葉似的孤零零地離開了辦公室，在街上茫然地轉著，像一個沒有目標、方向的遊魂，最後垂頭喪氣地回了家。他很害怕將這個壞消息告訴妻子，更害怕這溫馨平和的家因為他的失業，而掀起軒然大波。但他妻子還是從他的神情上看出了有不幸的事即將發生的苗頭，但同時怕刺痛他沮喪的心，便一直保持著沉默，等待霍桑自己把這種沉寂劃破。

晚上，霍桑終於把自己被解雇的消息告訴了妻子。妻子聽完後，立刻走了出去，端了盆熊熊的炭火進來，房間裏陡然間增添了幾許溫

暖、幾許光明。然後她取出紙和筆放在桌上，溫柔地笑著對霍桑說：
「現在你終於有充足的時間可以開始寫作了。」

一句話，猶如一盞明燈，照亮了霍桑陰霾的心空，他的眼前頓時
展開了一片新天地。憑著妻子的鼓勵，他終於寫出了光耀人世的偉大
著作──《紅字》。

霍桑擁有一位富有智慧而又時刻支持他的妻子，正是由於她的寬
厚和溫情，才使霍桑從失業給家庭帶來的巨大壓力中走了出來，並化
壓力為動力，終成一代文豪。他的成功，他的妻子起碼有一半的功
勞。

家庭和你伴侶的愛，是一種使人奮發向上的力量。俗話說：「夫
妻同心，其利斷金。」就是指伴侶對你的人生和事業的重要性。因
此，如果你有志於事業發展，想取得人生的成功的話，完全拋棄家庭
只在工作上拼命的錯誤做法是必須嚴令禁止的。不然的話，留給自己
的是心靈的創傷。而且在世人眼裏你也很可能是一個失敗者。

那麼從現在起，你該如何來協調家庭和工作的關係呢？

❶ 你制訂的計畫，不妨多問問愛人的意見。他（她）比你的同
事朋友更冷靜、更清醒，更能客觀地看到你在哪些方面浪費了時間和
精力，同時，他/她也更瞭解你的長處和你的長遠目標。

❷ 你一定要重視你對工作時間的計畫，你對待這方面的投入要
像對待金錢一樣，把自己的家庭時間當做備用時間，當工作時間不夠
用時，你會很自然地佔用它，這種做法顯然是不對的。正確的方法是
該和妻兒在一起時，關掉所有電話，盡情享受樂趣。

❸ 假如你的老闆想讓你在節假日加班，你可以大膽地說：「這
個我得先和我愛人商量一下。」不要忘了，你和她（他）一起生活。
這時你的老闆不得不考慮能夠說服你愛人的理由了。

❹ 忙碌的工作後，你應該忘掉一切煩惱，輕鬆快樂地回到家
中──儘管這聽上去有些不大現實，不過你還是要努力去做。讓自己
每天都可以精力充沛地回到家裏，給整個家庭帶來生氣。

❺ 如果有可能，讓你的愛人參與到你的工作中來。當然不是要你的伴侶做單調的僕役工作，而是讓他（她）成為你的助手，和你共同體味工作進程中的痛苦與快樂。這樣也能增強你們彼此間的瞭解。

和諧的生活是悉心營造出來的，策劃權在每一個人的手中。當你的伴侶開始全力以赴支援你的事業時，距離成功也就沒有太遠的距離了。並且在整個過程中，你會享受到最大的幸福。

🌿 5 ╱ 給愛情留一點小秘密

很多成家立業的人都會說，婚姻是愛情的墳墓，婚姻是人生的一座牢籠。為什麼呢，難道和自己心愛的人在一起生活有什麼不好嗎？幹嘛要把它形容成人生的洪水猛獸呢，婚姻應該是人生最美好的伊甸園啊。沒錯，原本是應該如此的。可是當你結婚之後，肯定會察覺出你的生活正在一步步的被「絕對坦然」所侵蝕，變得些許陌生了。你和愛人之間已經充分瞭解了，當初熱戀時的那種緊張刺激和令人嚮往的神秘感消失殆盡。你都必須把自己的單獨的時間空間貢獻出來參加二人集體活動，因此對彼此一舉一動真是太熟悉不過了！沒有秘密的日子像杯被沖淡了的茶水，索然無味，當初一切讓你心動不已的動作已經成為習慣，你就不會為之再次付出感情的衝動了。同時，沒有了獨立的隱私權，你將會覺得相當的不安全，總是覺得背後有雙眼睛盯著你，即使這是來自於愛人的目光。你的愛人給你「制訂」出「交出所有的秘密」產生出來的壓力太大了，於是婚姻就會變得充斥著抱怨和不滿。愛情，也必定會在壓力的脅迫之下走上覆亡之路。因此想給你的婚姻貼上保鮮膜，就要從尊重彼此的「情感隱私」、「生活隱私」開始，這不是跨出分道揚鑣的第一步，而是大度的留給彼此間的心靈緩衝距離，是你給愛人的最大的信任。其實一個人一生只要婚姻不發生變數，朝夕面對愛人，有一輩子時間可以投進去，少待在一起

一點時間無關緊要；而是用這個時間去轉換空間，卻可以叫人好好透口氣，這段時間裏你可以不對任何人負責，隨心所欲的享受自己的生活就好。看，你又找回在婚後丟失的自由了！

有一種觀念，認為相愛的夫婦間必須絕對忠誠，對各自的行為乃至思想不得有絲毫隱瞞，否則便是褻瀆了純潔的愛和神聖的婚姻。然而當你有了足夠的閱歷後便會知道，這是一種多麼幼稚的觀念。問題在於即使是極深篤的愛緣，或者說正因為是極深篤的愛緣，才讓彼此白頭偕老，共度人生，那麼在這漫長歲月中，愛情的雙方怎麼可能沒有自己的若干小秘密呢？

當然，愛侶之間應該有基本的誠實和相當的透明度。但是萬事都有個限度，水至清則無魚。苛求絕對誠實反而會釀成不信任的氛圍，甚至會讓愛人感到你對他像是在看管犯人，沒有絲毫的自由。在這種壓力之下過日子，就會使不少原本恩愛夫妻被逼出了欺騙和偽善。

一方面基於愛和信任，另一方面基於對人性弱點的寬容。因此愛情的雙方最明智的選擇便是不要把對方看死、抓牢，而應該留出一個空間，讓彼此在一定距離的兩端互相欣賞、互相渴慕，才能和諧共處。

一個即將出嫁的女孩，向她的母親提了一個問題：「媽媽，婚後我該怎樣把握愛情呢？」

「傻孩子，愛情怎麼能把握呢？」母親詫異道。

「那愛情為什麼不能把握呢？」女孩疑惑地追問。

母親聽了女孩的問話，溫情地笑了笑，然後慢慢地蹲下，從地上捧起一捧沙子，送到女兒的面前。女孩發現那捧沙子在母親的手裏，圓圓滿滿的，沒有一點流失，沒有一點撒落。接著母親用力將雙手握緊，沙子立刻從母親的指縫間瀉落下來。當母親再把手張開時，原來那捧沙子已所剩無幾，其團團圓圓的形狀，也早已被壓得扁扁的，毫無美感可言。

女孩望著母親手中的沙子，領悟地點點頭。

　　其實那位母親是要告訴她的女兒：愛情無須刻意去把握，越是想抓牢自己的愛情，反而越容易失去對方、失去彼此，二人之間的愛情如果攥的太緊，就會被擠壓成毫無美感的形式。因此想要擁有美妙和忠誠的婚姻，就需要保持距離和寬容。女孩若有所悟的點點頭。當我們於現實中看到無數的男女不會經營情感，要求對方對自己絕對忠誠，卻又承受不住這種壓力，最終鬧得兩敗俱傷時，不禁為他們扼腕歎息。給對方一點空間，愛情便多了一方舒展的天地；給對方一點善意的諒解，愛情便多了一些茁壯成長的力量；給對方多一點溫柔的守望，愛情留下的會是一生的成功。

　　下面的感人故事，雖然和我們探討的主題不是完全相扣，但卻從另一個角度說明了「情感隱私」對於維護彼此的情感，有著多麼巨大的作用。

　　他和她的相識是在一個宴會上，那時的她年輕美麗，身邊有很多的追求者，而他卻是一個很普通的人。因此當宴會結束，他邀請她一塊去喝咖啡的時候，她很吃驚。然而出於禮貌，她還是答應了。

　　坐在咖啡館裏，兩個人之間的氣氛很是尷尬，沒有什麼話題，她只想儘快結束。但是當小姐把咖啡端上來的時候，他卻突然說：「麻煩你拿點鹽過來，我喝咖啡習慣放點鹽。」當時她愣了，小姐也愣了，大家的目光都集中到了他身上，以至於他的臉都紅了。

　　小姐把鹽拿過來後，他放了點進去，慢慢地喝著。她是好奇心很重的女子，於是很好奇地問他：「你為什麼要加鹽呢？」

　　他沉默了一會，慢得幾乎是一字一頓地說：「小時候我家住在海邊，我老是在海裏泡著，海浪打過來，海水湧進嘴裏又苦又鹹。現在很久沒回家了，咖啡裡加鹽，就算是想家的一種表現吧。」

　　她突然被打動了。因為這是她第一次聽到男人在她面前說想家。她認為想家的男人必定是顧家的男人，而顧家的男人必定是愛家的男人。她忽然有一種傾訴的慾望，跟他說起了她遠在千里之外的故鄉，冷冰冰的氣氛漸漸地變得融洽起來。兩個人聊了很久，並且她沒有拒

絕他送她回家。

再以後，兩個人頻繁的約會，她發現他實際上是一個很好的男人，大度、細心、體貼，符合她所欣賞的優秀男人應該具有的特性。她暗自慶幸，幸虧當時的禮貌，才沒有和他擦肩而過。她帶他去遍了城裏的每家咖啡館，每次都是她說：「請拿些鹽來好嗎？我的朋友喜歡咖啡裡加鹽。」再後來，就像童話書裏所寫的一樣，「王子和公主結婚了，從此過著幸福的生活」。他們確實過得很幸福，而且一過就是四十多年，直到他因病去世。

故事似乎要結束了，如果沒有那封信的話。

那封信是他臨終前寫的，寫給她的：「原諒我一直都欺騙了你，還記得第一次請你喝咖啡嗎？當時氣氛差極了，我很難受，也很緊張，不知怎麼想的，竟然叫小姐說拿些鹽來，其實我是不加鹽的，當時既然說出來了，只好將錯就錯了。沒想到竟然引起了你的好奇心，這一下，讓我喝了半輩子的加鹽的咖啡。有好多次我都想告訴你，可我怕你會生氣，更怕你會因此離開我。」

「現在我終於不怕了，因為我就要死了，死人總是很容易被原諒的，對不對？今生得到你是我最大的幸福，如果有來生，我還希望能娶到你，只是我可不想再喝加鹽的咖啡了。咖啡裡加鹽，你不知道那味道有多難喝。咖啡裡加鹽，我當時是怎麼想出來的！」

信的內容讓她吃驚，同時有一種被騙的感覺。然而他不知道，她多想告訴他：她是多麼高興，有人為了她，能夠做出這樣的一生一世的欺騙……

故事中是主角的「情感隱私」，並沒有發生在另外的「第三者」或別的人身上，而是在相愛的兩個人身上上演，但這種略帶一點欺騙的「隱私」，其中該包含著多少愛意、包容、善意以及感人的力量啊！如果當初連這點隱私都被曝光出來，那這場原本幸福的婚姻一定會以失敗而告終。

或許獨立空間僅僅是那些存在於內心深處和現實世界中的不願與

人分享的人生往事和經歷，並不是帶有任何是非善惡的見不得光的晦暗事情。可是你的過分追根問底，卻會讓對方心裏感到不安和厭惡，感到自己被冒犯了，然後就會真的想嘗試一下「出軌」的滋味，來對你的嚴格看管進行打擊報復。這正是在現代社會婚姻關係中裂縫產生的主要原因。不要怪別人，正是因為你的偏執，把你的愛人「逼上梁山」的。對待愛情，對待婚姻，應該留出怎樣一個空間呢？

❶ 雖然你們完全屬於彼此，但也並不是說你們都必須交出所有的隱私，完全讓感情赤裸相對。如果你非要這樣去做的話，你就會發現生活越來越沒有新鮮感了。不要歸咎於熟悉，而是要反省自己為什麼連一點隱秘的空間都不給愛人留下。也許保持一定的距離，你們將會更加珍惜對方。

❷ 俗話說小別勝新婚。如果你的生活已經過得有些膩味了，你和愛人可以籌畫一場旅行，或者其中一方乾脆消失幾個星期，這樣你就會發現原來自己還是如此想念他/她。你的愛人會由於過了一段時間的單身時光而變得神秘起來，這讓你迫不及待的想要靠近他/她，深入的瞭解他/她。

❸ 不要緊緊盯住對方的秘密不放，以為一定有什麼不可告人的原因。無論是誰遭到無端猜忌時，心情都是異常憤怒的，所以對於往事採取睜一隻眼閉一隻眼的態度是最明智的，它往往會成為化解嚴重家庭危機的有力武器。

❹ 對待家庭中出現的 AA 制問題不用過於恐慌，因為在現代社會，已經有越來越多的家庭投身到 AA 制大軍中來。這也是說明年輕的夫妻們更願意注重和保留出自己的獨享空間了。這樣做沒什麼不好，至少你可以不必把錢全部上交，以至於剛一發薪水還沒見到錢就提前「月光」了。你有支配自己薪資的權力，可以用它來繼續享受你的自由人生。

婚姻是無期限的一張合同書，大家都認為其中規定有不令人滿意之處而提前終止的權力。如果你不願意發生「家破人無」的痛苦事

件，就最好不要給愛人過分的限制，不要試圖剖空一個人的靈魂，否則無論是哪個當初鄭重宣佈和你共度一生的人，都會被嚇跑的。愛情雖然無價，但親密仍需有「間」，給彼此一段距離，你將會收穫輕鬆與幸福。

6 ／ 美好的假日時光，請你和家人一起分享

　　雖然你十分喜歡在節假日時和家人一起共享天倫，但這個願望看起來難以實現——你必須加班、參加朋友派對或是為渡過一個看起來「有意義」的假日做充分的準備，你還要應一些邀請去旅行、參加宴會……總之，假日再也不僅僅屬於家庭了，而是屬於所有人。

　　假日本應該是用來放鬆的美好時光，但是有時不得不應付來自四面八方的壓力，導致「假」不像「假」了。

　　對於許多人來說，節假日是充滿期待的歡樂日子，也可能是一個充滿很大壓力和失望的時刻。首先，可以確信不疑的是在你的潛意識裏，是想給自己和家人一個甜蜜的佈滿陽光美食的這樣一個充滿快樂和幸福的節日，其實，只要你如此想了，這就立即給自己施加了壓力。如果你感覺不好，你就有可能產生孤立感，彷彿錯誤都是由你造成的。其次，你改變了原有的安排，置身於不同的環境之中。你可能不明白為什麼自己到了一個水土不服的國家，或者是一個高朋滿座的家庭聚會，而其中的有些親戚讓你無法相處。坐到座位上時你就開始了後悔的思索路程，為什麼不老老實實地待在家裏充分休息和享受自己的時光，為什麼要讓自己變得這麼難受。第三，節假日裏你要做出大量的決定和計畫——去什麼地方、邀請誰、吃什麼以及開支多少或者乾脆去加班，做那些看上去永遠完成不了的工作等等。

　　反正事實是你的假日不是越來越少，而是越來越不用在與你家人的共處和休息上了。因為你有太多的事充斥著本來就不富裕的假日空

間。這樣對待你的時間，很容易產生一種後果，就是家庭面臨的「分崩離析」。如果你是雙收入家庭，那麼「家」在某種意義上倒像個冷冰冰的旅館，絲毫沒有溫情可言，所以要記得，把假日還給家人，然後充分體會這種幸福吧！

一個週末，萊人應一位升任總經理之職的同學的邀請，去參加一個飯局。酒足飯飽之後，又去唱歌。在 KTV 包廂裏，這位總經理的手機突然響了，他打開了手機，裏面傳來一個小女孩奶聲奶氣的聲音：「爸爸，你怎麼還不回家？我想你，媽媽也想你……我已經好幾個週末都沒你陪著去動物園看動物了。」這位總經理一怔，知道對方打錯電話了，他沒有這麼奶聲奶氣的女兒，他的兒子正在國外的大學裏讀書。他剛想說，你打錯電話了，我不是你爸爸。但愣一下，沒有說，不由自主地隨聲應道：「你……你是……」「我是寶寶啊，爸爸，我是寶寶」「乖……好，爸爸馬上就回家……告訴媽媽，爸爸馬上就回家……」隨後，這位同學一言不發地坐在那裏，大夥也不明白發生了什麼事情，須臾，這位老兄向大夥抱歉地告辭：「對不起，我家有點兒事，我先走一步，失陪了，不好意思，實在不好意思。」

事後講了這件事，他說：「就在和小女孩對話的那一刻，一種對孩子、對妻子的愧疚感，驀地襲上心頭，我一時也不想耽擱，必須馬上回家。說真的，我都不知道自己有多久沒在家裏過週末了，應酬佔據了我所有的假日……」

無論何時，家都是你最溫暖的依靠，應酬也好，聚會也罷，千萬不要把休假的日子全浪費在上面。它們所給你的，除了疲憊只剩下空虛了。並不是說你要為了家庭而放棄所有的朋友間的往來。只是說不要忽視你的家人，別等失去他們了才後悔。

如果要享受假日所帶來的美好感覺，讓我們一起來著手準備吧！

❶ 如果是必須做的，就要為聚會做好準備。先做好安排，隨後才會輕鬆。首先，儘早做出有難度的決定，訂好時間並列出清單，這樣就知道自己要做什麼，何時去做，怎麼去做，這樣才不會到時因來

不及而手忙腳亂。

❷ 共同參與。不要單打獨幹，使自己成為疲憊的犧牲物品。很多準備工作都可以共同承擔的。分配任務並要求別人提供幫助。公開地進行交流並對有些事情說「不」。如果是你一個人承擔所有的一切，你就有可能產生不滿情緒。

❸ 在假日中，保留自己的私人空間。在日常的生活與繁忙的社會活動之間留出屬於自己的一片天地。有計劃地安排時間來讓自己有充電和休息的機會，即使只是很短的一段時間也是非常有益的。

❹ 表露自己的情感。如果你感覺不好或者是情緒低落時，把自己的情感向親近的人傾訴，或者是把它們記錄下來。

❺ 避免超支。制訂預算並嚴格按照預算執行。有些人還喜歡把節假日的支出單獨列出。這確實是項規劃家庭開支的好辦法。

❻ 挑戰焦慮思想。如果在假日裏你發現自己處於焦慮的狀態，以「保持冷靜，按部就班去做，一切都會好起來的」之類的思想，來取代「有太多的事情要做，我肯定無法及時做好準備」這些消極思想。

不要對假日的期望值太高，否則一旦節假日過的不如你所願，或是沒達到預期目的和效果，你就不會有那麼多失望的感覺。

如果你還在為假日的勞碌和了無生趣煩惱著，就試著解放自己吧。和家人在一起共度美好時光，假日即使再短暫，工作即使再繁忙，那又怎樣？在家的人才是幸福的，把假日還給你的親人，對你來說應該算不上什麼難事。

7 ╱ 設計好你們的金秋之旅

不知不覺，你的身體開始發福，腿腳也不如前些年那樣有勁兒了。臉上的皮膚開始乾癟，有皺紋，不管你願不願意承認，你都已經

老了。於是你感到周圍一切都在對你施壓，尤其是那與你人生經驗始終成不了正比的薪資。你開始發怒了，陷入一層又一層的中年危機感中。並且這種氣氛迅速向你的其他家庭成員襲去。

人生就像一場登山運動，越向上走，越離真實的人們越遠，越感到孤單，越覺得失望和危機四伏。

年過四十，意味著生命可能已過了一半，你開始注意到歲月留下的痕跡，如頭髮變得灰白、體重增加並出現皺紋。你還可能發現在情感上，這也是一段很有壓力的時間，相伴多年的愛人對於你來說已經沒有吸引力了，所以你也有了婚外情或者是離婚。孩子們都已經獨立生活了，甚至有的成家立業。你的父親去世了，再有了生活問題不知道該對誰傾訴。四十幾歲也可能是一段壓力很大的時期。其間，絕大部分的生活轉變都有可能發生，經過多年的奮鬥，你的理想抱負也可能失敗或是達到頂峰，此時感到厭倦或者是對遠大理想不再奢望是很正常的。你可能會想「下半輩子我可不想這樣活了，今生過的真是無聊透頂，我浪費了太多的人生了」。這還有可能是一段即使沒離異，也使你重新審視自己的婚姻關係，並發現其中似乎有所缺陷的時間。

四十幾歲時，你已經進入一段充滿危機的時期，會發生一些行將就木前孤注一擲的行為。導致了無數的家庭危機。同樣地，那些常年累月做同一種工作的人，也可能會有需要一種全新體驗的感覺。他們重新記起自己的夢想並決定實現它。

總之，這將是一大段充滿壓力的日子，被它所破壞的家庭已不計其數。如果正處在這個階段，你就要多加小心了，一不留神就會失去家庭的親情，要想重新找回來可就難上加難了。

任某在一家律師事務所任職，衣著貴氣、風度翩翩。別人看著他時，眼裏總是透著羨慕！事業上一帆風順，家中還有一位如花美眷，人生至此，夫復何求？其實別看任某表面風光，他也有一肚子的苦惱。妻子比任某小七歲，年輕漂亮，大學畢業後就嫁給了他，現在在家中做全職太太。妻子沒什麼不好，但總是把生活重心放在他身上，

這讓任某有種被動、壓抑的感覺。但最近任某的煩惱又添了一件，那就是他的情人小凡。小凡是事務所的一名實習生，活潑美麗，儘管知道任某已經有了妻子、孩子，還是不顧一切地成了他的情人。做為事業上的助手，小凡猶如一縷春風吹醒了他人到中年的疲憊之心。終於任某和妻子攤了牌，離了婚，妻子帶走了十四歲的女兒。在任某正在慶幸自己終於解脫了，終於可以開始人生的第二春時，事務所因為他口碑不好把他辭退了，他的情人小凡也棄他而去，像金絲鳥又另攀高枝了。

男人剛開始婚外戀時，會覺得一切都顯得新鮮刺激，整個人都年輕了十歲，好像又重溫了過去戀愛的種種。期待電話的心情，怦然心跳的感覺，或是興奮地想要引吭高歌，或是一股暖流湧過心頭。整個人好像活在夢幻中，輕飄飄地。

但很快他就會發現自己如今除了要向妻子盡義務外，也要向情婦盡義務。他必須同時滿足兩個人對他的期望。因此他在兩個人之間疲於奔命，沒有一點屬於自己的時間。剛開始原以為自己找到了一處沒有責任、可以自由休憩的「世外桃源」，沒想到如今這塊樂土也變成有義務、也有要負責任的負擔。

因此當初是抱著想要找一處可以不必負責任的愛情，作為暫時棲身之所的動機的男士，到了這個時候開始打退堂鼓了。

男人們的家庭觀念都很強，但偏又忍不住外界的誘惑，吃著碗裏的，看著鍋裏的，總幻想著「賢妻美妾」的生活。這種想法其實很可笑，有部反應中年人情感的大陸電影《一聲歎息》中的那位可憐的丈夫，就是一些人的真實寫照。

很多男人開始婚外情，都是為了尋找一段新鮮的刺激，並不想因此失去好丈夫、好父親的名譽。但實際上，一旦他們邁出這一步，未來的發展就不是他們能控制的了。即使僥倖能回到妻子的身邊，也得永遠揹負違背家庭道德的罪名。為了一段偷偷摸摸的歡愉，鬧成這樣值得嗎？

　　張愛玲在小說《紅玫瑰與白玫瑰》中寫道：每個男人心中都有兩個女人，一個是紅玫瑰，一個是白玫瑰。娶了白的，白的就變成了桌上的一個米飯粒，紅的就是胸口永遠的朱砂痣；娶了紅的，紅的就成了牆上的一抹蚊子血，白的則是床頭永遠的明月光。當你和妻子共同生活了二十年後，你開始厭倦起來：她怎麼這麼粗俗和無趣？於是你開始強烈地想念起當年那個「她」。這種想法是極其危險的，不管你是「意動」還是「行動」，都必然會傷害到你的家庭，給夫妻關係蒙上一層難以磨滅的陰影。

　　李峰是一名機關職員，這幾年他發現自己對妻子越來越厭倦了！結婚的最初幾年，李峰也感動於她為家庭付出的一切，可後來，一年又一年，他看到的是個只會看好家、帶好孩子、照顧好老人的保姆。李峰畢竟是個情感豐富的男人，雖然已經不太年輕，但仍然需要激情。可她似乎根本不懂這一切。而且她也變的那麼庸俗，為了幾塊錢和小販爭來講去；到處聽閒話；只看無聊電視劇……就在這種情況下，芸闖入了李峰的感情世界。芸是他的中學同學，如今在一個研究機構任職。一次同學聚會上的意外相逢，李峰的內心開始泛起層層漣漪。那一晚，他沒有睡好，眼前晃動的總是芸的身影。比起妻子，芸最吸引李峰的地方是浪漫、有情趣。

　　自聚會後，李峰時常會有與她聊天的衝動。那天值班，他便給她打了個電話，談笑間，芸的儒雅的談吐和機智話語，讓李峰聯想起讀書時她翩翩的舞姿和悅耳的歌聲。在與她的交流過程中，李峰彷彿回到了久違的年輕時代。自此，他開始頻頻給她打電話，話越嘮越近，關係越來越親。情人節前一天，李峰發訊息約芸見面，她卻沒有回覆，李峰跑到公司附近的花店，買了一束紅玫瑰，請花店送到芸的單位。晚上他們見面了，但沒發生什麼，都是成年人，知道這種交往最終會通向何方。他們說好了，雙方都不要傷害自己的婚姻。

　　李峰認為自己沒有傷害到婚姻，這其實只不過是在自欺欺人。這種有外心的結果，必然使他更加排斥自己的妻子，長期這樣下去，婚

姻又怎能不出問題！而且別忘了芸也有她的丈夫和孩子，這種情況是最讓人頭疼的，因為你稍有不慎，就可能毀了兩個家庭。

還有的男人總愛拿自己的妻子去跟某個「她」比較，這也是因為在潛意識中對「她」放不下，在比較的過程中，逐漸擴大了二者之間的差距。

直到有一天，突然發現妻子沒了，孩子沒了，家也沒了，才會痛苦得感到自己的人生就此敗得一踏糊塗。

很多中年人都開始覺得不滿足，這時的他們身體開始走下坡路的同時，需求卻開始上升，他們總覺得，再不給自己創造一點激情，可能自己這一生就白費了，於是就鋌而走險。其實人的中年生活不是應該這麼過的，你和你的伴侶也不會因為彼此感到厭煩而分道揚鑣的！中年生活只要你倆坐在一起認真規劃一下，就會發現今後的日子還是一樣的美好，你們根本不用恐懼沒有激情和新鮮感的日子。

❶ 我們老了以後，可以搬進一個雖小但適合老年人居住的公寓，或者找一家舒適的老人院。為此我們應該想好一個具體的年齡——最晚七十歲吧。

❷ 我們要繼續積極地生活，主動學習新鮮事物，即使向年輕人學習也不要緊。作為第一步，我們應該參加一門時髦的課程。比如學習某種樂器，上大學，你可能發現自己並不需要作太大改變，只是引入一種新元素，為自己生活增添新的色彩。

❸ 計畫好自己的未來。你和妻子一起抽時間把你們下半輩子想做的所有事情全部列出來，是非常有幫助的。不要把自己的未來看成是慘澹的，而應積極地把自己的未來，想像成充滿了生機。

❹ 積極參與活動。通過參加慈善活動、加入俱樂部或者介入當地的政治事務，來增強自己的自信心，並使自己產生有所作為的感覺。通過這些場合的活動，你可能幫助其他人並接觸一些新的人群。

❺ 孩子們終於都離開家了，你們也終於不用整日為他們操勞，而又重新回到二人世界了，你看，難道這些不好嗎？

　　人生走過一半之後，既擁有了財富，又擁有了寶貴的人生經驗。這是用世上任何東西都買不來的。人到這個年紀，什麼事情都看明白了，是需要一個全新的開始了。所以用你的人生經驗去創造自己喜歡的日子吧，記得和多年來與你相濡以沫的伴侶一起做好準備，以自信從容、樂觀豁達的心態，去迎接收穫最多的金秋時節吧！

8 ／ 交心不交「利」

　　當人們遇到工作上的難題和生活中的煩心事時，總想找朋友幫個忙。可是為什麼我們向朋友求援請他們助己一臂之力掙脫這些壓力事件時，朋友卻總是「掉漆」，為此，你們開始有了矛盾，友情也慢慢淡下去，消失了。

　　康得在《倫理學原理》中講了一句話：「友誼只是一種義務……完善的友誼僅僅是個理想，這個理想是可望而不可及的。」一個人總要為自己設計人生，而這種人生歸根結底還需要自己親身去體驗和體會。如果你的身邊多了朋友，無非就是多了義務的參謀，這種參謀所能起的作用，充其量也就是對你指手劃腳，讓你能有個參考不致於走上絕路，我覺得交友的初衷能夠達到這樣的境界，就算一生沒白交朋友了。但如果你還苛求友誼完美，但對真正完美的內涵又一無所知，那就只會將友誼的完善趨於理想化。這種理想化自然要超出友誼的許可權，一旦超出友誼的許可權，朋友為你辦事不「掉漆」，那才叫真正的怪事。

　　在這個以「功、利」二字為座右銘的社會，人們交的朋友不少，但是百分之九十九的目的只有一個，那就是「路子多了好辦事」。剩下的那百分之一是純柏拉圖式的友情，當然前提是在沒有利益衝突下的。因此看待這些生存壓力之下的所謂友情，全部都是變了質的。

　　數年前，小米新創辦的公司剛剛開始起動之年，卻遇上了「關門

大吉」的亞洲經濟危機。全部家底丟在裏面，底子薄、基礎弱，加之市場蕭條，這可如何是好？正當他被生活壓力所迫一籌莫展之際，通過關係爭取到了一部可以拍二十集的電視劇。

當短暫的興奮後，突然發現起動資金不足，怎麼辦？他想起了他老家的一個叫棟的老朋友。

棟經營石材加工多年，家產頗豐，而且此前他曾不止一次地告訴小米，如果要投資做什麼項目，資金不夠就儘管找他。小米始終沒有找他的原因就是也抱定了「交友千日，用友一時」的觀念。現在小米終於到該「用友一時」的時候了，於是他立刻買了機票，第二天就帶著這部電視劇本飛回老家去找朋友求援。

在小米的要求下，棟思索了半天，終於下定決心同意斥資三百萬元支持他。

十天過去了，一個月過去了，錢沒有到。

小米突然意識到棟的承諾泡湯了。

他不得不賠給合作商一筆違約金。棟的這次「掉漆」，可謂讓小米真正地體會到什麼叫「賠了夫人又折兵」。

從此，小米斷絕了和棟的一切來往和聯繫，他覺得棟這麼做簡直太過分、太不夠朋友了！可是反過來想一想，小米只想著自己的發展，根本從未考慮過朋友那邊是否有更緊迫的專案，是否能得到親人的支援。小米只覺得這筆錢能扭轉他經濟破產的危機，卻沒想過是否給朋友帶來不小的麻煩，小米覺得棟自私，可是他怎麼不設身處地為棟想想？

不是嗎？看看你自己，不是也是為了躲避朋友給自己添事，而不願替他做事情嗎？親兄弟尚且明算帳，更何況是朋友，這樣最熟悉的陌生人！

在生活和工作中你有壓力，朋友也有壓力，你有難處，朋友也有難處，每個人感受的危機來自不同方向，所以總是會矛盾重重。

儘管人總是希望自己能夠有朋友相助，但在關鍵時刻，還需要自

己去把握，如果一味地把成功的籌碼押在朋友身上，那就無異於在和自己的命運賭博。

所以說，不要把自己的難題推給別人。要始終堅信自己的上帝就是自己，而不是你想依賴的朋友，真正能助你走向成功的只有你自己。你和朋友經營這份友情的前提是不要給彼此添麻煩。每個人生活中都有百分之二百的鬧心事，即使朋友想幫你解決，可能也是有心無力。

將朋友作為你心靈的慰藉吧，而不要把他們當做一件件能用來辦事的工具。壓力已經變成摧毀你享受生活的罪魁禍首了，那就別再讓它對你所僅有的可憐友情下毒手吧！你的人生擁有朋友，就該珍惜了，知足了。

你應該這樣處理朋友間的關係。

❶ 只要朋友對你好，在你需要心靈慰藉的時候給你幫助，在你偶爾有點小麻煩時施以援手就夠了。千萬不要利用友情來為你自己提供各種各樣的便利服務。要知道，友情是需要雙方都付出的。

❷ 不要在金錢問題上和朋友打交道，除非你想毀了這段友情。一沾上銅臭，所有的友情都會腐爛。

❸ 對於朋友的話可聽可不聽，僅做參考。千萬不要對他（她）說：「都是因為你出的主意，讓我……」

❹ 別把希望全部寄託在朋友身上，他們確實幫不了你，你還得靠自己。

❺ 不管何時你都要牢記這一點：朋友之情之助你要是想報答的話，其實就是在為他們服苦役。你欠下的債早晚是要還的。

別考驗你的友情了，因為沒有經過生死與共洗煉的，都是經受不起考驗的。讓你的朋友成為一盞照亮你心智的燈就好了。而不是讓朋友成為你踩在腳下攀向成功的石頭，如果那樣的話，你失去的可就太多太多了。

9 ／ 錢財是友情的奪命鎖

有錢能使鬼推磨。有人為了利益，為了錢，不惜以出賣自己的朋友為代價。所以說，金錢是一個誘人的陷阱，友情掉到裏面可就再也出不來了。

金錢這個陷阱總是很誘人的。在誘人進入這個圈套之後，開掘者才會原形畢露，抑或把朋友玩弄於股掌之間，或者縱恿朋友去辦損害自身而他卻坐收漁利的事；或者為達到不可告人的目的而設計陷阱讓朋友去踏。魯迅先生對此早就有敏銳的洞察力，他看透了世道人心，故而在自己的遺囑中曾寫下了極具悲涼意味的一句話：「別人應許給你的事物，萬不可當真。」讀此句難免不產生人世蒼涼之感，更對那些老於世故、精於城府的為獲得金錢，而不惜出賣、犧牲朋友的貼在臉上的自稱謙謙君子的人嗤之以鼻。

然而人心隔肚皮，偽君子、真君子都把君子寫在臉上，這個時候姑且也都只能把他們都當作君子對待，這是交友之道。世人只有在有了上當受騙的經歷以後，才不會再認賊為友了。問題是在你把對方當作君子對待的時候，你為什麼會誤踏「賊船」的陷阱呢？一個字以蔽之：貪！從這個意義上說，天下甘願出賣朋友者，大抵就是被無盡的「貪」慾造成的。

在一次經貿洽談活動中，在政府工作的輝認識了一個民營老闆黃。黃談吐幽默，頗為引人注意。輝自己平時也較風趣，所以兩人談得很投機。黃說，和輝談話勝似喝高粱酒，趣味無窮。輝也禮尚往來，稱讚黃品味很高。二人頗有相見恨晚之感，分手時，兩人互留了姓名電話。成了朋友。

日子就這樣過著。一天，黃突然來拜訪輝，求他在自己分管的事情上幫忙辦一件事。

輝心想，在既不違反原則上能幫朋友做點事，何樂不為？於是便

親自將黃所託的事情輕輕鬆鬆地給辦妥了。

最後黃給了輝個大紅包，輝推辭了半天，「委屈」地「接受」而告終。孰知這錢收了也就不好退了。

自那以後，黃每過些日子就請輝聊天、吃便飯。吃過後，總要給個信封。每次回去，他都要看看數目，前後也有好幾十萬了。

「拿人的手短，吃人的嘴軟。」老實巴交的輝就是這樣在「欠朋友情」的心境之下，終於一步一步地走進了黃所設置的陷阱中。他動用了自己的職權，在新蓋辦公樓的工程項目投標上，為了讓黃能攬下此項目，將競爭對手的絕密資料多次提供給黃，使得黃在招標會上不費吹灰之力就得了標。而輝也因此獲得了黃給予的一百萬元的「救濟」。

終於有一天，輝發現黃準備攜三千萬元投資款外逃時警悟了，到調查局自首了，等待他的是政府給他有度的寬大處理。黃也得到了應有的法律制裁。

這個世上，有太多的「朋友」為了利益和金錢不惜一切，不惜誘朋友上鉤，然後自己飽餐一頓，雖然現代生活壓力很大，人們對金錢的需求也很大，可是為了金錢而拋棄人格、利用朋友的人，不知道還有沒有感情、有沒有心肺。願意結交朋友的人一定要注意，慎防小人。不要為了朋友無緣無故的應許而感動，也許有人會藉此狠狠宰上你一刀。這是因為要利己不損人是天下之大難事，儘管許多人在為利己而絞盡腦汁苦心經營時，沒有忘了最好不要傷害朋友，但一見到己利，友情之義就逃之夭夭了。這又怨得了誰？所以唯己利者得利後，就總是能心安理得。如果己利難以得手，朋友，那就只好對不住要委屈委屈你，麻煩你踩一踩陷阱吧！

面對友情，你要記得：

❶ 友情是無價的。不要為了自己一時的慾念，而讓你的朋友落入你「苦心」經營的陷阱，你毀了友情就是毀了你自己。

❷ 淡然處世，不要讓自己掉入錢眼裏鑽不出來，不要讓自己用

金錢來衡量朋友，不要以為貧困的朋友就不值得去交往。

❸ 別交「勢利眼」的朋友。因為他們有朝一日會在你貧困的時候突然消失或者乾脆落井下石。

❹ 不要接受朋友們無緣無故的饋贈，因為這通常都是有目的的。正確的做法是他給你一個桃，你還他一個李，不要讓自己欠朋友什麼。

奔波勞碌的你，一定不要讓自己上了金錢的圈套，也不要給自己的朋友設下這個圈套。因為雖然你得到的可能是短暫的利益，但長此以往的結果只能是損人不利己！沒有人再會想與你做朋友了。

10 ╱ 你們的生活不需要見證物品的進步

當身為家庭成員的你承受物慾的壓力而疲於奔命時，維繫家庭的信任、感激、關愛之情的紐帶便會鬆開。受壓過多的那一半就會像脫線的風箏，越飛越遠。

當你組成了一個家庭，並開始為你們共同的幸福生活奮鬥時，你會發現，原來愛情的甜蜜滋味已不復存在了。這個家什麼都缺：最新技術的洗衣機、電腦、漂亮名貴的壁畫、妻子想要的珠寶、貂皮大衣、你想換一輛新車……於是你們便分頭忙碌了。白天清早就鑽出家門去為之奮鬥，夜晚披星戴月地回家，你們將節假日也貢獻出來了，只是想早一點實現「現代化」，跟上潮流，日復一日，年復一年，等你們相對亦無語時，是否發現，你們早已失去了愛情、親情和其他很多很多。

這種情況無疑是由此造成的，你們對物質的要求太高了，高到你為之嘔心瀝血的程度，高到為之放棄了家庭，放棄了享受生活和愛情，值得嗎？要記住，人們是永遠也趕不上物質發展的，夫妻的收入只不過是保證家庭生活品質的一個條件，你們的生活舒適了、稱心了

就好了嘛，何苦去追求那麼多所謂「升級」了的東西呢！物慾太多，很快會把你們的幸福生活壓垮。

　　某對新婚夫婦家，在其狹小的公寓房子裏裝飾著音響、電視等家電製品，而其飯廳也放置著一張雙人床，整間屋子幾乎連下腳的地方都沒有。而且他們整日裏還計畫著買大衣櫃、消毒櫃、落地空調等用品，為了這些個似乎是能讓他們過得更「幸福」的物品，他倆整日裏忙個昏天暗地，一點休息的時間都沒有，更別提享受他們小屋裏那堆好東西了，現在他們的屋子成為資材放置場了，人反而倒成了配角。家裏也冷冰冰的像個旅館。沒多久他們就開始爭吵，最後離婚了。

　　儘管拼命地屯積物品，但卻不懂得讓它們為生活服務，不明白在這個家庭中最重要的是人，而不是各種高檔的物品，他們為追求本可以不必操心的東西而連累了家庭，忽視了對家人的關心，最終導致了可惡的結局。想一想，東西除了有誇耀的作用外，充其量只不過是多積些塵埃罷了。

　　為追求過多的物質給自己套上沉重的枷鎖，為了「享受」生活而忽視了真正的生活，忽視夫妻間的情感交流、業餘活動、這些家庭活動的品質，忽視了相互尊重、體貼、關愛、信任等基礎感情生活的，那麼這樣一個家庭還能用什麼來維繫呢？在家庭擁有一些基本的生活保證和經濟基礎的情況下，婚姻品質的高低更多地要看夫妻情感的品質。一個女人絕不能因為丈夫少賺錢而對他怒目而視，大聲責怪他的「無能」，這樣做除了給丈夫施加難以忍受的痛苦的壓力外，根本不可能得到丈夫的尊重和關愛；相反的，這樣做結果只能是增加了丈夫對你的惱怒和反感，大大提高了他投入其他的能給他溫情的女人的懷抱，或是撕毀你們的結婚證書。你看，過多的物質追求有什麼好處！

　　對於充斥在商業社會人們腦中的物慾，對於給家庭極大殺傷力的物慾，應該抱著什麼樣的態度呢？

　　❶ 省去生活裏多餘的物品，你們的家庭生活會變得簡單許多，不信試試看。

❷ 把週末逛街買雜物的時間改為到公園坐坐，或是到近郊旅旅遊，感受一下自然的氣息，回想你們曾經花前月下的甜蜜日子，比沉溺於購物紛亂的環境和煩惱的心態中要愜意得多。

❸ 把奢侈的東西和你們根本承受不起的東西買回家，只能成為一種負擔，並且成為家庭矛盾的根源。

❹ 樹立危機意識，高消費意味著什麼？意味著負債累累的生活。如果你們一輩子都要給銀行做牛做馬還貸的話，你們的夫妻生活怎麼會幸福？說不準哪一天銀行把房子拍賣出去了！你們會經常從這樣的夢中驚醒。

❺ 要知道，物質只是愛情的基礎，起輔助作用。如果把它提升為生活的頭等大事，那麼荒蕪的必將是你們感情的花園。

因此擁有家庭、熱愛家庭的人們清醒一點吧！別讓物慾成為你們婚姻的殺手，生活，是因為感動而幸福，沒有名車豪宅，你也會因為屋簷下所懸掛的風鈴清脆的叮咚聲而感到愉快，也會因為小火爐中那跳躍的紅星感受到真真切切的溫暖。而這一切，只因有愛的存在。

11／欣賞讓愛情美景無限

在家庭中，夫妻間的相互欣賞，會使他們的愛越來越醇厚，大人對孩子的欣賞，會使孩子的人格和個性得到更充分的發展。可是在現實生活中，有太多的人坦言，他們不會欣賞。

男人們總這樣說，「你又不掙錢養家，憑什麼還對我指手劃腳」，「看你，真是越來越難看」。女人們則回敬道：「你看人家老公多聰明，你卻……」「你看人家的老公……」然後二人共同把矛盾指向站在地上的不丁點的孩子怒道：「你怎麼這樣笨！成績總也上不去！」

這就是互不欣賞、互相指責的舌戰的開始，有時候還會毫不留情

面的大打出手。你敢說你曾經沒有手叉腰氣勢洶洶地說著這樣的話嗎？也許你會說，我是無心的，可無心之話卻的的確確的給你的親人加上了無比巨大的心理壓力，不但由此會產生自卑情緒，隨之而來的是無窮無盡的煩惱。當你們覺得對方渾身都是缺陷而一無是處的時候，你的家庭生活就跌入困境中了。而這次扼殺你婚姻的，不是別的，正是你的不滿，是你們施給彼此的壓力，讓大家都覺得難以忍受了。所以對待你家庭的每一位成員，你都要學會真心的欣賞。

　　一個貧窮的鄉村裏有一對老夫妻，他們想用家裏唯一值錢的一匹騾子換回一些更直接有用的東西。商量妥當以後，老頭子就牽著騾子趕集去了。在路上，老頭兒先跟人換了一頭母牛，又用母牛換回了一隻羊，再用羊換了一隻鵝，又用鵝換了一隻雞，最後竟用雞換回了一大袋爛蘋果。

　　他扛著大袋子在酒吧裏休息的時候遇見了兩個美國人，他們聽了老頭子趕集的經過後，都禁不住哈哈大笑起來，說他回到家一定會被老太婆狠狠地臭罵一頓。

　　老頭子卻堅定地說，肯定不會，我將得到的不是一頓臭罵，而是一個吻。

　　兩個美國人說什麼也不相信，他們嘲笑老頭子的異想天開，最後還用兩斗金幣和他打賭，然後三個人一起回到老頭子的家裏。

　　老太婆見老頭子回來了，高興得把客人都忘了。老頭子於是老老實實地把趕集的經過告訴了她。老太婆聽得很專注，臉上沒有一絲不愉快，始終是充滿喜悅的表情。老頭子每換一次東西，她都加以肯定：「感謝老天爺，我們有牛奶可以喝了。」「哦，我們不僅有羊奶、羊毛襪子，還可以有羊毛襯衣。」「今年的馬丁節終於可以吃到烤鵝肉了。」「太好了，我們將有一大群雞了。」「吝嗇的牧師妻子說她連爛蘋果都沒有，但現在我卻可以借給她二十個爛蘋果。」說完，她響亮地親吻了老頭子一下。

　　兩個美國人很爽快地付了兩斗金幣，他們說，他們很久都沒有看

到這麼相互欣賞恩愛的夫妻了。

像故事裏的老夫妻一樣，用心去愛，用心去欣賞，會幸福很多，會溫暖很多，也會滿足很多。也許他們在物質上損失了很多，可是對於真心相愛的夫妻來說，還有什麼比保護愛，不讓愛受一點點損失而更珍貴的呢？

不僅對你的伴侶要懂得欣賞、學會欣賞，孩子也是家庭的重要成員，在教育這些未來偉大的「人物」時，你要有正確的方法，首先，要大聲對他說：「好樣的，做得不錯！」

普拉提尼是位家喻戶曉的傳奇性足球運動員，曾在一九八四年奪得歐洲錦標賽冠軍，後又在優勝者杯、超級杯、冠軍杯賽和豐田杯賽中獲得冠軍的殊榮。連續三年被選為歐洲足球先生，榮獲金球獎，被譽為「任意球之王」和足球場上的「拿破崙」。

在普拉提尼小時候，他的父母儘管知道在大約二百萬持有證書的足球運動員中，僅僅只有五百人能夠進入職業球員的行列，能夠以足球為生，但是他們仍然消除了種種憂慮，從物質上和精神上支持他。

他的父親說：「我之所以讓步，是因為我預感到孩子所做的一切，完全有可能獲得成功。」

父親決定讓他朝自己喜歡的方向去發展、去努力。

父親是他的第一個支持者，母親則是第二個。父親憑自己的豐富經驗，對他的天賦很欣賞，把他的前途看得很準，而母親自從贊成他從事職業足球後，就用大量的時間和精力堅持不懈地支持他。在長達十五年的足球生涯中，母親沒錯過普拉提尼任何一場重要的比賽，不管賽場設在什麼地方、哪個國家，只要普拉提尼參加比賽，他的母親總是出現在看臺上。

父母的欣賞與讚揚，支持與鼓勵，是普拉提尼成才的關鍵。

欣賞孩子，不是說他打碎了人家的玻璃又將人家孩子打了一頓，就斷定他有魄力、有勇氣；進果園偷了人家的蘋果沒被人發現，就覺得孩子真是聰明；經常搞別人的惡作劇，就認定他多麼的活潑可愛等

等。欣賞孩子，要從欣賞他的品行開始，讓他做一個有道德、有責任心、不畏艱難並樂於助人的人，其次，要欣賞他的天賦並努力去挖掘這種天賦。只有這樣，你的孩子才會在你的讚賞聲中，愉快地成長為棟樑之才。

學會欣賞你的家人吧，記住，只有這樣才會讓你的家庭駛向寧靜祥和的幸福港灣。欣賞，你就要做到：

❶ 讓家庭成員獨立做出選擇

無論你的家人是否答應滿足你的願望，都請你讓他保留獨立做出選擇的權利。每個人都是珍視自由的，讓他們自己選擇就說明你對他的尊重，對他是持欣賞和肯定態度的。

❷ 相信你的家人

即使你的請求遭到拒絕，你的命令遭到反抗，也請你相信，他這樣做一定有他的理由，而並不只是想激怒你。給別人一個解釋的理由，讓他瞭解你的真實想法後，或許會對你刮目相看，大加讚賞的。

❸ 永遠不要抱怨，不要發牢騷

牢騷和抱怨實際上意味著你的憤怒和不滿，意味著你不欣賞他。也許在很偶然的情況下，你的埋怨確實會起到作用，讓對方勉強答應你的請求，但這樣做的代價會很高；對方雖然很不情願地滿足了你的願望，但他的內心卻很不滿。而且會讓他感到有一種你企圖控制他的沉重壓力，覺得你們的地位已經開始不平等了。

❹ 無論何時都要記得表達你的感謝

當你的請求得到對方同意時，當你接受了對方幫助時，你必須表達自己的喜悅和感激。包括對你的孩子。在達成願望後表現得越熱情、越感激，在以後的生活中，你的愛人就會越積極地去迎合你、滿足你，你的孩子就越依賴你和尊重你。

❺ 關心你的家人

關心是欣賞的基礎，也許你已經太習慣你的愛人的存在了，就好像後院的那棵枯死的玫瑰一樣。你不再關心它它就會凋謝、枯萎，就

更不用說還有什麼值得欣賞的美了。

❻ 找一個讓自己看上去生機勃勃的方法

比如讀夜校或是碩士課程，永遠讓自己的另一半對你的成績感到有所驕傲，對你日益煥發的容顏有所讚賞，也讓你的孩子對你更加喜愛和更加欽佩。

學會去真心地欣賞你的家人吧！要知道他們在外邊工作、上學，要應付各種各樣的關係已經很累了，回到家中，只想見到以他們為驕傲的丈夫、妻子、孩子，只想躲在真正欣賞他、支持他、鼓勵他的家人的懷抱，只想享受家的溫暖。千萬別再讓自己的眼睛蒙蔽了真相，別再給那些最愛你的人們一點點心理壓力了，在這個高壓罐似的社會裏，或許他們已經經不起了。恐怕只因為增加的這一點點壓力，你的家庭就會轟然倒塌！

🌿 12／做感情這一方靜土的守護神

在人的生命中，最寶貴的就是家庭和朋友，最容易傷害的、失去的也是他們。不管你地位多高，權勢多大，富可敵國，內心裏所渴望、所需要的，不過是家，這一方淨土。在家中，溫柔賢慧的妻子端出噴香的飯菜，幫工作回家的你脫下大衣，笑意吟吟，孩子從自己的小屋裏飛奔出來，一下子就衝到你的懷裏。如果你不悉心保護，把來自外界壓力所造成的不良情緒帶回來，轉嫁到這些愛你的人身上，那結局將是可怕的。

當然你也會有煩心的時候，有失意的時候，不妨招呼一聲，約上一兩個知交好友，把苦惱傾訴出來，不要讓這心靈的寄居地沾染上一絲一毫塵世的紛擾，否則滾滾紅塵中「天下熙熙皆為利來，天下攘攘皆為利往」，難免不腐蝕掉珍貴的友情。如果你在試圖利用朋友，或是正在被朋友所利用，不只是徹徹底底失掉了這個朋友那樣簡單，你

心底的傷痛，你被朋友所割開的那個傷口，會流血，難以癒合。

讓所有壓力都遠離你所珍愛的家庭和友情吧，不要轉嫁壓力，更不要相互施壓，不要讓這兩顆心靈水晶在本可以避免的外界壓力的包圍中悄然碎掉！無論何時，你都要努力，全心全意地去保護他們，和他們一起手牽手，過著安定平和、幸福美滿的生活吧！

把一生交給他們的人，當然更要倍加珍惜。

守護這一方靜土，你的冬夜就會擁有「綠蟻新醅酒，紅泥小火爐」的溫暖之意，就會有「執子之手，與子攜老」的滿足之情！這個時候難道你還會懼怕任何風雪嗎？

chapter 06
別讓壓力蒙蔽了
感受美好的眼睛

壓力在我們出發之前，就已經做好了準備。為此，
你要停下享受生活的腳步嗎？不管世界變得多麼
紛繁複雜，都要學會從中挖掘快樂的黃金。對待
生活就像照鏡子一樣，你對它笑，它也會給你一
個大大的笑臉。在它眼中，簡單即是美好。所以
你不需要忙碌奔波，落入各種陷阱中不能自拔，
只要認真對待生活、品味生活，壓力就沒有機會
趁虛而入，蒙蔽原本感受著美好的眼睛。

1／美好是心靈在唱歌

　　如果你留心一下我們周圍的世界，會發現它突然間變得面目可憎起來：環境不再優雅，自然也從沒讓人覺得美麗，人口太多，資源匱乏，物價都飛似的增長，以致於必須傾盡所有精力、能力賺取維持生命的金錢，可是競爭又太激烈了，機器也在渺視著生命……外界的壓力讓我們如此的疲憊，痛苦不堪。但是如果你只是看到了世界的「醜陋」一面，就會陷於深深的迷惘之中。沒錯，現在的人要艱難地承受著來自四面八方的壓力，也難有閒暇欣賞依舊存在的一點美好和溫暖。

　　但是生命是用來享受，而不是把每天都浪費在氣憤和抱怨上的。

　　你應該覺察出你對生活的不滿，才是導致被壓力圍攻的根本原因。你吹毛求疵，世界會變得一無是處，你慾望很高，世界會變得複雜繁瑣。如果能讓浮躁的心平靜下來，以燦然的笑容去面對身邊的一切，就會為自己的擁有而開心，為得到而感到幸運，為能過自己喜歡的生活而心滿意足。

　　外界的壓力如果像缺氧的集裝箱那樣，讓已經落入虎口的你感到窒息難忍了，先不要忙著抱怨箱子，以為是它奪走了你感受美好世界的權利。你要問問自己，又是哪一個把你裝進去的呢？不是我不明白是這世界變化太快嗎？不，改變的只是你自己，所有的壓力和痛苦都是你身體裏的哪個慾望的小蟲子造成的。

　　你以為自己必須要過上非一般人的生活，才算得上是不枉此生，於是盡可能地搜集高級商品，把它們當寶貝似的呵護著。殊不知這些傢伙已經明目張膽的搶走了你的生活空間；

　　你以為自己今生今世一定要找到夢中出現的那個花園，於是試驗遍了自己對工作的態度和耐心後，發現自己一無所成；

　　你以為時間應該為你流逝，想快就快，想慢就停下來歇會兒，那

才是自由，那才叫痛快；

　　你以為大自然都是美好的，資源都是取之不盡、用之不竭的，於是一邊抱怨這塊田地怎麼會旱裂了，一邊浪費著大把大把的水；

　　你以為所有的事情都已便捷到了用一個手機就搞定，所以正在逐漸失去自理能力，每天早上眼巴巴地等著機器人端早餐過來⋯⋯

　　平凡的生活都看似簡單，卻給你無限壓力。在它的統治之下的那份無助和痛苦，與其說是天不遂人願，不如說是作繭自縛。如此複雜的程式，只要其中某個環節有了點小差錯，你的世界就會糟成一團。

　　美好生活，你所追求的美好，究竟藏身何處呢？

　　撥開重重迷霧，你搜尋著答案，生活微笑著告訴你：讓你的心態清爽起來，讓你的世界簡單起來，一切都會變的美好。

　　在人群中試著綻放笑臉吧，你會看到，整個世界都會變得格外的親切和燦爛！

2 ／ 把你從繁瑣的時尚中解放出來

　　你的生活已被各式各樣的壓力圍的水泄不通了！垃圾郵件、電腦病毒、彩券、無窮無盡的娛樂活動和應酬、找上門的推銷員⋯⋯這一切都正在蠶食著你為數不多的獨享空間。

　　生活是變簡單還是變複雜了？很多人都覺得難以答覆這個問題。是的，我們可以敲個鍵就為自己賺進一百萬美金，但卻不知不覺的被病毒偷走你所有的東西；我們可以享受網路直銷的商品，足不出戶就能得到你任何想要的東西，但可能要忍受永無止境的商品資訊的騷擾，我們可以夢想著通過彩券，一下子將自己升入億萬富翁的行列，但實際上你浪費掉了大量金錢，而這個夢始終沒有實現。你的生活看起來是有條不紊的，但感受到的絕不是輕鬆愉快，而是深陷了壓力之網中。

其實很難說是你成就了複雜的生活，還是它成就了現在忙碌不堪的你，要相信，輕鬆即是美好。

❶ 不必每天都讀書看報。也許你訂閱一份旅遊和休閒的雜誌，原本是為了給自己的生活增添更多的樂趣。然而，現在的雜誌堆積成山，訂閱雜誌之後花在閱讀上的時間增多了，而實際上你也少有時間去實現一個個的旅遊夢想。其實旅遊的時候只需提前幾個星期去一趟圖書館，就可以輕鬆地敲定旅遊的目的地。

❷ 慎用科技。有一些事情，電腦和其他一些高科技設備可以做得很好。但是另一些事情，用紙和鉛筆等工具來做會更容易一些。也讓自己較少受到機器的控制。比如在電話機旁邊留幾個便箋，會比來電話時手忙腳亂的打開電腦程式記錄資訊，更有效便捷得多。

❸ 讓你的工具功能單一化。看到每種科技產品的優點和缺點，這樣就很容易讓事情簡單化。例如在買手機之前，需要就它的使用說明有一個清楚的瞭解。不要試圖讓它具備幾種本來用不上的功能，否則只會浪費你的金錢和時間，更會讓事情複雜化。

❹ 準備一本簡單的使用手冊。你是否已經把裝有簡易按鈕的微波爐換成了電子觸控、具有多種功能的新型微波爐？而且其中一些功能你從來也沒有用過。再看看你的電視機、錄影機、音響，甚至包括你的汽車。生活中所有的電子設備都比以前的產品具有更多的功能，而由此帶來的必然是厚厚的使用手冊（內容太繁雜，你甚至連怎樣設置時間也沒有弄明白）。那麼為什麼不買使用說明最簡單的產品呢？它也許不會有那麼多的功能，但是只要能滿足你的需要——簡單。

不管你的生活還會出現什麼樣的問題，只要分配好你的時間，簡化你的物品，不要讓你的生活為了「變得出色」，和擁有了能向別人炫耀的高科技產品而搞得繁瑣複雜，壓力不斷。要知道，你已經夠累了的！所以從現在開始，不要盲目追趕時尚，讓一切變複雜，就是走向簡單生活的第一步，然後你就可以盡情的有滋有味的享用從麻煩中解放出來的時間了！

3／馬上來個物品大裁軍

在你的生活中，物品佔據著足夠的份量，你大量的囤積物品，不是因為有所需求，而是一種習慣，一種被廣告左右的習慣。也許你可以稱之為興趣愛好，可是那麼多的東西侵佔了你的「領空」之後，收集的樂趣就被淹沒在雜亂無章中了。

於是你開始抱怨家中秩序的混亂，抱怨花大量金錢和精力購來的貨物，卻像垃圾一樣堆積成山，有時你不得不為它們另謀出路——送人或是扔掉，因為這些在你的家中已經多得氾濫成災了。不管你願不願意相信，過多的物品一定會變成生活的負擔，哪怕你曾經那麼夢寐以求的渴望擁有。

二十五歲的許小姐是某時尚品牌的區域經理，每個月至少可以拿到四萬元左右的薪水。按理說，工作幾年了，銀行帳戶上怎麼也應該有個幾十萬元的存款。可事實上，她的帳戶上從來沒有超過五位數。「家裏人經常抱怨，每個月四萬元都不夠花的，從來也不為將來考慮。但我認為賺錢的目的就是為了享受高品質的生活，而為了享受高品質的生活，即便將錢花光也無所謂。而且我自己做的就是時尚品牌，沒有時尚陪伴的日子我都不知道該怎麼過。」許小姐稱，為了緊跟時尚的步伐，她經常光顧購物中心，一次就能買下幾萬塊錢的衣服。「工作那麼累，如果再不好好犒勞自己，那掙錢還有什麼樂趣？」除了購物之外，為了宣洩工作的壓力，她還是酒吧的常客，常會在晚上請幾個朋友去喝個痛快。這樣就不僅是耗光她的錢財，而且她的家裏簡直就是個高級服裝的收納所，僅一個屋子的大衣櫃裏，就掛著上百件的時裝，而其中大部分根本就是許小姐買回來就直接「收藏」了，連一次讓她「臨幸」的機會都沒有！物品的壓力，幾乎是每個人都必須重視起來的一個問題，尤其是生活在都市裡的白領「月光族」。一個月幾萬塊錢的薪水不夠用，信用卡還給刷爆了，你大量囤

積奢侈品。堆成山的鞋子，滿滿一排高級口紅，以至於你每次出門前都要在這些東西面前徘徊很久浪費時間。這時你消耗掉的不只是金錢了，還有精力。當家裏面某種東西多得讓你不知所措的時候，你就會喪失了對某些漂亮東西的興趣和審美能力。當再次面對它們的時候，你將不再欣喜，而是馬上逃離，將自己隱藏起來，因為——已經受不了這些東西帶來的壓力了。

其實有時候遠距離觀察，才能更懂得櫥窗裏一件物品的美好之處。就在商店裏，和一堆其他的五顏六色的它的同胞們在一起，倒是很令人賞心悅目，如果當真一時衝動把它帶回家，可能就會馬上變得平庸至極，粗俗不堪，然後就會對自己的購買水準產生懷疑。其實並不能說明你審美觀有問題，而是當時在這件東西面前欣賞「萬花叢中紅一點」的樂趣所在。

如果物品的堆積已經讓你感到厭煩，迫切地想要從這間煩悶的屋子裏逃脫出去，你可以試試以下這些應對方法：

❶ 不要再購買了！由於你已經擁有很多這樣的東西，你在採購過程中就要避開商場中的某些區域，以慢慢改正自己的採購「惡習」。家裏一些地方保持一定的空間是明智的，檔案櫃裏、書桌抽屜裏、衣櫃裏、櫥櫃裏、儲藏室裏、書架上、壁爐上和壁架上。把這些地方塞滿並不需要，讓它們保持整潔空閒，就不會在心理上再感到有東西雜亂無章的壓力。

❷ 嚴格把關。從今以後，要保持簡單的個人物品，對每一個進入家門的物品要再三權衡。不論是紙張和文具、小飾品、廚具、衣服，還是傢俱電器這樣大件的物品，都要警覺地檢查哪些是自己目前真正需要的。在採購之前認真檢查即將進入你個人王國的物品新成員，你就可以避免以上這些繁複的勞動。

❸ 採購時要問自己幾個問題。每次遇到一件新的物品，問自己這樣的問題：它會對我的生活產生什麼影響？會改變我的生活嗎？我真的需要它嗎？如果我決定留著它，以後容易清除嗎？不保留它會有

什麼後果嗎？這會讓我的生活更簡單方便嗎？

❹ 把多餘的物品捐獻出來。最快捷的捐贈方法就是直接把東西交給需要的人。或者捐給地方上的收容所。通常，這裏的工作人員知道哪些人需要幫助，並且替你把東西發放出去，這樣你還可以得到精神上的滿足和自豪感。

試著把自己從物品的壓力之下解救出來吧！清靜的生活、整潔的空間、方便的打掃，再沒有比這些更讓人感到舒服的日子了！

4 ╱ **尋找丟失在人群中的幸福**

這個地球已經過分的擁擠了！滿大街都是晃來晃去的腦袋，捷運像個被塞滿了的罐頭，百貨公司的特價專櫃剛準備叫賣就立刻引起了一場不小的騷動甚至是戰爭，大家都為搶到貨物一擁而上昏了頭。

餐廳不能去，因為早已沒有了位子，公園也別去，除了隨處可見的垃圾外，你很可能無立足之地——一群一群的遊人會把你身後的每一片風景都擠的水泄不通。最好的辦法可能就是躲在自己的屋裏上網來購買和旅遊，雖然這些事情並沒有多少樂趣可言，但至少你不用為人太多擠得一身臭汗生一肚子悶氣而頭痛。

可能你還未有所察覺，但人口壓力確實正在不斷蠶食著你本就為數不多的外出活動。或許剛開始上網完成生活中所必須的購物時，你只是為了一個念頭「cool」，終於跟得上潮流了，稱得上先進了。然而當你領略到可以用這種方法來躲開人擠人的煩惱時，就完全喜歡上這種生活方式了。外出，在這個人口膨脹的時代，變得越來越像是一場奢侈的夢了。這對你理想中的生活來說，究竟是種幸福還是不幸，是個嶄新的開端還是毀滅的開始？

不出門，就能逃避的了城市擁擠的壓力嗎？離開了喧囂吵鬧的人群，你就可以出塵脫俗、高高在上了嗎？走出人群，回到自己的小窩

兒，雖然能夠感受到暫時的安全，但是沒有了人們之間交往的樂趣，你的生活除了枯燥灰暗，沒什麼情趣可言。

　　大陸演員鞏俐，無論國內國外都是電影界的長青樹。和其他同樣是憑藉演技拿到影后的女演員成名後的迅速「退出江湖」不同，取得了一個又一個輝煌成就後的她，憑藉自身的不懈努力，在影壇「大姐大」的位置上坐到至今，羨煞無數年輕漂亮的小後生。不靠美貌，不靠權謀，不靠金錢，她被世人共同認可的祕密只有一個，就是親切和藹又從容淡定的笑容。有人問她為何坐擁大筆財富仍能保持平易近人的微笑，她說：「我非常喜歡和普通人交往，喜歡過普通人的生活，在我回國拍戲的時候還和以前一樣逛秀水街買東西，和以前一樣跟小販們討價還價。」

　　說完她笑了，開心地望著記者們瞪得發圓的眼睛。

　　「是的，當這些小販們認出我來，說『你是鞏俐呀』？我還會反駁說，是鞏俐怎麼了，鞏俐也是普通人，也是要還價的！」

　　看完這段採訪，你是否會有和記者一樣的感到不可思議的心情。作為明星，鞏俐大可以去全球所有高級的沒幾個人能去的貴族商店，瀟瀟灑灑的刷卡，也可以讓她的助理從網上訂購頂級產品，更可以派個私人直升飛機去把她要的東西「接」回來。總之是足不出戶，腦袋裏想什麼立刻就能飛來什麼。但是她沒有，放棄的是金錢的力量，選擇的是平民的生活。這不是她對於過於擁擠的平民市場擁擠情況和爭吵的視而不見情有獨鍾，也不是原本就嚮往著小市民的生活，而是肯定了一種心態，一種從人群中尋找到的樂趣和歸屬感。

　　有時候你也會覺得，生活孤單又寂寞，所以迫切地想將自己拋入繁雜的人群中，這就是一種「以暴制暴」，對抗壓力的方式。

　　在這裏有孩童的歌聲，賣菜大姐的笑臉，公園長凳上老大爺下棋時的叫陣聲；在這裏有明媚的陽光驅走你身上的陰冷，有蕩漾的池水碧蓮滌去你生活的煩惱。不投身於人群當中，你永遠都不會創作出優秀的影視作品，無法寫出感人肺腑的精彩故事，無法做出靈韻十足的

美術作品，無法體會到你的地位、價值和尊嚴，無法感受到人與人之間的關愛，無法品味到處理瑣碎事情的樂趣所在。生活是一切成功的來源，遠離人群，就是遠離生活、遠離塵囂，你拋棄了世界，世界也拋棄了你。

不要再覺得人多了會給你的生活帶來無盡的壓力，不要再認為這個緊張的寸土寸金的地球會讓你厭惡，而拒絕走到每一個空間裏去。其實這只不過是你的心態在作祟。在你小的時候，在你未發達的時候，難道你不是開開心心地在過著普通人的生活中，一步步走向成功的嗎？

「人太多，到處都不乾淨」，不過是你自認為「尊貴」的身分給你的一個藉口。它不是說你有潔癖，而是說你身處的所謂「上流社會」的環境，帶給你的心靈的重負。在平民老百姓心中已經是「一等公民」的你，難以再用普通人的眼光去看待世界。儘管事實上人口問題確實已不容忽視，但在你有生之年，恐怕還不足以成長為對你生活有直接威脅的能獨立開展恐怖活動的歲數。

因此不要再以「人太多」為理由，而過圈養自己的日子吧，這不僅對你的生活起不了積極作用，讓你再也無法體會到人們之間的友好和樂趣，更會讓你喪失與人交往的能力，看不到世界在時刻變化的狀態，人們的思想和行為方式也在改變著。記住，每天的太陽都是嶄新的！你必須有足夠精明的眼光去發掘人群的美麗，因為——它是你的創作之源。

5 ／ 快樂不塞車，心情一百分

你有沒有過乘車上班的經歷？不管你窩在私家車還是公共汽車裏，擁擠的交通環境可是不分貴賤一律將你捲入其中，堵車已經一個小時了嗎？沒有比這再正常的事情了。不堵車才算是稀罕事。於是到

了節假日，人們寧願待在家裏守著枯燥的電視劇看的昏天黑地，也不願去看看名勝古跡，不想去公園，不想到朋友家去玩。為什麼？因為大家都不願把寶貴的休息時間浪費在讓人氣憤不已的交通上！

有人為了八點半能準時到公司，必須六點二十分就起床，花十五分鐘把自己收拾俐落走出家門，等到晚上回到家就已經徘徊在七點半左右。一天中，至少有三個小時要待在公車上，這還是不用加班的正常作息時間。如果你不能讓自己像個鐘錶那樣準時的話，等待你的結果就肯定是遲到和扣薪水。

交通問題給你的生活已帶來無法估量的影響了，儘管多數人還是嚮往城市裏的工作，希望在繁華地段的公司裏上班，因為能享受到物質的便捷和更高標準的生活方式，得到更加新鮮的潮流資訊。但事情都是利弊共存的，你在享受最尖端潮流的同時，也要忍受交通不便的困擾。不是因為車輛不夠多，恰恰相反，車輛過多的結果是誰都無法快速的回到自己的家中，而只能在等車與堵車中，一遍又一遍的考驗自己的毅力和耐心。不光是在工作日會出現交通壓力的問題，休息日外出購物的時候；節假日去拜訪親戚的路上；去公園的路上；去景點的路上；去郊外的路上……你所能想到的休閒方式別人也都能想到，所以你又一次被截在半路上了。請問在這種情況下，你還有什麼心情去享受自己的休閒之旅？所以人們已經開始達成某種共識——待在家裏是躲避交通壓力最好的方法了。

緩解交通壓力所給你的生活帶來的痛苦影響，雖然沒有特別有效的方法，但至少能讓你的心情保持舒暢，不那麼煩躁，至少能讓你不必在清早醒來就開始無休止的抱怨，面對乘車有一種恐懼感，至少能讓你在享受自己生活的時候更從容一點，而不是耷拉著一張苦臉。

❶ 保證睡眠。如果你有充分的休息，你可能就會覺得壓力小一點，從清早就開始微笑，乘車時也不會覺得擁擠的人們太討厭了。

❷ 每天晚上睡覺之前將第二天準備帶走的物品收拾好，這樣會節省你很多時間。

❸ 不要加班，因為加班會讓你的心情愈加沮喪。

❹ 培養一種新興趣愛好，如果你家附近有方便的運動設施的話。購物也儘量找附近的商店，因為那樣不僅節省時間，更不會破壞掉你的購物好心情。

❺ 如果你想做一次較遠距離的遊玩時，就不要打上今天必須得趕回家的主意，因為那樣不僅讓你玩不好，還會增加你的緊迫感和壓力感。還是集中一段時間讓自己痛痛快快的玩一回吧！

❻ 在公共汽車上聽 MP3 之類的東西會緩解壓力；

❼ 經常維護汽車。細微調整、換潤滑油以及檢查輪胎是否氣足，這樣的簡單事情能省去你很多麻煩，也不會讓你因為突發的汽車故障，成為阻礙交通的罪魁禍首。

從現在開始，不要再讓交通問題成為你美好生活的一大殺手了吧！拋開惱人的交通，你會發現，有許多事情在家的附近就可以辦到，選擇這種安步當車的簡單生活，就是選擇快樂不塞車的自在。

6／別讓科技變成感情殺手

雖然現在機器還沒有代替一切，但你必須面對沒有它們就會瘋掉的現實。想想看，你能離得了電話二十四小時嗎？你的生活裏將不再有電、不再有電腦、也不會再有汽車等等。天啊，真是太可怕了！然而這樣的「舒適」生活背後，卻隱藏著巨大的危機。失去它們你會感到恐懼的壓力撲面襲來，煩躁不安。

由於過份依賴電話、電腦、傳真機這些設備，人們的生活看起來真是簡單了許多，工作實現了足不出戶的夢想，人們之間打個電話，發份訊息就 OK 了，朋友很久不見了，點開聊天室盡可以聊個夠，甚至連鄰居間的問候也通過電話聯繫。現在你的日子真的屬於你一個人了。可是這種情況的一個嚴重後果就是會帶來人際壓力。當你從虛擬

的電子世界走出將要面對活生生的一個人時，肯定會手足無措，甚至不知道該說些什麼，哪怕是你的朋友和親人。

電子時代的到來，為人們劃定了兩個世界：現實的和虛擬的。大家一致認為，在虛擬世界悠遊的人是時代菁英，因為他們控制著最發達的科技和享受著技術帶來的便捷。這些人通過各種各樣的終端，可以任意控制華爾街股市的走向。可是從另一個角度來說，電子技術也給你、我、他們這樣的無論哪個社會層次的人，都帶來了隱藏著的巨大壓力，在沒有電的日子就會爆發出來，簡直就是世界末日到了！當辦公室裏的人想處理一份檔案時，沒有電腦，提起筆來竟然忘了字該怎麼寫！

有人說科技的發達，將會使全世界的人民融合為一體，這句話或許正在被悄悄實現著。現在還有幾個人能理解我們的國粹、欣賞書法的絕妙呢？會用筆寫字的算「不錯」了！大多數白領菁英越來越習慣用英文對話，民族文化和內涵在這個圈子裏消失的比時間還快。

科技讓你和住在同一大樓裏的人們素不相識，但你卻有五大洲四大洋朋友的個人網站的地址，科技讓你變成「思想的巨人，行動的矮子」。成就了無數依靠它生存的「技術天才」。

科技讓人們之間不再有暖融融的微笑，不再期盼熱切的交往，大家見了面只會說，如果你有什麼問題，發個 LINE 告訴我……

科技讓孩子們過早地成熟，大人們過早的衰老，二者之間的鴻溝也有增無減，可以說，科技的壓力已經讓你無所適從，找不到生活的方向，只能在冰冷的城市裏享受獨自一個人的 OICQ，這是你與人相處的唯一方式。

讓我們先回到三十年前還算很「原始」的時代裏去看看。

仲夏的夜裏，一家四口圍著小石桌坐在葡萄架下，父親在給兩個孩子講歷史故事，母親揮著扇子為他們驅趕著小飛蟲。已長成的葡萄，好奇地垂下頭來望著他們。一陣歡聲，一陣笑語，不知說到什麼有趣的典故了，所有人都大笑起來。

「爸爸，」年小的男孩子說，「等我們長大了，賺很多錢了，我們買個大房子，也坐在院子裏你給我們講故事好不好？」

「對，還有教我們看星星，叫出每一顆的名字！」姐姐連忙補充道。

「對啊，到那時我們的葡萄會更茁壯了！我給你們做葡萄蛋糕和葡萄乾吃！」媽媽說。

「噢！」姐弟一片歡騰。

接下來就是過上樓上樓下、電燈電話的日子了，再然後是姐姐出國留學，弟弟畢業後也在大公司謀了份得意差事，每天處理著堆成山的郵件和傳真。雖然早已給家裏裝上電腦、電話，只要按幾個鍵就能聽到聲音，在螢幕上看到身影，可是終究一切還是像捧在手中的水，倒映出來的只是幻影。悄悄地溜走了的是一家人之間的感情，溫情不再，相聚不再，大家都成了最熟悉的陌生人。

科技真的是讓人們的情感「懸於一線之間」了。屬於它的時代，就要接受更多繁重的任務，讓自己努力跟上機器的腳步，同時付出的代價，是你忽略了本該重視的人，忽略了本該享受的生活。等到你終於可以鬆一口氣了，卻發現早已物是人非……

很難說，對於你來講，是幸或是不幸。然而身在這個世紀，也無可奈何，畢竟想要生存，就得服從它的意志和命令。

科技的壓力讓你拋棄了許多美好的東西、美好的感情。留給你的只是握著支票本的手和空虛的心靈。這筆買賣究竟划不划算，只有你心裏最清楚。

本來一切技術的發明都是為了人類而服務的，沒想到的是它所帶來的工作、生活壓力，讓人們再也無法用自然的眼光去看待世界，再也無法用豐富的情感去感受世界，感受真正的友情和親情，感受到有血有肉的切膚之痛的愛和恨。

這樣的生活是不是有些面目可憎呢？有些壓力是好事，至少它可以推動社會前進的步伐，但是選擇一個時候把所有需要你高效率完成

的東西統統關掉，然後你就可以：

❶ 約上鄰居或朋友一小時，打打球或者喝杯茶聊天；

❷ 抽空回家一趟，探望孤單的父母；

❸ 把這一段時間留給愛人和孩子，讓你的家庭氛圍更加美滿、融洽；

❹ 學會出走，鍛鍊身體和享受購物的樂趣；

❺ 自己下廚，再嘗試一下自己做飯和洗碗的悠閒滋味……

也許這一小段時間你會損失掉一筆錢，會給自己多增添幾封郵件的負擔。但是這與世無爭的清靜時刻，卻會讓你心情變舒暢，頭腦變得靈活並且愛意融融。你拼命工作不是為了賺取美好的生活嗎？看，它已經到手了！

7／旅行的開心日記

　　旅遊，是現代人工作之餘最想做的事情了。然而，想要獲得一次開心的旅遊經歷卻不是一件容易的事，在旅遊的小天地裏，在所難免地出現很多問題，這些都會給你帶來不小的壓力，但總不能因為一葉障目不見泰山吧，輕鬆地出招解決掉旅遊過程中一個個蹦出來妨礙你美好心情的攔路虎，旅途的天空就會重新燦爛起來！

　　不論你是剛領到第一個月薪水的職場新人，還是在高級格子間化著精緻妝容的白領，沒有一個人會拒絕旅遊過程中所帶來的自在放縱的心情，和見到不同事物的那份詫異和驚喜的新鮮感。

　　旅遊就是這樣一個神奇的魔棒，它能讓不同階層的人成為朋友，讓億萬富翁和田間的農民侃侃而談，讓河裏的一塊卵石被撿到它的遊客小翼翼的保護起來，享受當寵物的感覺。在旅途中，你沒有了尊崇或是卑賤的身分，有的只是強健的身體和豐富的知識、睿智的大腦，你只是一名行者，一名願意領略自然、接受自然、挑戰自然的普通人

罷了。但無論如何，你的快樂心情和所有人都是一樣的。

　　不過要注意的是旅遊確實也存在一種壓力，要解決它就要注意，在準備好踏上征程之前你需要做大量的準備，否則今後出現的困難，也會與你的這些工作的不完善程度成正比。

　　❶ 旅行中的行李。選擇較輕的行李箱，這樣即使你裝滿個人用品和衣物也不會太重，讓沉重的行李耗費掉體力和好心情的話，真是一種罪過。

　　❷ 提前訂好你的機票和喜歡的座位。這樣你就不會因為交通問題而不得不放棄打算了好久的旅遊計畫了。

　　❸ 利用好旅館的設施，化妝和清潔用品儘量少帶，裝在儘量小的盒子裏。肥皂和洗髮精這樣旅館裏有的東西就不要帶了。訂旅館房間的時候，問清楚提供哪些用品。

　　❹ 搭配組合，儘量減少攜帶的衣物。巧妙地選擇你的旅行衣服，你就可以用幾件衣服搭配出很多套裝束來。二件 T 恤和二條短褲或長褲互相組合，能夠穿上四天時間。一些裝飾品可以讓你選擇的空間更大。

　　❺ 裝箱有技巧。裝行李箱的時候，鞋和其他較重的物品放在底層。然後是較輕的物品，最後是易皺的物品放在表層。用塑膠袋將物品分開裝，在返回的時候裝髒衣服。

　　❻ 識別個人行李。使用帶有個人照片的行李識別標籤。這樣能夠防止別人冒領你的行李。如果帶小孩子旅行，給他買一個裝個人照片的手鐲。大多數的機場商店、廉價商店和旅行用品推銷手冊都有售。在錢包裏帶一張孩子的照片，以防他走失。

　　❼ 你一定知道滾輪行李箱是這些年時興的潮流。你不用手提行李，只需拖在身後，旅行起來更加輕鬆。大多數的滾輪行李箱都是為了在飛機過道上拖動，然後放入頭頂的小櫃或塞在座位底下。所以一定要選擇最好的行李箱。

　　不要覺得這樣做是過於麻煩，你要知道做好準備是享受旅遊的前

提。如果你覺得小細節可以忽略不計的話，出現了源源不盡的困難後，你就會後悔並為之付出代價了。旅遊是一件快樂的事情，本來是用來排解壓力的良方，可是很多人就是不能從中得到休息和放鬆，還惹了一肚子氣回來，原因就在於他們忘記了旅遊本身也具備壓力條件，只是過份強調它的美好了。

其實當你渡過最美好的一個假期，最令人精神振奮的一段旅遊時間後，你就會發現，歸功於準備工作的充分，才讓旅途如此輕鬆。當然，剩下的時間就完全由心情作主，欣賞天地間的美景還是人文古蹟，吃法國大餐還是杭州的小籠包就全看自己喜歡了！

旅遊的時尚味道是酸是甜，是欣喜是沮喪，都在於你，在於你以什麼樣的方式去著手處理它所帶來的各種問題和壓力了！但也可以說是壓力造就了完美的旅途，壓力讓旅途日記開心加美好！

8／別讓「自在」變成了「自縛」

為了解決掉工作和生活中出現的種種令人窒息的壓力，最佳方式是為自己開闢出一塊休閒時間來享受自在的生活。然而要想擁有這樣的時間並不是一件很容易的事情。

休閒，意味著你正在做讓你真正感到身心愉悅的事情。你無法在繁忙的日程中強加入休閒，雖然希望放鬆，但壓力卻很大，即使有時間你也不知道如何休息，才算是對得起寶貴的自由時光。如果你不能得到有益的休息，你的生活將是不完整的，也是毫無樂趣的。但是你從事的休閒活動，是否真的能成為你心中那個秘密花園呢？

追求高品質休閒生活的人，有時也會為「休閒」這個概念而感到困惑，他們為此而支付了大量的金錢，換來的卻依舊是疲憊不堪，依舊感受不到休閒時光的任何美好。毛病究竟出在何處呢？

❶ 盲目地追趕潮流。追趕潮流本身並沒有什麼過錯，它只是一

種生活態度，一種新新人類所追求的年輕品味。但是如果你追趕潮流完全是盲目的，不知道自己的做法是對還是錯，就最好停下追趕的腳步，以免不小心誤入歧途。盲目的結果不但耗費掉大量金錢和精力，還會浪費你的時間，讓你的內心更加空虛而感到毫無希望。

❷ 請忘記時間。如果你在休閒的時候仍不停地看錶，休閒活動就會從輕鬆的氣氛中出走，一切活動都會變得緊張，更可怕的是你有可能將休閒活動當成人生的一種浪費！

❸ 休閒不等於要去渡假。好不容易得來的一個月的長假，你決定出去旅遊，可是突如其來的航班取消、旅館預訂出錯、丟失行李、目的地與理想不符等原因，使本來滿心嚮往的渡假變成了可怕的噩夢。

❹ 不要認為其他人在七月時要去海濱你也必須要去。這樣的話，你除了看到大批的人口向那個本不大的海灘遷移外，根本感受不到大海的美好所在。海水也因此變成暗灰色來表示抗議了。另外，在旺季去海濱也意味著需要支付比淡季貴幾倍的價錢。這一些都會讓你的休閒時光變得沮喪和勞累。

❺ 雖然說休閒純屬個人行為，但有時候你不得不招呼朋友與你一同前去。如果你不是群居動物，那這番玩耍的痛苦可夠你受的了。所以儘量把休閒時光留給自己。不要試圖控制別人，也不要讓自己受控，留點時間玩拼圖、聽音樂、種花、種菜，都要讓自己說了算。否則你可能寧願放棄不自由的休閒時間。

也許你對上述的觀點感到英雄所見略同，這就意味著你的生活中也存在著休閒壓力的痕跡。羅賓遜在《休閒雜誌》上說：「高品質的休閒能夠擴展視野，學習知識，給予挑戰，激發活力，讓人產生一種成就感。」

休閒是一種時尚的生活，當你緊張的時候，當你煩躁的時候，當你心煩意亂的時候，休閒是唯一能讓你得到解脫、重新獲得力量的方法。只是不管你選擇是貴族式的休閒，還是平民樣的串小店逛街，都

要記住一個原則：休閒就是自我解壓，過好自己的就好，不要讓休閒也成為生活的一種負擔！不要讓休閒失去了它的純真與美好！

9／擁有健康的食品體系

食品也會給你壓力？所有被問及到這個問題的人都肯定的點點頭。

人的一生何所求，不過是為了身上衣裳口中食。連吃的東西都開始讓人提心吊膽，這世上還真沒什麼美好的事情了。人們在購買食品的時候，那個小心翼翼的態度無異於在戰區的掃雷活動。大家為了辨別農藥超標的蔬菜水果、石灰做的豆腐、注水肉、病雞等，都長成了擁有一雙火眼金睛的專家。再沒有人敢撈河裏的魚蝦，除了人跡罕至的地方。連自家人都不會吃自己種植的蔬菜，這都不算什麼新鮮事了。這個時代，人們還能吃出健康來？連自然生長的東西都不再「綠色」了，還指望人工合成的那些所謂營養素的瓶瓶罐罐？

現在有很多讓人看上去相當有食慾的東西：色澤誘人的烤肉、晶瑩剔透的果凍、新新人類賴以生存的膨化食品等等。也許在它昂貴的包裝上注滿了五花八門的營養素，可是人們還相當不確定它對身體是否有好處外，因為大多數人都看不懂叫著化學名稱的各種添加劑是用來幹什麼的。其實當我們的生活因技術的進步而變得日益複雜時，則應該把目光轉回到最基本的飲食條件中來。否則把抱著對每一種食品都要認真確認它的化學組成和它的熱量是否合理，那你就不必再享受美食了，直接吃複合藥片就可以了。我們對待食品的正確態度不是解剖它，而是要回歸簡單和自由，不必過分地關心什麼該吃什麼不該吃，只要注意一些基本原則，就會對身體健康有益，也不會被廣告擾的頭昏腦脹了。

幾乎所有健康的人和長壽的人，都有一套自己的食品體系，並且

堅持了若干年。在他們心中食品從未給他們帶來過任何壓力，有的只是舌尖上的美妙滋味。

正確地飲食並不一定要很複雜。遵循下面這些大眾看法，你就不會出錯。

認真參照健康飲食的標準。「概括起來，一般建議日常的熱量應該來自於糧食(包括麵包、穀類和麵條)、水果和蔬菜。蛋白質──豬肉、魚肉、家禽、蛋類和乳製品──被降為第二級附加的地位。少吃脂肪和糖類，或者乾脆不吃。以這種方式，你的身體就能得到合理的養分，保持有效的新陳代謝。

纖維對你的身體是相當主要的，纖維是存在於糧食、水果和豆類中的較難消化的物質。纖維含量高的飲食能減少癌症的發生，尤其是結腸癌。研究人員發現，纖維攝入量很高的瑞典人癌症發生率卻很低，原因就在於他們消耗很多纖維含量高的黑麥麵包。每天的纖維攝入目標為二十五克。

這裏有一個簡單的辦法，保證你每天獲得充足的纖維。只需每天吃以下這些食物：

・二至三碟整粒穀物製成的食物，像麵包、糙米和高纖維的穀物。

・十五碟大豆和別的豆類。

・四至五碟新鮮蔬菜，包括帶葉的綠色目標。

這個「菜譜」免去了計算纖維重量的麻煩。而且能幫助你達到每天二十五克纖維的限額。

清水是最佳的飲品。它不含熱量，而且能補充水分，滿足身體的需求。同時對你還有神奇的鎮定作用。令人驚奇的是在一週的時間裏，普通美國人消耗的軟飲料要多於清水。軟飲料含有很多的糖、鈉、防腐劑和很多對身體沒有用處的東西。

學會讀懂食品標籤。食品標籤能告訴我們很多營養素的資訊。要選擇正確的飲食，就需要仔細讀標籤。而且你可以通過標籤瞭解每天

攝入的熱量和脂肪數量。你還可以依此來確定飲食的分量。例如，如果二十根薯條就能提供一百五十卡熱量和十克脂肪，你就知道不能吃一整袋。實際上，最好是選擇另一種能有營養的速食。

要緩解食品壓力就不要有太過複雜的想法，遵循上面簡單的幾條即可。你完全沒必要每週末花一天時間跑市郊外買所謂「純綠色、無污染」的食品，因為只要是添加過肥料的就都有化學物質「寄生」在裏面，何況天然食品看上去真的讓人沒什麼食慾。

因此簡單的選擇食品，不只是為你節省時間和精力，更是為了享用美好的生活。讓食品成為生活中的負累。

為它們成天憂心忡忡實在是沒什麼必要。

10 ╱ **在壓力中偷得美好**

這個世界也許現狀真的不是那麼樂觀，可是這跟你有什麼關係呢？過好你的簡約生活就好嘛！在高速轉動的社會裏，無論是誰，無論年紀大小，都生存在壓力的重圍之中，想衝破阻力回到無壓或壓力小的時代，那簡直就像憑自己的肉身衝破大氣層，踏上不知名的空間回到古代一樣的艱難。面對壓力的恐嚇，相信以你內心的堅定和淡然，對它抱之燦然一笑，它就會被你的膽量所懾服，乖乖地遠遠走開。

壓力控制不了美好，美好卻可以在它的面前大搖大擺地走來走去，展示自己的魅力，只要你將它放在心裏。世界很大，人心很小，小到一件東西就可以裝滿。是仇恨還是愛慕，是憎惡還是欣喜，關鍵是你的選擇。

所以簡簡單單的你，自自然然的你，有了能控制情緒的心態，就有了對生活指揮若定的能力。

面對外界的壓力，你的態度能決定它是魔鬼還是天使！

❶ 確認自己出生在一個相當複雜的時代，然後規劃自己的生活，不要被機械控制，不要被人群左右，你可以過屬於自己的生活；

❷ 在人群中尋找美感和歸屬感，在每一個角落都要學會微笑，生活並沒有你想像的那樣複雜可怕；

❸ 儘量精簡你的物品，不要讓它們成為你生活的負累。另外簡約生活還可以醫治你許多疾病，嫉妒、貪心、攀比、輕浮、自傲……

❹ 交通問題既然無法化解，就讓整個乘車過程生動起來吧！聽聽音樂，聊聊天，你可以認識許多新朋友；

❺ 世界的自然之美並沒有完全改變，呼吸陽光的味道你就可以確定這一點；

❻ 旅遊是時尚，更是生活中必不可少的一部分。還是準備展開更加有效的工作，保證一路順風的重要措施，所以做好旅遊之前的充分準備吧；

❼ 選擇有趣的休閒生活。這樣你的日子在繁忙中會變得快活和年輕起來；

❽ 為自己構建一個能維持健康和活力的食品金字塔，你的生命會站在塔尖上俯視整個世界。

欣賞這個世界，有點壓力算什麼！強健的身體，從容的態度，寬恕一切的微笑，在驅逐了所有的恐懼和失望的壓力烏雲後，生活的森林中，就發現了這個美好宏偉無價的城堡！

chapter 07
把外在壓力化為
激發自己的動力

壓力是一把雙刃劍，成也蕭何敗也蕭何。在壓力
的手心裏，可以輕鬆的摧毀一個人，也可以瀟灑
地成就一個人。這取決於你用怎樣的態度去看待
壓力，看待它所帶給你的種種困難、失望和痛苦。
只要你不助長這個時刻藏在自己身邊的惡魔的囂
張氣焰，而是鼓起勇氣迎頭而上。壓力，就會奇
蹟般地變成指導你的生命之舟駛向成功之海的天
使。

1／給老虎一個熱情的擁抱

　　有人說成功源於一種心態，這是不無道理的。在人的一生中，積極的心態所產生的巨大精神力量，能助你走出任何風雨迷途，邁向人生的最高殿堂。

　　有時候壓力真是一種挖掘人巨大潛力的有效工具，它能還給體弱者健康，讓失敗者獲得成功，貧窮者富有，懦弱者堅強，自卑者勇敢……它簡直就是一根點石成金、化腐朽為神奇的超級魔棒。如果一個人能夠正視現在他所遭受的壓力，用堅強的肩膀扛住它，並對生活滿懷熱情，有信心、有希望、有真誠、有愛心、有毅力，絕不悲觀、失望、自卑、虛偽和狡詐，那麼這種人就具備抵抗一切挫折和不幸的素質，同時也是他走向成功之路必不可少的良好品質。

　　如果你不認為壓力能有這麼大的作用，那麼壓力至少可以證實一點，就是它能克服人們的惰性，促使人們去完成某種事情和任務，而不至於在百無聊賴的鬆懈日子裏一事無成。

　　在國外，早有研究者對各種各樣的 stress(壓力)進行研究，從壓力的產生機制到對人身心的影響、以及應對策略等，都有較多的成果。同時研究還發現，對壓力本身及產生機制的認識，仍是應對壓力的一個重要方面，正所謂「知己知彼，百戰百勝」，試著去擁抱壓力吧，它正需要得到你的理解和認可呢。當把它當作和你併肩奮鬥的一個朋友時，會發生什麼變化呢？你們將化敵為友，在你需要的時候壓力挺身而出，給你力量；而你也不再時時為壓力而煩惱，因為你知道你需要這個朋友。試想有一天世界上沒有了壓力，人類還會進步嗎？你還會努力求得發展和進步嗎？所以壓力不是敵人的角色，而是我們身邊一個忠誠的朋友，一個光榮的「地下黨」，同樣，它也需要你的關注和積極配合，才能助你發揮出巨大的能量。

曾經看到過這樣一個小故事，覺得挺有意思：

「在生命中，當一隻猛虎接近你的時候，我們可以選擇轉身逃跑，但是這樣老虎很有可能咬到我們的屁股。我們可以對著老虎驚聲尖叫，而那樣我們的腦袋會被咬掉。我們也可以保持鎮定，氣守丹田，給老虎一個深情的擁抱（大家知道，老虎也需要愛），當我們勇敢地去擁抱猛虎的時候，我們會發現它是一個強有力的盟友！」

雖然你遇見了老虎不可能給它一個擁抱，但是如果你的智慧加上老虎的力量，卻可以戰勝叢林中任何猛獸。壓力，不正是陪伴在我們身邊這個讓人又愛又恨的老虎嗎？

正視壓力，努力和它化敵為友，這種態度和做法會讓你無往而不勝的！

壓力絕對能為你的成功人生助上一臂之力。

2／把積極這塊蜜糖裝進你的口袋裏

人的精神狀態很重要。壓力太大會讓你產生挫折感和失敗感，深陷其中覺不出希望所在，壓力太小又給讓你終日碌碌無為如行屍走肉。只有將壓力的開關調節得恰到好處了，才會激發出你的潛能，才會讓你以飽滿的姿態前進在奮鬥之路上。

大家可能聽過這樣的故事：

一輛汽車眼看著要翻倒，而旁邊一個小男孩在正專心致志地搭積木。這驚心動魄的一幕被小男孩的母親看在眼裏，這位母親一個箭步衝到小汽車旁，那速度簡直連路易斯也無可比擬，她用雙手、肩膀托住汽車本身。奇蹟發生了，這樣一個揹著二十公斤麵粉就會氣喘吁吁的女人，竟托住了龐大的汽車，而他的孩子此刻才意識到危險。

當那位母親面臨即將喪子的巨大壓力時，她就會爆發體內蘊藏著的無盡的潛能，我們也一樣，也是有無盡潛力的，只是還未有刺激的

事情將它開發出來而已。面對壓力，一旦你下定決心要將它的出生之源消滅掉的話，你的力量就會強大到不可思議。

　　諾曼・考辛斯是加州大學洛杉磯分校醫學院裏的精神及行為科學系的助理教授。

　　三十幾年前，醫生們告訴考辛斯，他只剩下不多的日子可活了。也許大多數人聽了會一蹶不振，從此委靡下去。但是考辛斯以持續的希望和決心，藐視醫生們的勸告，否定他即將死亡的預測。幾年中，他創造了醫療自己身體的處方，以維生素 C、肯定的思想、歡樂、信仰、幽默和希望配合著使用。

　　七年之後他仍舊活著，但那時他又患了另一種致命的疾病——僵化脊椎炎，這是一種會引起脊椎骨與關節的相關組織逐漸分解的疾病。考辛斯再一次為了自救而設定計劃，他服用大量的維生素 C，並採用「幽默治療法」，有計劃地看馬克斯兄弟的搞笑電影，談詹姆士・沙伯和羅伯・班奇裏的喜劇作品。後來他說：「我很高興能發現十分鐘的開懷大笑具有麻醉效果，因為它能給我兩個小時無痛苦的睡眠。」

　　「沒有人能對我說，克服意志消沉的能力，不會在我們的體內產生有益的生化反應。」考辛斯說，「我們可以憑著信念讓自己活下去。」

　　他第三次面臨死亡的打擊是在一九八一年，當時他心臟病發作。他知道恐慌是緊急狀況時的最大殺手，因此他要自己盡力保持鎮定。

　　「我有自信可以處理它，我知道在緊急狀態下是否具有信心是生死攸關的。恐懼的代價如此之大，所以我會把自己從恐懼之中拉回來。」

　　考辛斯的經驗讓他相信，心靈比藥物更有力量，他所說的事實，比健康專家所能提供的更值得注意。如果人類的心靈能製造它自己所需要的藥物，那麼這不只是一件不該被忽視的事，而且應該被列入所有醫療方式的範疇。

　　諾曼・考辛斯以樂觀和信心面對恐懼，終於使自己身體內部的痊癒力完全發揮出來。循著信念的指標前進，你也能發揮不平凡的力量而成為勝利者。走沒走過的路，嘗試新的辦事方法，可以發掘出你的潛能。忍受焦慮並且全力以赴地冒險，你將獲得自己都無法預料的成就。如果你對害怕的反應就像失敗者一樣迫不及待地選擇逃避，那麼你將必須忍受生命中另一個相關的壓力——憂鬱的侵擾，並且這種心靈上的認輸，會讓你永遠無法再鼓起勇氣走向成功。

　　壓力能還給人生命，這不是奇蹟，而是必然。

　　同樣，貧困的壓力也能喚出潛能。一般人都為生於貧窮之家而苦惱，而一位哲人說：「生為富家子弟的人，彷彿負重賽跑的運動員。大多數的富家子弟，總是不能抵抗財富所加於他的誘惑，而陷於不幸之中。這一類人往往不是那些窮孩子的對手。」

　　這位哲人有自己獨特的見解。生於貧窮之家，表面看來是人生的不幸。但同時給貧窮孩子提供了巨大的生存空間。往往越貧困越能激發人的潛能，為了擺脫貧困的境地而奮鬥，很能造就人才。這樣的例子在我們的周圍比比皆是。

　　美國有許多僑民，在最初踏上美國這片國土的時候，受教育程度並不高，語言也不通，既沒錢又沒朋友。是貧困的壓力激發了他們內在的潛能，召喚出了他們的智慧，為生存為發展而努力，最終獲得了富足的生活和優越的地位，使千萬個有錢財、有機會並受過良好教育而無成就的本土青年，羞愧得無地自容。

　　潛在的智慧是通過不斷與困難做鬥爭而獲得的，偉人都是在向困難的搏鬥中產生出來的，不在困難阻礙中奮鬥而要想鍛鍊出能耐來，是不可能的。一個生長在優越環境中的青年，常依賴父母而不能自食其力的青年，從小就被溺愛慣的人，是很難激發起自身的潛能，也是很難取得成就的。貧困確實可以激勵人、鍛鍊人、成就人。

　　試想一下，假使一個青年不被生活逼迫著去工作，他將怎樣呢？假使不用勞動，就可以獲得他所要的東西，他將怎樣呢？假使他已經

得到了他所要的東西，他還肯奮鬥嗎？

我們詛咒貧困，我們要擺脫貧困，我們還要感謝貧困，因為貧困能激發起人的巨大潛能，讓你行走的日子充滿激情，慷慨高昂。

那麼究竟怎樣才能讓自己具有一種面對困難和挫折都不氣餒、不退縮的積極狀態呢？

❶ 評估新形勢

環顧當前形勢，評估將來的變化，然後更要知道怎樣接受既成的事實，最重要的是應該實事求是。這樣的話，一切已在你掌握之中，有助你重振旗鼓。

❷ 三思而後行

你自覺前面困難重重，如履薄冰，得冒未知之險，那麼應該思前想後推敲種種可能性。畢竟你還有你的才能、朋友，大可另謀出路。因此即使發生了最壞的情況，你也不至於不知所措，而且很快就能挨過去，撥開雲霧，晴天就在眼前。

❸ 把悲傷發洩出來

不管是什麼原因造成的，若是傷心便放聲大哭吧。要重拾新生，勢必經歷一段痛苦的過程，可是這是必然的代價，亦是一個重要教訓。

❹ 建立起自信

對待不利的境地要選擇永不妥協的態度，冷靜下來，好好重新認識自己、努力重拾自信、重建自尊。不妨細數自己還擁有的財富，藉此鞭策自己昂首向前，披荊斬棘。

❺ 抱樂觀態度

每當遇到挫折時，就跟自己說：「這不是最糟糕的。」雖然這算不上是什麼妙法，但至少能自我安慰一番。事實上世上也沒有過不去的河。

❻ 懂得自我安慰

另一個極有效的方法是跟自己說：「我還活著！就算我的同事、

朋友或戀人棄我而去，就算我身無分文，我也不會因此從地球上消失。」

❼ 要自強不息

別不斷地自我批評。腦海裏整日滿載這類消極的聲音，只會令你意志更消沉，連你自己都不自重自強，別人又怎麼會看得起你呢？

人的一生總是與坎坷相伴的，沒有壓力，也就無所謂願望、成功、目標、奮鬥……失去了壓力也就失去了一切的人生滋味。讓壓力來開啟我們的潛力閥，選擇迎接挑戰、迎接暴雨和彩虹的生活吧！

3／慾海無涯苦作舟

每個人都有無窮無盡的慾望，這些慾望可以使一個人受到尊崇，獲得地位、名譽、金錢……也可以將人推入惡魔之道，推入萬劫不復的深淵。沒有慾望你不會願意去流汗、流血，不會願意去體驗奮鬥，當然也就不會成功。

不管你承不承認，在你心底，總是會有許許多多的慾望難以撫慰。並且你時刻準備著要為之奮鬥，為之奉獻一切。拿破崙說過：「不想當將軍的士兵不是好士兵。」如果沒有慾望所燃燒出的巨大熱情的支持，你是永遠品嘗不到成功的蜜果的。當然，慾望也會帶給你人生許多麻煩和壓力，但對於嚮往成功的人生來說，卻是一種良好的啟動劑，它所盤踞在你心底的火熱，在燃燒中產生出巨大的推動力，促使你不斷前進。

保羅‧柯林斯說：「我想成為一個畫家，這是我的一些作品。」他的手微微顫抖，拿出幾幅圖畫放在會議桌上。一大片夏日陽光下的原野，用色鮮明而大膽，植物誇張而詭異。收購的人說：「非常好！」保羅平靜地回答，「多謝！」然後忍著不可遏止的笑意，又說：「他們的確不錯，不是嗎？」

保羅是一個黑人，家裏並不富裕，所以雖然他的老師都肯定他的才華，他們還是建議他找一份「正當的工作」，以繪畫作為業餘愛好就可以了。保羅拒絕聽從，他相信自己，他為這個夢想，為了滿足對色彩和圖畫的慾望。願意冒一切風險。

可是他的老師們再一次告誡他說：「你賣畫不足以維持生存的。」但是他並沒有聽，終於，在他十八歲時賣出第一幅畫，後來在他堅定的信念的支持下，他克服了一個又一個的難題，終於成功了。

大部分人都不是天才，但他們卻做成了天才才能做到的事情。這是為什麼呢？究其原因不難得出，一個在心底有所追求的人，會把自己全部的精力、全部的心血，壓在自己所熱衷的事情上，並願意為它們傾其所有。世界的本來面目就是這樣的，人的潛能無限，只要你大膽去想、專心去做，沒有什麼事情是成功不了的！

那麼如何培養自己「以成大事」的慾望和熱情呢？

❶ 認識你自己

你是否有過想取得某些成就的雄心壯志嗎？你曾經願意為了它而付出過努力嗎？為什麼現在的你放棄了這個願望了呢？是因為努力和收穫不成正比嗎？好好想想這個問題，然後回答自己，如果你還想重拾這個夢想的話，就要下定決心採取措施來增強你的能力，提高你的技術，更好的武裝自己。

❷ 你的慾望有沒有更高的價值？

當你準備為了夢想而努力之前，問一問你想晉升到高級管理位置甚至副總裁時，你的目標僅僅是增加一級的薪資或謀得一官半職，還是想努力積累經驗，為今後開創自己的事業作好準備呢？

❸ 你是否是一個勤奮的人

你有沒有把時間浪費在閒聊無關的小事上，你願意為工作付出你的休息時間嗎？你不願意去讀能夠幫助你的慾望實現的書，因為你週末在家只是想睡一整天。而且當事情進展的不太順利的時候，你就會失去耐心把它丟到一邊了。如果你這麼做的話，很可能馬上就會喪失

對某些事情的成功慾望。

❹ 對你所追求的事情，你是否能做到持之以恆。

如果奮鬥過程中出現了棘手的麻煩事，你是歎了口氣但還是繼續做下去，並堅持把它辦好才罷手，還是一直拖到最後才胡亂應付了事呢？持之以恆基本上是所有成功者的致勝法寶，如果你沒有這種精神，恐怕就很難見到成功之神了。

❺ 面對你的慾望，你是個現實主義者嗎？

儘管你知道自己不會走紅，但你仍然相信你願意得到它嗎？你能夠有足夠強大的精神力量來支撐你抵禦外界不能理解的壓力嗎？是否又能清晰的認識到在某些方面所缺乏的東西在其他當面可以得到彌補嗎？總之是你為了實現自己的夢想，有沒有做好應付一切突發事件的能力？如果答案是否定的，你最好給自己重新換一個目標。

作為一名普通人，我們的想法不過是有可以養家的錢就夠了。很少有人在心底迸發出成功的慾望。其實不論什麼人，不論他出身、地位、相貌如何、金錢多寡，只要他有成功的想法，他就有可能成功，只要將這種想法轉化成熱切的慾望，然後為它不顧一切的行動起來。為了實現夢想的努力即使最後失敗了，你也會因此而獲得寶貴的經驗，也會因此而更進一步登上成功的頂峰的！

4／像超人一樣變得所向無敵

人們總是習慣了現實，所以往往一事無成。當你凝視生活時，發現它竟是那樣的不盡如人意。對於此種情況，你是選擇逆來順受，還是努力改變呢？雖然改變意味著你將有所失去，意味著來自四面八方的聲討聲和一浪接一浪的困難，但如果你不氣餒，最終也是一樣會戰勝它們。

有時候你總是哀歎，沒辦法，誰讓自己命不好，生活總是不盡如

人意。然而你究竟明不明白，把自己關在命運圈中的是你自己，掌握人生如何演出的也是你。有句話說：「只有自己才是自己的最大敵人。」在令人感到毫無生趣的環境中，如果只是一味的消沉，一味地讓環境去磨光你的鬥志，磨掉你的勇氣，不如退出來為自己找尋一條更適合自己的路！

「生命的腳本可由演出者的主觀意志加以改變。」杜柏林說，這告訴我們，即使你是輸家，腳本也不是與生俱來的，你也可以決定不再依賴腳本過日子。

問題是你願不願意正視你的現狀，願不願意改變你的消沉意志，而選擇奮勇前進？願不願意為了理想而改變自己。

只要你堅信，不管你是二十歲、三十歲還是四十歲，照樣會取得成功。到那時，你的敵人將不再是敵人了，而會變成了朋友。你戰勝了自己，給了自己所夢想的一切，壓力將會變成引導你走上光明之路的幸福天使。

許多人不願改變生活，是因為害怕改變後會更加困難。我們都害怕不可預測的一切。當我們遇到恐懼的事時，我們有三種選擇。可以逃避；可以忽視它；或者可以鼓足勇氣奮鬥到底。

約翰‧彌爾頓說：「害怕變革使得君主們感到困惑。」當生活可以預測時就舒適得多，熟悉的事物中有一種安全感。

讓你自己下定決心，徹底改變生活方向，並非一件簡單的事，你需要嚴肅認真地經過思考，它會產生一種無法預測的感覺，它涉及冒險。需要有決心，需要痛苦的搏鬥。除非你下定決心，堅定信心並採取行動，不然你會保持原狀。也就是說不在壓力中選擇戰爭，就會永遠保持不太如人意的現狀。然而這兩種情況是都必須經過嚴加考慮的。

羅伯特的母親在他出生剛十八個月時就因心臟病而不幸去世，可憐的羅伯特被祖母領到一個農場。在農場裏，羅伯特沒過上一天舒心的日子，羅伯特小小年紀就開始做雜事，一直做到十五歲。

　　羅伯特的童年是在孤獨之中渡過的，在讀完中學後，便進入一個工廠當了工人。有了手藝，有了活計，生活似乎也將就此穩定了。可是當他想起自己所遭受的種種不幸，在看到同齡的小夥伴一個個繼續讀書深造後，他做出了決定：他要改變目前的窘境，要超越現在的自我。

　　於是他進會計班學習，並尋到一份好工作。白天他整日工作，晚上就去曼塞維爾大學上課，即使週末也不休息。

　　直到有一天，當羅伯特發現自己對零售業比較喜歡時，他就辭去了會計工作，做起了零售商，在他幾年的努力下，獲得了成功。接下來，羅伯特成立了一個百貨進口公司。使自己躋身於商界。

　　如果在生活中你還碌碌無為，那並不是說你今生就止步於此了。而是你的潛力還未被挖掘出來。因為你的懦弱，而讓自己變的異常渺小。所以把現實的不如意當成你要與之抗爭的命運，只要你仍對人生有理想，你的動力就會源源不竭。只有你自己才能改變你的生活。

　　那麼怎樣的「變身」，才能讓自己潛在的能量如原子彈般爆發出來呢？

　　❶ 考慮一下你內心深處渴望的夢想——想做的事、想去的地方，找到它們與你現實生活間的某些差距。也許這個差距是巨大的；

　　❷ 瞭解你自己及你所從事的工作的最大價值。如果你敢於向生活挑戰，敢於向自己挑戰，生活的壓力便會轉化為推動你上進的動力。

　　❸ 朝著自己準備衝擊的方向勇敢奔過去。穿過那片長滿荊棘的叢林，你就會看見夢想中的花園；

　　❹ 可以不想像「那是成功的我」，要對自己說：「那是我所滿意的我」，精神上的鼓舞能給你巨大的信心和動力；

　　❺ 不要浪費時間，不要漫無目的地瞎幹。不要有不健康的人生觀。這些都是把你引入歧途的魔鬼。無論何時，只要用積極的態度對待人生，才能實現你對生活的美好願望。

　　用勇氣和毅力去實現你的夢想吧！準備好打破束縛你的瓶頸，不

要讓自己如同灰塵般的渺小。要努力穿過雲層，奔向高空去迎接水氣，變成美好的露滴，才有可能擁有滋潤萬物的胸襟和力量。

5／會當凌絕頂，一覽眾山小

面對手頭似乎總也完成不了的工作，你是會像隻駝鳥一樣把頭紮進土裏躲避危險，還是迎頭趕上，與之抗爭一番呢？相信大多數勇敢的人，都會慨然接下繁重的任務，幹個漂漂亮亮再拿給經理看。更有許多人在壓力的「逼迫」下，打破了「自古華山一條路」的迷信，找到了其他的路徑，在別人還在痛苦迷茫的時候，哼著小曲攀上頂峰，獲得了人生的巨大成功。

在一個人的所有成就中，沿著先人開闢出來的通路走出來的成績就是不會讓人感到滿意，自己親手造出的哪怕只是一隻醜巴巴的木頭小狗，也會讓人欣喜若狂。創新，不僅僅能幫助你擺脫工作困境的樊籠，更重要的是它會讓你的生活從此豐富多彩起來，人生從此輝煌起來，它是成功的開始。

艾倫・萊恩出生於英國，十七歲進入伯父開辦的鮑得利・希德出版社工作。伯父去世後，萊恩繼承了伯父的事業。一九三五年，他出任該出版社董事。

但此時，出版社已是嚴重入不敷出，舉步維艱了。為了使伯父創辦的這項事業不致毀在自己的手上，萊恩苦苦思索著，他知道：只有另闢蹊徑才能柳暗花明。

在無數次的對書籍的調查比較後，一個大膽的念頭觸發了萊恩的靈感，一個大膽的設想躍上了他的心頭：「出版價格低廉的平裝書，肯定能賺大錢！」

萊恩的舉措在英國出版界引起了強烈的反響，同行們議論紛紛，都說他這不僅是自我毀滅，而且也將會使整個書業界受到嚴重的影

響。就連萊恩的親人也對他的計畫表示懷疑，但萊恩認定這是他的企業走出困境的唯一出路，終於說服家人使這一風險計畫得以實行。

經過這一系列創新嘗試，萊恩新推出的一套書，不僅裝訂簡單、字跡工整，而且色彩鮮豔明快，令人耳目一新。

這樣廉價的書必須薄利多銷。萊恩心裏清楚：「只有每本書的銷售量達到一萬八千冊以上，才能保住本錢。」因而他派人到各地去宣傳、推銷……」

一九三六年七月是個值得慶賀的日子，第一批十卷本企鵝叢書正式問世，不到半年時間，這套書就銷售了一百萬冊。創新是成功的動力，萊恩正是依靠創新，迅速獲得了成功。

萊恩的成功足以說明在競爭度日益激烈的今天，如果不拿出點別人沒有的「絕活兒」，是吸引不了人們的目光的，更是無法走向成功，在職場上，為了生存，你必須不斷完善自己，不斷進步，以保持自己的新鮮活力，讓自己看起來永不落伍而不被淘汰。讓自己不「貶值」，一個切實可行的辦法就是讓自己手裏「有點貨」，讓自己掌握一門獨到的技術，讓自己有一項創新的專案，只有這樣你才會笑到最後。那些在工作中不思進取、知難而退的人們，早晚會被一代一代的新生力量所擠掉，更不要談什麼成功了。

也許你說，我可不是什麼科學家，不可能創新的，千萬不要這樣想，它會毀了你。創新不是讓你發明新型的洲際導彈，而是說盡一切努力讓自己變得與眾不同，更加有競爭力。

有許多方法可以激發你的創意，這裏先介紹幾個行之有效的供你參考：

❶ 日常工作中往往會冒出許多好點子，不要讓創意在懶得動手的記錄習慣中白白飛走，要隨時記下來

我們每天都有許多新點子，卻因為沒有立刻寫下來而消失了。基本上每一個經常寫作的人，隨身都帶著紙和筆，靈感一來，立刻記下來。有豐富創造心靈的人都知道。靈感可能隨時隨地翩然而至，不要

讓它無緣無故地飛走，錯失了你的思想結晶。

❷ 回味你的創意看它是否有能實現的可能

沒有價值的點子要毫不吝惜的扔掉，不要讓它們佔據你的空間和大腦。

❸ 繼續培養及完善你的創意

要增加創意的深度和範圍，把相關的聯合起來，從各種角度去研究。時機一成熟，就把它用到生活、工作以及你的將來上，以便有所改善。

當建築師得到一個靈感時，他會畫一張藍圖；當廣告商想到一個促銷廣告時，會畫成一系列的圖畫；當作家寫作以前，也要準備一份提綱。

❹ 不要放過每一個轉瞬即逝的靈感，沒準你會因此而取得難以置信的成功

❺ 不要瞧不起每一個也許「看起來」不會成功的主意

幾乎所有的成功之士都是在自身實力的基礎上，看準時機及時捕捉並藉此良機衝向目標的。你所要做的就是留心、留心、再留心。機遇從來都是有心人創造出來的，有時候創新所帶來的巨大機遇，足以讓一個人從身無分文變成富可敵國。個中關鍵是對待各種各樣的壓力，你是積極的去面對它解決它，還是任其宰割。只有懂得享受壓力帶來的痛苦的快感的人，才會更容易創造出令壓力俯首稱臣的東西。這也是為什麼偉大人物總是無所畏懼的原因。因為壓力是可以用智慧的頭腦去戰勝的！

6／缺點也可愛

沒有缺點的人是不存在的，即使是神仙，也會有大大小小的「毛病」，即使是皇帝身上還有三隻「聖虱」呢。不要因自己形體或是性

格上的某些缺陷，而認定自己今生註定要失敗，有時候將自己的弱點作為將要挑戰的地方的人，往往能取得成功。

　　每個來到這個世上的人都是帶著自己的信念和使命的。你完全不必因為容貌和身體上的缺陷而感到自卑，感到人生毫無希望；完全不必因為解答不出一道數學題而責罵自己是弱智，是個白癡；完全不必因為生活上的不如意就斷定自己是個上帝的棄兒，是個在世界上多餘的人。面對這樣那樣的困境，你首先要知道的是人是不能為這多多少少的不完美所困擾，只要你發現自己的弱點，並將其作為人生挑戰的目標時，那麼弱點就會被減弱消失的無影無蹤，甚至還會變成你的優勢。而從它上面冉冉升起的是你堅強和成功的身影。

　　所以讓我們開始將弱勢的壓力轉變為激發自己無盡的上進心的發動機吧！

　　湯姆・鄧蒲賽生下來就只有半隻右腳和一隻畸形的手。但他父母親常會告訴他：「湯姆，其他男孩能做的事情你都能做。為什麼不能呢？你沒有任何比別人差勁的地方，任何孩子可以做的事情，你一樣能做到！」

　　後來湯姆參加了橄欖球測驗，並且得到了一份衛鋒隊的合約。但教練卻婉轉地告訴他：「你不具有做職業橄欖球員的條件，去試試其他的事業吧！」湯姆聽後並沒有感到氣餒，他又申請進入新奧爾良聖徒隊，教練看他對自己充滿了信心，就抱著試試看的態度收了他。

　　在一次重要的比賽上，球場上坐滿了六萬多球迷。球是在二十八碼線上，比賽只剩下幾分鐘，球隊把球已經推進到三十五碼線上時，沒有時間了。「湯姆・鄧蒲賽，進場踢球！」教練大聲說。當湯姆走進場的時候，他知道他的隊距離得分線有五十五碼遠，這也等於說他要踢出六十三碼遠。在正式比賽中踢得最遠的紀錄是五十五碼，湯姆閉上眼睛對自己說道：「我一定能行！」於是用盡全力踢出一腳。結果他真的辦到了，這段距離成了湯姆一生中最刻骨銘心的記憶。憑藉他奮力一踢，球進了，湯姆所在的球隊獲勝了。大家都不敢相信這個

踢破最遠紀錄的球，居然是由只有半隻右腳和一隻畸形手的球員踢出來的！對此殊榮，他只是微笑著說，「我從來不知道我有什麼不能做的，也沒人這樣告訴過我！即使真的有什麼明顯的缺點，我也會對自己發起一輪又一輪的挑戰，與它抗爭，直到成功！」

任何人都能將自己的劣勢轉化為優勢的可能，只要他堅信自己一定能做到，假使在他剛開始打算做一件事時就不停的對自己說：「不行，我在這方面從未成功過，也不可能成功。」那麼他將註定在這方面一事無成。直到哪天他意識到自己錯了，並且不再用這種心理暗示去打消自己的積極性，自信滿滿的樣子又回來後，他才有可能邁出人生中重要的一步，才會相信挑戰自己的缺點所帶來的痛苦，是件多麼幸福的事情。在這個世界上，讓自己的弱點壓垮的人是可悲的、可笑的、可憐的。因為他完全辜負了身為一個人所應有的奮鬥精神和榮譽感，也完全享受不到戰勝弱點後成功之花散發出來的馥鬱芳香。向弱點投降的人的生活，簡直就是在浪費光陰，每一分一秒都不能做自己的主宰，任由弱點把自己拉到生活的最底層，只能過著毫無希望的日子，這樣的人生，又算得上什麼又有什麼樂趣可言呢？

對於我們來說，弱點是不能忽視的，只要有勇氣，我們就一定有辦法去克服它。

格蘭恩‧卡寧漢自小雙腿因燒傷無法走路。但是他卻成為奧運會歷史上長跑最快的選手之一。

他告訴人們，一個運動員的成功，百分之八十五靠的是信心及積極的思想。也就是說，你要堅信自己可以達到目標。他說：「你必須在三個不同的層次上去努力，即生理、心理與精神。其中精神層次最能幫助你，我不相信天下有辦不到的事。」

奮發向上的思想，能使一個人將自己的弱點視為一種挑戰的機會。並且通過不懈的努力，最終可以將弱點轉為最強的部分。就像碳，在高溫高壓的情況下就能變成珍貴無比價值連城的鑽石，如果沒有壓力條件，它可能永遠都要以微不足道的鉛筆芯的模樣呈現在人們

面前了。

那麼如何將弱點轉化為優點呢？你可以依據下列六個步驟來實現。

❶ 找出弱點，將它認真分析研究，然後設想一下有沒有能克服的有效方法，大多數弱點只要努力就可以克服。

❷ 寫下你的夢想，並看看自己有哪些弱點導致你不能實現這個目標，然後去實現這個夢想。

❸ 想像一下自己克服身上的弱點後，會變成一個怎樣偉大的人，對你的事業將會產生怎樣的影響。這是一種有效的自我暗示，而不只是在做白日夢那麼簡單。

❹ 著手行動，從日常生活中首先克服自己的不足開始，一步步向著目標邁進，注意不要強迫自己一口氣吃成胖子，更不能三分鐘熱度，那樣的話是絲毫不起作用的。

❺ 請家人或是朋友來幫助你、監督你，並且認真聽取他們的意見，這會幫助你改正你的壞毛病和彌補自己的缺點和不足。

請相信自己，看待弱點，只要有鐵杵磨成針的堅定意志，有戰勝它們的堅決想法，那麼一切艱難險阻，一切狂風暴雨，都可以輕鬆的拋在身後。良好的開端，光明的大道，高尚的品德，成功的事業，都會在雨後踏著彩虹而來。

「如果我們能做出所有我們能做的事情，我們毫無疑問地會使自己大吃一驚。」想印證愛迪生的這句話嗎？想實現自己的美好夢想嗎？那麼就從現在開始，從克服自己的弱點開始吧！

7／更上一層樓

雖然比較算不上是什麼高尚的行動，但是從與人的比較中，我們會很明顯的看到自身的不足。進而萌生出完善自己的意願。從某個角

度來講，比較亦是照出自己缺陷的一面明鏡，有時能從比較中感受到的壓力，會激起你強烈的鬥志。

在人們心目中攀比絕對是個貶義詞，它代表了衝動、嫉妒與貪婪。但對它的同胞兄弟「比較」來說，我們不得不承認的是比較是會給人生帶來改變的一種巨大能量。沒有比較的人生是看不到差距的，沒有比較的人永遠只想賴在原地不動，沒有比較就永遠沒有向上的動力，沒有目標、沒有希望、沒有比較，甚至所有的事物也都無發展前途可言。所以說比較是一種效果非常好的催化劑，它能促使你步入成功的殿堂。只不過要注意的是比較是不完全等同於攀比的，它不是盲目的追求，不是為了超出某某某而經過一番拼殺後，終於擁有了可以炫耀的資本，而是為了自己的更強大，為了讓自己更接近成功的目標。

一九二九年，喬‧吉拉德出生在美國一個貧民窟，他從懂事起就開始擦皮鞋、做報童，然後又做過洗碗工、送貨員、電爐裝配工和住宅建築承包商等等。三十五歲以前，他只能算是一個貨真價實的失敗者，朋友都棄他而去，他還欠了一身的債，連妻子、孩子的溫飽都成了問題，同時他還患有嚴重的語言缺陷──口吃，換了四十多個工作仍然一事無成。看到自己的生活與別人的差距逐漸拉大，看到從前的朋友換上了新車而自己依然一無所有，看到了別的家庭都其樂融融的準備聖誕晚餐，而自己的妻子還在為用少的可憐的蔬菜做些什麼出來而犯愁。這一切都讓喬‧吉拉德感到沮喪，同時他也覺得要為改變這種生活做些什麼，於是他開始賣汽車，步入推銷生涯。

剛剛接觸推銷時，他反覆多次對自己說：「你認為自己行就一定能行。」他相信自己一定能做得到，他以極大的專注和熱情投入到推銷工作中，只要一碰到人，他就把名片遞過去，不管是在街上還是在商店裏，他抓住一切機會，推銷他的產品，同時也推銷他自己。三年以後，他成為全世界最偉大的銷售員，誰能想到，這樣一個不被人看好，而且還揹了一身債務、幾乎走投無路的人，竟然能夠在短短的三

年內被金氏世界紀錄稱為「世界上最偉大的推銷員」呢！他至今還保持著銷售昂貴產品的空前紀錄——平均每天賣六輛汽車！他一直被歐美商界稱為「能向任務人推銷出任務商品」的傳奇人物。

對待自己是不能過於寬容的，客觀地做出一個評價，認識到自己的不足是種寶貴的財富，它能幫助夜郎自大的你走出渺小無知，讓你知道天外有天、人外有人，甚至能幫你重新認識自己，重新將生活定位，幫你找到真正屬於自己的人生起點。不得不承認的是挖掘自己的缺點是件很讓人痛苦的事情，它完全可以擊垮你的自信和尊嚴，但是一個能清醒的評估自己、認清自身缺點和與他人差距的人，才是能夠不斷完善自我、成就自我，並且士氣高昂、快快樂樂的去工作和生活的人。那麼對待自己和他人的差距應該怎麼辦呢？

❶ 選定你心目中的偶像，讀他的傳記，看看自己距離這樣的成功還有多少路要走，讓這些書成為指導你做事、做人的勵志教材。

❷ 看周圍你羨慕的人們，在性格、能力等哪些方面比你佔有絕對優勢，想盡辦法來彌補自身的這種不足，要讓心中的羨慕和嫉妒變為自己準備迎頭趕上的不竭動力。

❸ 確定了你的人生目標後，要及時給自己定位，發現自己的天賦和特長，增強自己在這一領域發展的自信心。

❹ 給自己訂一個計畫，堅定不移的按這個計畫去完成，每天完成一點點，你也會很快接近你的人生目標的。

❺ 把所用的知識都學到手，知識永遠是第一生產力。不要以自己沒有某某人學歷高等作為藉口，來逃避奮鬥過程中所出現的困難。

最後，當我們為著自己的目標，為著這逐漸縮小比較的差距一步步努力時，會發現原來成功也是件簡單的事。關鍵是你能否將差距變為激發你不服輸的本性和潛力的有效工具！

8／小忍才能成大事

　　面對別人的責難或是強加在你身上的「不公正待遇」，相信你已經憤怒至極忍無可忍了！但是憤怒是毫無意義的，它只會讓你一時衝動做出傷害他人、傷害自己的事情。面對憤怒，你應該學會控制自己，馬上平心靜氣，默默走到一邊，心裏暗暗發誓，一定要做出個樣子來讓這群傢伙瞧瞧！

　　在工作中，在生活中，人們遇到的不平事多了去了，如果大家都狂暴不安立刻大打出手的話，整個世界會亂到極致，並且誰都不會服誰，誰都不會尊敬誰，最後玉石俱焚，魚死網破。面對這樣那樣的讓人憤憤不平感到屈辱的事，聰明人會立刻閉上嘴巴，忍辱負重，暗自砥礪。他們相信，終有一天會迸發出讓當初給他們難堪的人抬頭仰視的奪目華彩！不得不承認，屈辱的壓力也會是一種催人向上的動力，憤怒的淚水也會澆灌出成功之花。個中機要是無論你現在的處境多麼令你感到委屈、難堪，要懂得忍耐！這也是磨煉你堅強上進個性的第一步，更是你能成就大事的關鍵所在。

　　古代有一個名人，可稱得上是忍耐的典範。劉邦，這個小家小灶裏走出來的平民皇帝，最是能忍下怒氣的。分明是他先入的咸陽，項羽卻不遵守討伐秦國時，天下大大小小的英雄們在楚懷王跟前立下的「先入咸陽者為王」的諾言，不僅把劉邦趕到險山惡水的四川蠻夷之地，還要在鴻門宴上將劉邦趕盡殺絕，面對這種不公正待遇，劉邦忍下了，因為他必須留下自己的性命。當他在抵抗外敵的侵犯時，韓信派人送信過來，告訴劉邦如果你想讓我的部隊過來營救你，就必須給我分出一塊地皮來讓我也當個大王，嘗嘗滋味，這分明是趁火打劫嘛。可是在這種情況下，劉邦又一次忍下了熊熊燃燒的怒火，說我答應你，因為他還得靠韓信這員猛將爭取天下。由此可見，忍耐是有好處的，忍得一時之氣，你就可以讓頭腦清醒一點，讓感受到的屈辱更

強烈一些，讓克敵致勝的好主意想的更迅速一些。有時候忍耐還能成就自己在別人面前良好的形象，以至於人們都有了和你交往的願望，因為你的大度能贏得別人的尊敬和好感。

　　第二次世界大戰時期的蘇聯名將什捷緬科是一位才華橫溢的年輕人，深受史達林的寵愛。一次，蘇聯一位著名元帥受命去波羅的海，協調軍事行動，年輕的什捷緬科作為他的參謀長同行。這位元帥非常看不起青年將領，認為他們只不過會紙上談兵加上好運氣而已，因此在火車上元帥突然對他說：「為什麼讓你跟我一起去？是來監視我的吧？白費勁！你還在桌子底下跑的時候，我已經率領著成師的部隊在打仗！革命開始的時候你有幾歲！」什捷緬科為顧前線大局，忍下了這種無理差辱，老實回答：「那時候剛滿十歲。」接著又表示了對元帥的尊重。這才化解了二人之間的衝突危機。後來在他們二人的合作下戰爭取得了勝利。幾年過去了，他們兩個已經成為忘年之交，以至互相捨不得分開。你看，很多時候暫時忍耐一下是智慧的表現，如果當時年輕人氣不過撕破臉皮的話，這場戰爭的命運也許就會被改寫，他們也會成為水火不相容的敵人。看來不僅中國人懂得，所有人都懂得「小不忍則亂大謀」的道理。古今凡能成就一番事業的人士，十之八九都有能包容天下不平之事的寬廣心胸，和「額頭上能跑馬，肚子裏能撐船」的氣量。

　　人要想建功立業，取得出色的成就，就要識時務，就要善於利用客觀形勢的發展變化，因時制宜，相時而動。在別人的非難中更要頂住壓力，忍得一時之氣，就會「留得青山在，不怕沒柴燒」。反之，如果在客觀條件不具備、不允許的情況下，不講究策略，不善於韜光養晦，一味地硬拼蠻幹，人家舉起個棒槌你就馬上衝上去和人家拼個你死我活的話，就可能一事無成，或於事無補，甚至連性命都得賠進去。這便是忍辱負重、韜光養晦在逆境中的積極意義。

　　一個人想要有所成就，就不能事事都高人一籌，事事都爭先，否則就引火焚身，這樣只會變成人家攻擊的靶子，只有暗自砥礪才是成

大事的基本原則。

低下頭起碼有這樣幾個好處：

❶ 你很主動地低下了頭，不致成為明顯的目標；不會因為頭抬得太高而把矮簷撞壞。要知道，不管撞壞撞不壞，你總要受傷的，儘管你的頭是「鐵」的，但老祖宗早就有「傷敵一千，自損八百」的古訓。不能因為脖子太酸，忍受不了而離開能夠躲風避雨的「屋簷」。離開不是不可以，但是必須考慮要去哪裡。

要知道，一旦離開，再想回來就不那麼容易了。

❷ 有意識地主動消隱一段時間，藉此機會認真觀察各方面的情況，著手消除各方面的隱患，為將來的大舉行動做好前期的準備工作，這就是「以退為進」的道理。

❸ 忍讓、容忍的目的，是為了讓自己與當時的環境有和諧的關係，把二者的摩擦降至最低，是為了保存自己的能量，以便走更長遠的路，更為了把不利的環境轉化成對你有利的力量。這是一種柔軟，一種權衡，更是最高明的生存智慧。

應對他人的不公正待遇，選擇暫時的低頭並非沒出息，而是一種另闢蹊徑的爭氣法。頭昂得太高，容易撞傷；個性太強，總有一天要吃虧。所以當你看到了「矮簷」，請不要「不得不」，而告訴自己：「要想順利通過就要低頭！」

周圍人所帶給你的壓力算不得什麼大事，最好的回應方式不是讓你義憤填膺大打出手，而是暗中發奮圖強，早晚有一天讓譏諷嘲笑你的那些人刮目相看！把別人的侮辱化為激勵自己英勇拼搏的外在推動力量，也未必不是件好事，而且實踐證明有這樣一個「壞傢伙」在身邊，你成功的機率會高很多，當然，這也是需要忍耐力的。是做十年磨一劍的越王勾踐，還是做逞一時匹夫之勇不願重整山河而殞命的項羽，哪一個軌跡才是你願意選擇的人生呢？

9 ／讓效率替你說話

　　面對同事、同行和自己競爭，面對機器的入侵在越來越大的範圍內和自己「搶飯碗」的壓力，你必須想盡辦法來改善自己目前所處的困境。科技是在不斷進步的，人們在享受這些進步所帶來的快捷便利的工作、生活方式的同時，還要以最快的速度去適應它，要以更高的效率去追趕它甚至超越它，只有這樣，你才有可能在搞定一切後，用剩下的時間過你真正想要的舒適生活。

　　儘管趕上科技這句話聽起來並不切實際，也不大有可能。但它不是說讓你卯足了勁去開發更先進的電腦系統，也不是讓你現在就開始努力去研究一百年以後才會出現的技術，而是說要將現代運用科技「成災」的工作搞得得心應手。想過得輕鬆一點的最好辦法，就是在大環境中基本條件不變的情況下，努力提高自己的工作效率。效率一旦提高了，單位時間內你的工作量就會減少許多，相信這是每個人都能想得清楚的問題。算清這筆帳後，你是不是覺得很划算，馬上開始以提高工作效率作為自己的動力和口號了呢？

　　要知道，成功者們享受的富有，往往都是比別人優秀的回報，這種優秀就是做比別人多的工作。如果想超越別人就要讓自己快人一步，多做事，可是一個人每天不會有二十五個小時，所以說提高自己的工作效率才是換取成功的好方法，否則自己就只能等著被超過，然後就有被淘汰的危險了。當然提高工作效率也是有技巧可循的，關鍵一點就是讓自己先做最重要給自己壓力最大的那件事。

　　美國的卡內基在教授別人期間，有一位公司的經理去拜訪他，看到卡內基乾淨整潔的辦公桌時這位經理感到很驚訝。他向卡內基說：「卡內基先生，你沒處理的信件放在哪兒呢？」

　　卡內基說：「我所有的信件都處理完了。」

　　「那你今天沒做的事情又推給誰了呢？」經理緊追著問。

「我所有的事情都處理完了。」卡內基微笑著回答。看到這位公司經理困惑的神態，卡內基解釋說：「原因很簡單，我知道我所需要處理的事情很多，但我的精力有限，一次只能處理一件事情，於是我就按照所要處理的事情的重要性列一個順序表，然後就一件一件地處理。結果，完了。」說到這兒，卡內基雙手一攤，聳了聳肩膀。

「噢，我明白了，謝謝你，卡內基先生。」幾週以後，這位公司的經理請卡內基參觀其寬敞的辦公室，他對卡內基說：「卡內基先生，感謝你教給了我處理事務的方法。過去，在我這寬大的辦公室裏，我要處理的文件、信件等堆得和小山一樣，一張桌子不夠，就用三張桌子。工作效率低得出奇，我也被成堆的工作壓得喘不過氣來。自從用了你說的法子以後，情況好多了。瞧，再也沒有沒處理完的事情了。」

這位公司的經理，就這樣找到了處理事情的辦法。幾年以後，他也成為美國社會成功人士中的佼佼者。

想用提高工作效率的方法來成為化解壓力的動力時，你必須要注意到以下幾個問題，否則工作和生活會被搞得一團糟。

❶ 清楚的把工作分成幾個部分，找到其中最重要的一項，按工作的輕重緩急去處理的話，不但節省你許多時間，更會讓你找到攻克難關的成就感，從而產生一種興奮情緒去對待其他份量的工作；

❷ 在完成了看起來「不能完成」的工作後，獎勵自己一下，享受提高效率所帶來的變工作壓力為動力的快感；

❸ 不要被周圍的環境所控制。對別人提出來的意見或想法可加以參考，但一定不要讓他們干擾自己的計畫。否則事情不但會被破壞掉，還有可能讓你受到前所未有的挫折感的壓迫；

❹ 適當的休息。體育運動能重新點燃你的精力和鬥志。它們會激發你的靈感，可以使你從中獲得新的力量，幫助你完成工作；

❺ 把你的計畫付諸實踐。如果你想要去做，態度就要堅決一點。不時想想自己的這份努力，將會給工作帶來多大轉機，將會把自

己的人生推向一個怎樣的高度，這會提升你的勇氣和信心。

　　提高效率不僅等於延長一個人的生命，還意味著你將會「騰」出來更多可以用來享受的時間，或者是攀上事業的頂峰。所以說面對沉重的工作壓力，讓效率來替你說話！這會成為促使你成功的不二法則。

10 ／ 把自己變成一顆美麗的珍珠

　　不管你曾經多麼輝煌，那都是過去的事了。現在你要做的是從美好的幻想中走出來，給自己一點點危機感和緊迫感，抓緊一切可能去適應這個社會，適應人際關係，否則就會被曾經還有點熟悉的一切所淘汰。

　　打開電腦，如果想找一條你想要的消息，就不要驚訝電腦螢幕刷新的速度，不管你願不願意都必須要承認，科技進步的速度真是越來越難以置信了。你不能不對自己說：要趕快跟上社會的腳步，要趕快跟上人們的思路啊，可能又一個清晨醒來，你就會發現自己已經被甩掉了整整一百年的技術。

　　巴西著名足球明星比利在足壇上初露鋒芒時，記者問他：「你哪一個球踢得最好？」他回答說：「下一個！」而當他在足壇上大紅大紫，成為世界著名球王，已經踢進了第一千個球以後，記者又問他同樣的問題時，他仍然回答：「下一個！」

　　在事業上大凡有建樹的人都同比利一樣，有著永不滿足、不斷進取的精神。

　　馬克思曾說過：「任何時候我也不會滿足，越是多讀書，就越深刻地感到不滿足，就越感到自己知識貧乏。科學是奧妙無窮的。」

　　所有成功的人都是這樣不斷進取的。所以你就得給自己點緊迫感，讓自己有跟得上時代的能力，讓自己有在競爭中牢牢佔據一席之

地的實力。懂得進取並不是一件壞事，至少它能讓你清楚的意識到自己的處境，從而著手進行有效處理。也只有預先做好準備，才能攻無不克，戰無不勝。

伊萬在學校時成績名列前茅，畢業後找工作時卻屢次碰壁，一直找不到理想的工作，他覺得自己懷才不遇，對社會既失望又痛恨，他為沒有伯樂來賞識他這匹「千里馬」而憤慨，甚至為此傷心欲絕。

懷著極度的痛苦，伊萬來到大海邊，打算就此結束自己的生命。

正當他慢慢走向海中的時候，一位老人救起他。老人問他為什麼要走絕路。

伊萬說：「我得不到別人和社會的承認，沒有人欣賞我，所以覺得人生沒有意義。」

老人從腳下的沙灘上撿起一粒沙子，讓伊萬看了看，隨手扔在了地上。然後對他說：「請你把我剛才扔在地上的那粒沙子撿起來。」

「這根本不可能！」伊萬低頭看了一下說。

老人沒有說話，從自己的口袋裏掏出一顆晶瑩剔透的珍珠，隨手扔在了沙灘上。然後對伊萬說：「你能把這顆珍珠撿起來嗎？」

「當然能！」

「那你就應該明白自己的境遇了吧？你要認識到，現在你自己還不是一顆珍珠，所以你不能苛求別人立即承認你。如果要別人承認，那你就要想辦法使自己變成一顆珍珠才行。」聽完老人的話後，伊萬低頭沉思，半晌無語。

這正和你現在的處境是相似的。你只抱怨社會的不認可，抱怨沒有「伯樂」來相中你這匹「名駒」，只是抱怨命運的不公平，抱怨老闆們冷面冷心。其實真正的原因卻出在你自己身上。必須承認的是現在的你，只是粒毫不起眼的沙子，而不是光彩奪目的珍珠。如果想要得到社會的認可，得到自己所憧憬的生活，不管你願不願意，都要在「是沙子」的痛苦情懷中激勵自己、磨煉自己，付出心血和努力，不斷進取，才能看到成功的曙光。

那麼從沙子變成珍珠，從醜小鴨變成白天鵝，應該怎樣去做？

❶ 培養扎實的專業技能。隨著知識經濟時代的到來，沒有良好的技術才能或是只會紙上談兵的人，必然會被市場競爭淘汰。其中外語和電腦的使用，並非是專業人士才具備的能力，絕大多數人才都應當擁有這些技能。部門與部門之間的配合以及公司運作的銜接通暢，都離不開數字與計算。瞭解並會維護各種系統，包括電腦系統、產品銷售甚至總務系統。而外語則是你連接世界的重要工具。

❷ 擁有廣博的知識。善於閱讀並敏於觀察的人，都具有豐富的想像力。想像力是白領職工都需要的技能。富於想像力，有利於收集並獲得廣泛、大量的資訊與知識；還可以開拓思維方法及觀察的視野，換一句話說，想像力在某種程度上可以帶動創造性和創新能力。能廣泛地搜集資訊和理解它們，並將之用於引導公司走向未來。

❸ 創新是成功的捷徑。創新能力能夠使你在平凡的工作崗位上脫穎而出，獲得社會各界的青睞。

❹ 要有較強的組織能力。如今許多被認為是少數領導人士才具備的組織能力，會成為選擇職員的重點。比如說設置工作流程、制訂市場行銷方案、統一調撥財力物力、協調分配任務等，都需要高標準的組織規劃能力。人的能動性要得到充分發揮，而不侷限於按部就班的傳統模式。組織能力是十分重要的，許多部門需要在物資供應、工作程式以及貿易往來、財政機遇等諸多方面予以組織或重新組織。

❺ 要有良好人際關係。公司間的交往要求職員能應付越來越多的人際關係，並具有越來越高的遊說能力，所以優秀的口才是必備的。同時，在本來節奏快的工作環境中，內部的交流顯得更加重要，儘管惜時如金，但沒有交流就缺乏動力和發展的源泉。今天，一個有成效的工作人員，應當善於向他人介紹自己所掌握的資訊，說清楚自己的觀念，使人能理解並支持某一特殊見解。

❻ 細心聽取他人的意見。措辭準確的文筆，平和的語言，對事物的準確描述，這些將具有不可估量的價值。

就這樣充分調動你的熱情，調動你的能力和潛力，去為自己打拼出一片新天地吧！記住，只要你停滯不前，你就會被時代的浪潮所淘汰，所以馬上讓自己變得有實力，變得強大起來，才有足夠的力量對抗不公正的一切！

11／壓力是一本「點石成金」的秘笈

人生需要用成功來證實自己的存在價值，想要克服與生俱來的惰性，最好的辦法就是給自己一點壓力，不需要太大，在你心理承受得起的範圍內就好。事實證明，成功的人生無一不歸功於像鞭子一樣抽在身上來督促你的壓力。它能把苦難化為力量，燃燒激情和熱情，讓你身體充滿了奮鬥的能量。

如果你是一介平民，卻聲稱自己是個有理想、有抱負的人，願意為自己的目標付出一切，大聲呼完口號後，卻依舊躺在自己的小床上悠閒地聽著音樂的話，所有的美好不過是南柯一夢，你沒有壓力，也就無所謂動力，也就無所謂苦盡甘來的理想生活。

想要改變自己的生活就要拿出行動來，你已經察覺到自己有壓力了，很好，說明你向成熟又邁進了一步，說明你已經有了將它化為動力的念頭。接下來的任務是感謝壓力，與它共同奮鬥吧！當把痛苦的壓力轉化為動力之後，你會驚喜的發現，不是上帝對你不公平，而是給了你一塊多麼廣大美麗的土地！你可以隨心所欲地播種希望，用勤奮的汗水澆灌，滿心歡喜的等待著開花結果的那一個清晨的曙光！

壓力加上你的決心，會變成點石成金的神奇魔法！請務必要相信這一點。

❶ 勇敢地面對自己的追求，不要覺得它如空中樓閣，不切實際，實際上只要你為之鍥而不捨地付出努力，終有一天會美夢成真。

❷ 做想做的自己。不氣餒，不認為自己渺小，不自怨自艾，任

何一個人都能成為理想中的自己，壓力就是這種改變的重要催化劑。

❸ 在困境中燃燒自己的小宇宙吧！你會驚喜的發現，自己真是一顆定時的原子彈，一旦爆發出來，竟然擁有這麼強大的力量！

❹ 沒有最好，只有更好！讓自己成為迎難而上，第一個到達人生之巔的人。

❺ 為了彌補缺陷，你要努力，不要讓任何人輕視自己。

❻ 攀比不是為了誇耀，而是在比較中發現自己的不足之處，給自己的人生確定一個目標，並想盡辦法去實現它。

❼ 想讓別人對你敬愛有加？先給自己一個值得驕傲的理由吧！

❽ 讓自己跟上時代，為自己賺取在現代社會競爭的有利資本，需要你更高效率的對待工作！

❾ 永不滿足是催促你奮進的一大動力！

在壓力面前低下高貴頭顱的人是懦夫，是被時間釘在恥辱柱上的可憐蟲。正因為有了壓力這個讓你感受到切膚之痛亦敵亦友的同行者的陪伴，你才能源源不斷地挖掘自己奮鬥的潛力，才能讓同樣屬於每一個人的幾十年時光，變得與眾不同，特別的華美而絢爛。

因為壓力，成功的過程變得晦澀，卻又讓成功唾手可得。從現在開始，正視你的際遇，讓壓力轉化為成就你偉大事業和壯麗人生的激情動力吧！

chapter 08
遵循緩解壓力的黃金法則

幾乎所有感到生活幸福的人，都懂得緩解壓力的黃金法則，這不是一種逃避，而是智慧、是嘉獎、是成熟的心靈散發出的睿智芳香。緩壓片刻，你的生命能再次回升，踏在成功之路上的腳步將更加堅定。

1／緩壓自有風景在

　　人生就像一齣戲，如果想要得到大家的認可，就要有個好劇本、有個好導演、有一群好演員。並且每個身處其中的人必須戰戰兢兢，一絲不苟地完成表演任務，然後才能換來掌聲。

　　在壓力面前人人平等。從未出現過躲開了壓力而獲得勝利的先例。但是有些人卻過得精彩異常，看起來一副「壓力能耐我何」的樣子，這不是因為壓力不敢「招惹」這些重量級人物，而是在生活中已取得成功的人們，摸索出了一套與壓力化敵為友的戰術，談笑之間，壓力這個可怕的心理敵人就灰飛煙滅了。

　　在這個世界上，人們都把自己硬生生的塞進「心理牢籠」裏，自尋煩惱，嘮嘮叨叨，總覺得不滿足，時間一長，很容易被壓力擠爆了管道，落下一生的遺憾和煩惱。雖然我們必須面對現實，面對本身的弱點和不平，雖然無法完全掙脫樊籠，選擇百分百自由的天空，但是聰明的緩解壓力，確實是讓籠子更鬆快一點的有效方法。

　　緩解壓力，你全身澎湃的血液會恢復平靜，身體的航船就不再那麼辛苦地抵禦風浪；

　　緩解壓力，不是徹底的鬆懈，而是一場大規模的整頓，讓自己能量回升，熱情高漲，信心十足地去迎接更高的挑戰；

　　緩解壓力，不是消極的放棄，而是韜光養晦之後準備石破天驚。

　　聰明地釋放自己吧，在你凝神回眸的一剎那，將看到難以比擬的人間美景。

2／美食緩壓有妙招

　　現代從業人士大多為白領階層，他們腦力勞動量大，同時還要協

調亂糟糟的家庭關係，和處理各方面複雜的人際關係，這些往往讓他們忙得焦頭爛額，難免有「義憤填膺」的時候。過一段時間這些積壓在心中的不滿情緒和缺乏心靈放鬆，缺少生活的新鮮感、刺激感的情緒，就會牢牢控制他們的精神，讓他們暫時由澎湃的高峰跌落到人生低谷。他們甚至覺得生活中什麼美好都不存在了，自己的存在都有了行屍走肉的意味。於是就出現了在白領人群中發病率越來越高的抑鬱症。

輕度的精神抑鬱屬於情感障礙疾病。高發人群屬三、四十歲的中青年男性居多。出現精神抑鬱後，直接導致他們在工作上的力不從心，在家庭中或表現狂躁不安或嚴重消沉，不僅誘發身體疾病，如高血壓、發燒、頭痛、神經性感冒等症狀，在思維上也時常出現短暫的空白，致使語言不流暢、反應遲鈍等現象。

這時候你需要食品來幫你。

❶ 吃魚可以直接提供給腦部充足的營養，還可以改善精神障礙，這是因為魚肉中所含的脂肪酸能，產生相當於抗抑鬱藥的類似作用，使人的心理焦慮減輕。美國的學者曾經對精神障礙患者進行研究，結果發現患者在加服魚油膠囊後發生抑鬱症的間隔時間，比只服常規藥物的患者明顯延長。

通過對不同國家進行的調查和比較研究，有關專家還發現在魚類消費量最多的國家，抑鬱症的發病率最低，殺人、自殺的發生率也低。而那些魚類消費量少的國家，抑鬱症的發病率相當高。這說明一個國家脂肪酸的消費類型與其發生抑鬱症的比例有密切關係。

對於這種精神壓力過大產生的疾病來說，如果能夠及早的預防和治療，它的危險就不會那麼快地顯露出來，如果你對它忽視，以為這是種正常現象的話，那很可能會出現比較嚴重的問題。

❷ 在日常飲食中，你需要給自己加些含鋅、硒、銅含量比較豐富的食品。最直接簡單有效的方法就是用含這些元素的食鹽，你在超市裡就可以買到。此外，鋅含量高的食物主要有：

牡蠣、動物肝腎、乳製品中也有分佈。體內缺銅也會使神經細胞的內抑制過程失調，使內分泌系統處於興奮狀態而失眠。烏賊、蝦、羊肉、蘑菇等均含銅豐富。

含硒的食物同樣可以治療精神抑鬱問題。心理學家們發現人在吃過含有硒的食物後，普遍感覺精神好，思維更為敏捷。硒的豐富來源有乾果、雞肉、海鮮、穀類等。複合性的碳水化合物，如全麥麵包、蘇打餅乾也能改善情緒。

到了一定程度，抑鬱症就變成了恐怖殺手，目前約有百分之十五的抑鬱症患者死於自殺。研究證實，人體一種必需的氨基酸—色胺酸的代謝產物五羥色胺與抑鬱症有關，通過提高五羥色胺的濃度，可以改善抑鬱症患者的症狀。國外越來越多的人開始關注抑鬱症，並積極主動地接受治療。國內目前也開始積極關注這個問題，正在研究有效可靠的治療方法。其實調節精神狀態還是得你自己說了算。

❸ 來嘗試一下果蔬汁吧！

香蕉藍莓汁：香蕉是色胺酸和維生素 B6 的最好來源，可以幫助大腦減少憂鬱情緒。藍莓具有清潔腎臟、膀胱和尿道的功效，略帶酸味的口感中和了香蕉的甜味。

葡萄汁：葡萄對神經衰弱、過度疲勞者有良好的滋補作用，含有大量維生素 B 和銅、鐵、鋅等營養物質，高量維生素 C 是參與人體製造多巴胺、腎上腺激素等「興奮」物質的重要元素之一。

樹莓蘋果汁：樹莓的氣味清新淡雅，具有強效清潔作用，適合身體的快速排毒。每天晚上睡前半小時喝一杯，會很好地促進睡眠。

心理疲勞所造成的精神問題是不可避免的。但在生活中，早樹立這樣的意識，讓積極的心態幫你擺脫煩惱，讓你的家人幫你走出困境，讓美食幫你消滅黑暗，是還你一個健康人生的有效方法，不妨來試試！

3／解讀排解壓力的「正確管道」

　　易產生心理壓力的無非是處在高薪階層的「菁英」一族，「高處不勝寒」，越往高處走那種危機感、孤獨感越重，越是要小心四周的暗藏的裂縫和懸崖峭壁。然而，走到最高處始終是人生的理想和追求，拿破崙說過「不想當將軍的士兵不是好士兵」，不想攀爬人生高峰的人，同樣是只能生活在社會最底層得不到人們尊重的人，所以還是要工作，還是要奮鬥的。在與生活、命運抗爭的過程中，你頂住了壓力，面對壓力快速而機敏的做出反應，就比較容易獲勝，相反，你會隨著坍塌的山石一塊滾下去。

　　孔子那段名言：「吾十有五而志於學；三十而立；四十而不惑；五十而知天命；六十而耳順；七十而從心所欲，不逾矩。」正如他所說，千百年來，只要是有志於國有志於家的人們，大半輩子活得也不輕鬆，不管他們名利多大，權勢多高，也得奮鬥，也得為牛為馬。其實不僅是社會菁英與知識份子，一般人大都活得比較累。此處所謂「比較累」，不是群體之間的比較，而是僅就「累」的程度而言。

　　你從小便有了職業：學生。作為學生，你要為你的目標而努力奮鬥，考上好的高中，一流大學，出國深造。等你步入職場，你要儘快取得成績，當上主管，盯住經理的位子。這不是你慾求過高，而是人性的習慣使然。當然，面對無休無止的競爭，面對著別人有所成就的微笑，你就愈加「不甘心」地把自己往「累」裏推，希望藉此付出讓自己更上一層樓。那麼對付職場中產生的壓力，你是會束手無策讓其對你進攻再進攻、摧毀再摧毀呢，還是學會聰明的釋放過剩的壓力第二天依舊精神飽滿的發起衝鋒呢？我想，答案是不言而喻的。這裏介紹幾種有效的緩壓方法，希望能對你所幫助。

　　❶ 面對現實，現實生活是極其複雜的，每個人都有自己的理想和抱負，對自己有所要求。但是這種要求應該建立在實際的、力所能

及的基礎上。人們所以感到工作、生活受到挫折，往往是因為自我目標難以實現，就感到自卑失望，過高的期望只會使人誤以為自己總是運氣不好而終日憂鬱。有些人是「完美主義者」，對任何事都希望十全十美。而世界上的一切事情都不可能盡善盡美。所以應該調整自己的生活目標，客觀地評價事情、評價自己，得意淡然，失意泰然，在積極向上努力進取的同時，擁有一顆坦然面對成功與失敗的平常心，才能使自己心情舒暢。

❷ 每個人又都有各自的性情、品格和所長所短，別人不會都迎合你的意思，就像你自己也未必符合別人的要求一樣。對別人的要求越高，自己的不滿情緒會越大。如果對別人的要求較低的話，那麼稍微符合你的願望，你就容易得到滿足。所以既不要苛求自己，也不要苛求別人。

❸ 宣洩法

宣洩法是一種將內心的壓力排泄出去，以促使身心免受打擊和破壞的方法。通過宣洩內心的鬱悶、憤怒和悲痛，可以減輕或消除心理壓力，避免引起精神崩潰，恢復心理平衡。「喜怒不形於色」，不僅會加重不良情緒的困擾，還會導致某些心身疾病。因此對不良情緒的疏導與宣洩是自我調節的一種好辦法。一位運動員受到教練訓斥後很沮喪，不久引發了胃病，藥物治療也不見效。心理學家建議他在訓練中把球當教練的臉狠狠地打，採用此法後他的胃病果然好多了。這種不損害他人，又有利於排解不良情緒的自我宣洩法，可以借鑑。

不過這種宣洩應該是合理的。簡單的打打砸砸、吼吼叫叫、遷怒於人、找替罪羊(丈夫、妻子、孩子、同事)、發牢騷、說怪話等都是不可取的。宣洩應是文明、高雅、富有人情味的交流。如果把自己的煩惱、痛苦埋藏在心裏，只會加劇自己的苦惱，而如果把心中的憂愁、煩惱、痛苦、悲哀等，向你的親朋好友傾訴出來，即使他無法替你解決，但是得到朋友的同情或安慰，你的煩惱或痛苦似乎就只有半個了，這時你的心情就會感到舒暢，該哭的時候就痛痛快快地哭一

場，釋放積聚的能量，調整機體的平衡，大雨過後有晴空，心中的不良情緒會一掃而光。

❹ 注意轉移

其原理是在大腦皮層產生一個新的興奮中心，通過相互誘導、抵消或沖淡原來的優勢興奮中心(即原來的不良情緒中心)。當與人發生爭吵時，馬上離開這個環境，去打球或看電視；當悲傷、憂愁情緒發生時，先避開某種物件，不去想或遺忘掉，可以消憂解愁；在餘怒未消時，可以通過運動、娛樂、散步等活動，使緊張情緒鬆弛下來；有意識地轉移話題或做點別的事情來分散注意力，可使情緒得到緩解。例如司馬遷慘受宮刑而著「史家之絕唱，無韻之離騷」的《史記》；歌德因遭遇失戀才寫出世界名著《少年維特之煩惱》。我們應該多接觸令人愉快、使人歡笑的事物。避免和忘卻一些不愉快的事。與其「不懈奮鬥、孜孜以求」，最後「衣帶漸寬」，面容憔悴，不如瀟灑一些，做點快樂的事。

❺ 人們面對困境、情緒懊喪時，不防從相反方向思考問題，這能使人的心理和情緒發生良性變化，得出完全相反的結論，使人戰勝沮喪，從不良情緒中解脫出來。從前有個老太太整天愁眉苦臉：天不下雨，她就掛念賣雨傘的大兒子沒生意做；天下雨了，她又憂心開染房的二兒子不能曬布。後來有個鄰居對她說：「你怎麼就不反過想想呢？如果下雨了，大兒子的生意一定好；如果不下雨，二兒子就可曬布。」老太太一聽恍然大悟，從此不再愁眉不展。這個故事就是反向心理的極好詮釋。

對於這個問題，英國文學家蕭伯納講得更為明確。曾有一名記者問蕭伯納：「請問樂觀主義者與悲觀主義者的區別在何處？」蕭伯納回答：「這很簡單，假定桌上有一瓶只剩下一半的酒，看見這瓶酒的人如果說：『太好了，還有一半。』這就是樂觀主義者；如果有人對這瓶酒歎息：『糟糕！只剩下一半。』那就是悲觀主義者。」當我們遇到困難、挫折、逆境、厄運的時候，運用一下反向心理調節，從不

幸中挖掘出有幸，使情緒由「山窮水盡」轉向「柳暗花明」擺脫煩惱。

　　壓力無所不在，我們必須認真對待心理壓力問題，並及時地、適當地通過情緒調節來緩解心理壓力，為它找個出口，它就不會給精神帶來太重太大的傷害。希望上述方法能幫助你用穩定的情緒，保持健康的心態去直面紛繁複雜、瞬息萬變、競爭激烈的社會。

4／成功男人，笑傲江湖

　　在我們身邊，有太多風光無限的成功男人。但是事業有成、年輕有為的白領一族，比經過風吹雨打一路坎坷走來的藍領工人，更容易陷入「心累」的痛苦中難以自拔，嚴重的是因承受不住巨壓，自殺率居高不下。那麼究竟是什麼東西鑽進這些成功男人的大腦，一點一點吞掉他們的生命和希望呢？這個隱形殺手藏身何處？

　　心理學家認為，成功男人每天活得疲憊不堪是自找的，和別人無關。也就是說，如果你也是痛苦的白領一族，首先要反省自己，這才是解決疲勞的關鍵所在。俗話說無慾則剛，人越是成功，他所追求的東西就越高級、越複雜，結果讓自己每天面對無窮無盡的慾求，拼命地輾轉於各個圈子當中，精神和身體當然會受到極大的損害。

　　成功的男人都有著貪婪的情結，他們每天都在強求自己去實現某種美好的憧憬，愛與人攀比，每天都在膨脹著自己的慾望：對地位的饑餓、對金錢的渴望、對虛偽自尊的堅持、對享樂的無盡慾望……這些慾望的不滿，足以造成男人自身徹底的不愉快，總感覺到生活得很累很累。長時間下去，自然就會有壓力、有不滿足感。這些都是心理極度空虛的表現，它會對人的情緒和身體產生惡劣的影響。然後則是因為身體不開心，又無節制的縱慾來麻痺自己，讓心靈愈加空虛，由此陷入惡性循環的循環。如果你想成為一個積極上進的人，同時還想

避開無止境的煩惱的話，你就應該首先消除掉自身的戾氣，讓慾望的痛苦離自己遠遠的。

❶ 要面對現實，接受現實。趁你身強體壯、情緒穩定的時候去回應現實的挑戰，向生活中的不滿投之以蔑視的眼神。沒什麼大不了的事，有成千上萬的人也許正在經受比你更深重的痛苦，不要把自己想像成最悲慘的那一個。誠如歌德所說：「一切都是暫時的，轉瞬即逝；而那逝去的又會變成可愛。」

❷ 不要過分計較個人的得失，要顧及到自己的行為會導致他人怎樣的反應，大度無私的人永遠是最受歡迎的人。過分計較個人得失的人，永遠是不滿和憤怒的，永遠感受不到快樂。

❸ 遠離憂慮。有成千上萬的人因為憂慮過度而無法享受生活的快樂。恐懼往往是憂慮的根源。恐懼使你難於決斷，產生不合理的思想，不斷地思慮自己的問題，令你失去平衡與正確的觀念，於是你愁眉不展，憂慮煩悶，遇到小事情也不敢決定。記住，不要只陷於一件事情中難以自拔，其實你有很多事情要做，並能從中得到許多許多。要懂得有時候捨棄即是獲得的道理。

❹ 要知道地球不會為你一個人而改變容顏，人生的大智慧是學會適應社會，讓自己真正成為社會的一部分。在這個世界上你只是你自己的主宰，但沒有指揮別人的權力。為此，你的氣憤傷到了自己卻毫無效果。你真正應該做的是盡自己的力量，使這個世界變得更加美好，所有人都會感激你的。

❺ 不可否認的是要實事求是地看待自己。一個成功的男人，一定有著他的過人之處，但人不是神，每個人都有缺點，所以「成功」男人對自己要有一個全方位的認知，根據自己的具體條件，去設計自己的人生目標。不要過分在意別人的掌聲與稱讚。

❻ 多與人交往溝通，減少孤獨感。成功的男人總有高高在上的優越感，同時又承受著高處不勝寒的痛苦。多與他人交往，交心談心，既能密切關係，體會溝通的樂趣，又是一個相互學習的過程。孔

子說過，三人行必有我師。把心底的抑鬱都說出來，心情會頓感舒
暢。

❼ 給自己保留一點時間和空間。成功就意味著要比別人多付出
這話不假，但並不是說工作是沒有內外界限的，工作永遠沒有做完的
時候，但人的生命卻是有限的，給自己一點時間，適當參加娛樂活
動，也是消除心理壓力的好辦法。

❽ 欣賞自己。每一個成功男人都容易犯的一個錯誤就是總是追
求完美，總是挑自己的毛病與不足，這樣做雖然有利於進步，但是會
讓自己活得太累。學會接納自己、欣賞自己、看到自己的長處與優
點，自然就會有信心。一個對自己有信心的人，是不會經常處於緊張
狀態的。

其實成功是件很容易的事情，但你的健康是自己的，你的精神狀
況決定著你是否幸福，是否能感受著幸福，決定著你的生存品質和自
我價值的評估。因此關注心理健康是你首先要做的事！沒有健康的堅
實基座，財富，地位，名利……壓得越高，倒塌得越快！

5／做個魅力四溢的「半邊天」

在現代社會中，每個女人都要學會分身有術。雖然在事業中得到
了認可，在人群中得到了尊崇，但同時她們感受到隨之而來的壓力也
會越來越大。身為員工、老闆、母親、妻子，她們的困擾只增不減，
因此女性的人生多了風雨，少了彩虹。女性要學會自我減壓，已經成
為刻不容緩的重要問題。

據調查，要保持女性心理健康的有效方式，就是使她們在家庭和
事業間取得妥善和平衡，而不能讓這座天秤傾向其中任何一端。

在現代社會，百分之八十左右的女性在事業與家庭之間，目前還
保持著較好的平衡，但是還有百分之十以上的女性依然沒有找到合理

的解決家庭與事業的平衡問題的方法。半數以上的女性採用了一種相對的平衡方式：事業與家庭並重。但是在所有女性中，還是有百分之三十四的人選擇了以家庭為重，真正選擇以事業為重的僅占到總體的百分之十一。由此可見，大多數女性還是以家庭為自己的工作領域的。

除此之外，還有幾大「話題」是女性心中永遠解不開的情結：

❶ 婚姻

把愛情落實到生活裏，睜開一隻眼看清楚對方的優點，閉上一隻眼無視對方的缺點。每個婚姻家庭的模式都可以是不一樣的，關鍵是在於自己的選擇是否符合家人的生活方式和自我預期。

❷ 幸福的婚姻生活，可使人精神煥發、心情開朗、事業成功。結婚就是踏上一個全新的人生征途，一切要面對現實，創造將來。是禍是福，都要自己去承擔。

良好的婚姻是要有正確的認識、慎重的考慮、良好的溝通與長期的協調。美滿婚姻的關鍵在於婚前的冷靜思考及婚後的踏實履踐。然而，大多數女性對待自己的婚姻顯得並不聰明，所以成了她們心中痛苦的根源所在。

❸ 自信與自卑

自卑：表現為對自己的能力、品質等自身素質評價過低；心理承受力脆弱；謹小慎微、多愁善感；常產生疑忌心理，行為畏縮、瞻前顧後等。自卑心理主要來源於心理上的自我消極暗示。這些主要體現在工作方面。自信的建立遠遠難於自卑的形成，它需要一個相對較長的時期來完成。

❹ 工作壓力

工作壓力的來源主要有兩個。環境因素和個人因素。首先，許多外部環境因素會直接導致工作壓力，如工作進度、工作速度、工作保障等。適度的壓力能使人挑戰自我，挖掘潛力，富有效率，激起創造性，而不良的壓力，不管其來源是什麼，後果都是嚴重的。

❺ 夫妻關係

夫妻關係在家庭關係中是第一位的，是非常密切的關係，是與性有關的涵蓋生活許多方面的關係，夫妻之間應該彼此扮演知己的角色。夫妻相處之道是重視及感謝對方所做的一切，不要凡事視為當然。

❻ 孩子教育

東方女性最為關注的問題之一，包括孩子的成長健康、知識教育、個性發展、事業前途等。社會競爭激烈，孩子升學壓力造成女性長期為下一代教育付出最多的精力和心血。事實上，良好的家庭氛圍是孩子健康成長的關鍵。

❼ 健康

聯合國世界衛生組織在一九四八年成立後，不久即做出了一種科學的定義，所謂的健康不僅僅是不虛弱與沒病，健康是三個方面的完好的，包括身體、精神或者心理，以及社會適應方面完好的狀態。有五個標準衡量女性心理健康，分別是積極的生活和工作態度；能夠現實的評價自我並不斷完善自我；良好的自我調控能力；意志健全和良好的人際關係。

❽ 美容

女性按照社會認同標準，對於自身容貌、體態、穿著修飾有著主動和被動的要求。女性關注的美容問題集中於自身外貌的社會認同和提升魅力指數的方法。

現代女性對美容的要求越來越高，這個話題的票數也一直居高不下，隨著整容風潮、換臉事件的逐漸升溫，美容已經超越了單純的審美觀念，成為一種社會現象和社會問題。

❾ 心靈焦慮

心理亞健康徵兆，心理焦慮的表現為總是擔心、恐慌。女人對事物的直覺、預見能力與心理焦慮如影隨形，時常覺得生活周圍危機四伏，且認為自己沒有能力解決這些難題。焦慮甚至可以派生出罪惡感

和無用感，對自己、對他人產生不信任。在公認的壓力群體──白領女性身上發生得更為普遍，例如渴望優秀而造成巨大壓力、因驕傲怯於暴露正常需求而導致的心靈寂寞等。

⑩ 溝通障礙

善於傾聽，樂於傾訴是女性的專長，可是溝通障礙依然成為關注焦點，女性的溝通難以獲得認同，究竟是溝通態度上難以把握？還是溝通內容缺乏中心？

最常見的幾種溝通障礙有時間限制，對主題的不瞭解，缺乏興趣或過度關注過去的經驗、距離或職位的阻隔，和選擇性的偏見或假設等。以往的經驗、本身的想法和感覺介入人際溝通，因而難免會在某些議題上形成偏見，往往會固執己見，導致溝通障礙。對女性來說，良好的溝通取決於女性自身的人際素養和社會對女性的理解和看法兩方面的一致。

二〇〇五年的一項調查顯示，有百分之二十左右的女性認為自己存在人際交往中的溝通障礙。

其實，女人感受幸福應該是件簡單的事。

人們通常會說，幸福是一種抽象的感受，但它又實實在在的存在於人們之中。而美國一家把幸福作為研究目的的科研機構得出結論，幸福與年齡、性別和家庭背景無關，而是來自於一份輕鬆的心情和健康的生活態度。如何才能打開壓力的高壓閥，讓自己的幸福潮水湧向你的懷抱呢？

❶ 改變你的生活

幸福的人並不比其他人擁有更多的幸福，而是因為他們對待生活和困難的態度不同，他們從不問「為什麼」，而是問「為的是什麼」，他們不會在「生活為什麼對我如此不公平」的問題上做過長時間的糾纏，而是努力去想解決問題的方法。

❷ 別讓安逸謀殺掉你的幸福

幸福的人總是離開讓自己感到安逸的生活環境，幸福有時是離開

了安逸生活才會積累出感覺的，從來不求改變的人，自然缺乏豐富的生活經驗，也就難以感受到幸福。

❸ 珍惜友情

廣交朋友並不一定帶來幸福感，而一段深厚的友誼，才能讓你感到幸福，友誼所衍生的歸屬感和團結精神，讓人感到被信任和充實，幸福的人幾乎都擁有團結人的天才。

❹ 投入的工作

專注於某一項活動能夠刺激人體內特有的一種荷爾蒙的分泌，它能讓人處於一種愉悅的狀態。研究者發現，工作能發掘人的潛能，讓人感到被需要和有責任，這樣才能給予人充實感。

❺ 樹立對生活的理想

幸福的人總是不斷地為自己樹立一些目標，通常我們會重視短期目標而輕視長期目標，而長期目標的實現，能給我們帶來幸福感受，你可以把你的目標寫下來，讓自己清楚地知道為什麼而活。

❻ 找到動力之源

通常人們只有通過快樂和有趣的事情，才能夠擁有輕鬆的心情，但是幸福的人能從恐懼和憤怒中獲得動力，他們不會因困難而感到沮喪。

❼ 有節奏的生活讓你很輕鬆

幸福的人從不把生活弄得一團糟，至少在思想上是條理清晰的，這有助於保持輕鬆的生活態度，他們會將一切收拾得有條不紊，有序的生活讓人感到自信，也更容易感到滿足和快樂。

❽ 有效利用時間

幸福的人很少體會到茫然地被時間牽著鼻子走的感覺，另外，專注還能使身體提高預防疾病的能力。因為每三十分鐘大腦會有意識地花九十秒收集資訊、感受外部環境、檢查呼吸系統的狀況，以及身體各器官的活動。

❾ 對生活心懷感激

抱怨的人把精力全集中在對生活的不滿之處，而幸福的人把注意力集中在能令他們開心的事情上。所以他們更多地感受到生命中美好的一面，因為對生活的這份感激，所以他們才感到幸福。

這是一個渴望自由的時代。女性承受著壓力，同樣也揹負著理想。緩解壓力，讓女人臉上找到久違的陽光，幸福，找到醉人的光芒，而不是勞碌摧殘後剩下的疲憊。用緩解壓力來寵愛自己吧！

6／運動是緩壓的靈丹妙藥

鍛鍊身體絕對是物超所值有益身心的活動。它不僅能讓你身體強壯，擁有史瓦辛格健碩的肌肉或是莎拉波娃豐滿勻稱的身材，更是緩解心理壓力、輔助治療心理疾病的妙方。鍛鍊身體不僅比向上帝祈禱更有效，還能讓你擁有清醒靈活的頭腦。這樣的話，在工作中你就能以充沛的精力和敏銳的洞察力脫穎而出了！更重要的是完成鍛鍊計畫後的輕鬆感，會讓你在一整天都沉浸在愉悅的狀態中。

在繁忙的工作生活中能「偷」出一部分時間來享受健身樂趣的人越來越多了。這不是由於時間多的沒地方用，而是大家都已經不約而同的認識到健身對身體機能和工作精力的明顯作用。科學的安排生活，將體力勞動與腦力勞動有機結合。才能使生活張弛有度，使壓力所帶來的種種不足一掃而光。然後你就會驚喜的發現，不是生活左右你，而是你終於能過自己想要的日子了！

做生活的主人這種如魚得水的感覺真棒！

保持健康絕對是控制心理壓力方面的重要組成部分，你若從事的是伏案工作或是需要耗費大量精神的工作，就應該深明此道。這是因為你若擁有好的形體和強健的體力，就不僅僅會感到更加自信，更加愉快，更有激情，而且可能會更加精力充沛，鬥志昂揚。

先說說經常性的體育鍛鍊的好處，它可改善心臟功能，增大肺活

量，保持良好的血液循環，降低血壓，減少血液中的脂肪或膽固醇，並改善肌體的免疫系統。它還可保證你不患心臟病，使你長壽。它還是一劑緩解肌肉緊張，減輕諸如疲勞等壓力症狀的弛緩藥。鍛鍊過程中，身體釋放出諸如內啡呔等荷爾蒙，它起到天然的抗抑鬱藥的作用，使你感覺良好。體育鍛鍊可改善你的自身形象及容貌，使你建立自信心，增強活力。它還可使你分散精力，而不至於無法從日常生活的瑣事中解脫出來。

許許多多的成功人士，在事業中成就不凡的人，大多知道運動的好處，同時也是運動的健將。

已故船王包玉剛表示，他每日清早都做四十五分鐘的運動，最喜歡的運動是跳繩和游泳。跳繩是常規的運動，經常跳，游泳也一樣，他甚至喜歡冬泳。

李嘉誠也喜歡運動，他經常游泳，每天清早打高爾夫球。恒基地產的巨頭李兆基和李嘉誠一樣，也喜歡游泳及打高爾夫球，在每年冬天，他會到瑞士去滑雪。

霍英東喜歡的運動是網球、足球和游泳。新世界集團的鉅子鄭裕彤，則喜歡高爾夫球及游泳。

其實，人的健康狀況不僅取決於全身各器官、系統的功能和相互協調能力，而且還取決於整個身體對自然和社會環境的適應能力。經人們長期摸索，終於得出這樣一個結論：生命在於運動。

世界知名的大科學家和文學家，也大多畢生重視身體鍛鍊。居里夫人年過六旬還到大海中游泳；托爾斯泰設有專門的健身室，每天堅持鍛鍊身體。運動大大促進他們智力的開發。居里夫人說得好：「我們力求腦力與體力的平衡。」所有從事腦力工作的知識份子，都應該從中得到啟發。

做運動雖好，但也是要因人而異有所選擇的，但是無論如何，都不要放棄鍛鍊這個人生最重要的朋友。如果沒有充足的時間，日常生活中你總能多多少少擠出些時間來和這位朋友商量一下，如何「疼

愛」你的身體吧！

❶ 腦力勞動者鍛鍊方式：每天早晨運動十五～二十分鐘，內容為步行、慢跑及拳操等；每天認真做好兩次操(班前操及工間操)；下班後視情況要做些球類活動；晚飯後散步十五～二十分鐘；晚上有條件可做些肌肉力量型練習。

❷ 如節假日做些郊遊、爬山、游泳、球類等活動。

❸ 上下班時步行一～二公里路。家住樓上的可將爬樓梯作為鍛鍊項目，堅決不坐電梯等。

❹ 不管多忙，每週都要抽出二～三次，每次二十～三十分鐘的鍛鍊時間來。

❺ 為了提高腦力勞動的工作效率，改善腦血流量，每次工作一～二小時後應略休息數分鐘，站起來活動活動，伸展一下肢體，做幾次深呼吸等。

❻ 做運動不能欠缺恒心，如果你是白領，可以不必強求自己每天都跑一萬公尺，但每天三十分鐘的慢跑還是要堅持下來的，否則鍛鍊不會產生任何效果。

　　一個人的身體狀況和精神狀態是最能影響他的姿態和氣質的。在街頭巷尾，我們偶然看到一個昂首挺胸、氣宇軒昂、步伐穩健的軍人，誰都會羨慕他那種健康的姿態。但實際上，只要是軀體沒有殘疾的正常人，都可以通過有規律的生活、適度的運動，來獲得這種不凡的姿態。來獲取對自己有信心、對工作及困難有信心的勇敢姿態。所以不要想保留你的體力，你想留住的東西越多，到最後守住的也就越少，讓體育運動來燃燒能量，成為你生命激情的發動機吧！

7／良好的人際關係是生活為你熬製的「輕鬆湯」

　　有時候堅實的人際關係，能助你走上成功的順風路。然而對每個

人來說，人際關係也未嘗不是一種無形的壓力。如果你經營不善，它會給你事業帶來莫大的損失，反之，則會讓你出乎意料的一帆風順。善與人為伍，就是最簡便有效的成功法則，更是從容生活的得力助手。

在現代社會，人際關係這個巨大的網，已經將每個人都化為自己身上的網點，你的人際關係處理得好，這張網就比較硬實，張力就比較大，比如你想買輛新車，託熟悉行情的朋友絕對比你每天翻閱大量資料、廣告和跑經銷商討價還價要省時省力。可是一旦得罪了某些人，那事情就容易緊張了，網就容易被風吹破了。因此要想緩解來自各方面甚至是撲天蓋地襲來的壓力，藉助身邊的關係網來一一化解，實在是無招勝有招的高明之道。

所有成功的人士儘管所走過的道路各不相同，但不可否認的是他們身上都有一個共同的特性——他們都懂得如何有效地和別人打交道。我們中有些人在這方面有天生的直覺，他們學到了這方面的技能。人們應當懂得如何去影響並合理地應用別人的思維方式，在任何事情的失敗案例中，常常都可以歸結為是與他人打交道的失敗。

在現實生活中，我們常常可以看到這樣的事例。一些智商很高，專業水準也不低的人士，晉升或是晉級的機會總是與他們擦身而過，活得很苦澀、很落寞、甚至很無奈。這最關鍵的原因是他們沒有建立良好的人際關係。

不能成功地建立良好的人際關係，其根本的所在就是在於太看重自我，囿於狹窄的自我，看不到他人或群體的重要作用。一個囿於自我的人，實際上是剝離了自我的社會意義，是對自我的歪曲和背叛。

著名成功學專家卡內基認為，一個人在工作中獲得成功所要求的技能，百分之八十五是基於人際關係，即與人相處和合作的品德與能力，只有百分之十五是因為技術和訓練。

比爾‧蓋茲是哈佛大學二年級就輟學的一位學生，他要去開創他的個人事業。他是有眼光的，他的第一筆訂單，就是和 IBM 公司簽

訂的，IBM 公司當時已經是世界上規模非常大的公司了。為什麼比爾‧蓋茲就比我們要幸運，有這樣的機會呢？原來比爾‧蓋茲的母親就是 IBM 公司的最大的個人股東，並且她和 IBM 公司的總裁有著非常良好的個人關係，她當時為她的兒子比爾‧蓋茲申請了十五分鐘和 IBM 公司總裁見面的機會，我想這一項合作的成就不是簡簡單單的用十五分鐘就能夠談成的，但是我們大家想一想，假若沒有這個十五分鐘的機會，能不能夠促成這筆生意呢？顯然，他母親的人際關係起到了非常關鍵的作用。

　　不管一個人要戴著何種面具，出現在充滿競爭的大舞臺上，通過有效的人際關係，絕對是助其以更少的資本取得更大成功的一項捷徑。如果你也想維護好人際關係的話，你需要做到的是：

❶ 爭論是很傷情面的一件事

　　人們都喜歡爭論，這是很正常的事。但是我們會發現，有些無端爭論往往都是以面紅耳赤和不愉快結束的。事實上，在一場無端的爭論結束後，無論誰輸了，都會很不舒服，更何況無端爭論往往會演化成直接的人身攻擊，對於人際關係是非常有害的。因此我們要解決觀點上的不一致，最好的途徑是討論、協商，而不是無端爭論。

❷ 直接否定、抱怨、批評別人做法都是錯誤的

　　班傑明‧佛蘭克林年輕的時候處事並不圓滑，但是後來卻變得富有外交手腕，善於與人應對，因而成了美國駐法大使。他的成功秘訣就是：「我不說別人的壞話，只說別人的好處。」要學會用提醒別人的方式，使別人感到我們並不認為他（她）不聰明或無知。記住，只要您不傷及別人的自尊，不否定他們的自我價值，什麼事情都好辦。

❸ 敢於承認自己的失誤

　　雖然承認自己的錯誤是一種自我否定，也會因此難以開口，但承認錯誤會帶給您巨大的輕鬆感。明知錯了而不承認，會使您揹上沉重的思想包袱，使自己在別人的面前始終不能自如地昂起頭。另一方面，承認自己的錯誤，等於承認別人是正確的，會使對方顯示出超乎

尋常的忍耐性，從而維持人際關係的穩定。

❹ 慎用批評

不到不得已時，絕不要自作聰明地批評別人。但是有時善意的批評是對別人行為的很有必要的一種回饋方式。因此學會批評還是很有必要的。

維護良好的人際關係是十分重要的，你的關係圈可以幫你拔掉生活中、工作中一個又一個可怕的「釘子」，會幫你處理掉許多繁瑣又讓人頭疼的事，更重要的是因為有了他們，你的工作和生活輕鬆多了！因此我們應該學會維護人際關係的法則，它的力量是絕不容忽視的！

8／捨得也是一種幸福

在人生的道路上，往往會有這樣一種「規矩」。你得到的似乎和失去的東西成正比。有時雖然你想打破這個塞翁失馬不知道是禍是福的規律，可是似乎冥冥之中自有天定，有得就一定有失。在古代哲學家眼中，「福兮，禍之所倚；禍兮，福之所伏」。也就是說，得就是失，失也就是得。所以人生的最高境界，就是無得無失，無福無禍。這樣你就不會為了任何事情感到有壓力而徒增苦惱了。

人生的痛苦莫過於慾求過大，患得患失。要想擺脫慾望的壓力的糾纏，聰明的做法就是要學會放棄，大度的捨得，既不能為了一點利益非要爭個魚死網破，你死我活，也不可苦苦守著手裏的東西讓它變成無用的廢品。要懂得這樣一個道理，放棄是種人生的境界，大棄大得，小棄小得，不棄就無所得。丟下你手中的一顆種子，你將收穫整個森林。為什麼捨得就這麼讓你痛苦不堪呢？有時候你擁有的東西，才是給你施加壓力的禍首元兇！

所以還不如學會放下，讓自己輕鬆的面對生活呢！

　　有一個聰明的年輕人，很想在一切方面都比他身邊的人強，他尤其想成為一名大學問家。可是許多年過去了，他的學問並沒有什麼長進，他心裏苦惱得很，於是就去向一位大師求教。

　　大師對他說：「我們爬山去吧，到了山頂你就知道應該如何去做了。」年輕人很高興的答應了。他們來到山上，只見那山間有許多晶瑩的小石頭，漂亮極了，真是迷壞了青年。每次遇到他喜歡的石頭，大師就讓他裝進袋子裏揹著，很快，他就吃不消了。「大師，再揹，別說到山頂了，恐怕現在我連動也動不了了呀。」他滿臉疑惑的望著大師。「是呀，那該怎麼辦呢？」大師微微一笑：「該放下了，不放下揹著的石頭，怎麼能登山呢。」大師笑了。

　　年輕人一愣，忽然覺得心中一亮，向大師道了謝走了。之後，他一門心思做學問，終於成了一名大學問家。其實人要有所得必要有所失，只有學會放棄，才有可能登上人生的極至高峰。

　　人生在世，有許多東西是需要不斷放棄的。這就需要你練就一雙火眼金睛，懂得果斷的捨車保帥。正確的思考往往就蘊含於取捨之間，許多人往往為了一點點蠅頭小利，而將自己送入壓力重重的萬劫不復之地。

　　第二次世界大戰剛剛結束時，以英美為首的戰勝國首腦們，商量著要在美國紐約成立一個協調處理世界事務的聯合國。一切準備就緒後，大家才驚奇的發現，這個全球至高無上、最具權威的世界性組織，竟然沒有自己的立足之地！

　　買一塊地皮嗎？剛剛成立起來的聯合國機構身無分文。向各國集款募捐？又似乎太沒面子了，負面影響太大。況且戰爭剛剛結束，各國國庫也是空空如也，看來籌款也沒戲了。聯合國甫一成立就被這個難題搞得一籌莫展了。

　　得知這一消息後，美國著名的家族財團洛克菲勒家族經過商量，果斷地出資八百七十萬美元，在紐約買下一塊地皮，將這塊地皮無償的贈與了聯合國組織。同時，毗鄰的地皮也買下了。

　　對洛克菲勒家族這一出乎人們意料的舉動，當時美國許多大財團都不只是吃驚而已。八百七十萬美元啊，這在當時可不是一筆小數目，可是洛克菲勒家族卻毫無條件的將它拱手讓給了聯合國！簡直是白癡行為！在眾財團的譏笑諷刺中，洛克菲勒家族默默忍受了來自各界的壓力，始終不為所動，也絕不後悔。

　　出人意料的事情突然發生了，聯合國大樓剛一竣工，毗鄰地價便立刻飆升了起來，相當於捐款前的十倍！看著巨額財富源源不斷地流入洛克菲勒家族的腰包裏，當年嘲笑過他們的人都目瞪口呆。

　　這是一個典型的「捨得」的例子。如果洛克菲勒家族沒有做出「捨」的舉動，勇於犧牲和放棄眼前的利益，就不可能有「得」的結果。放棄和得到永遠是辯證統一的。然而，現實中太多太多的人執著於「得」，常常忘記了「捨」。要知道，什麼都想得到的人，最終可能會為物所累，導致一無所獲了。

　　當我們面臨選擇時，一定要學會捨得，學會放棄。魚和熊掌不可兼得，你不小心「兼得」了，最後肯定會一起失去，輸個精光透亮。因此面對生活中得到或是想得到的壓力，最好不要讓自己過分纏綿於其中。生活有時會強迫你交出權力、金錢，破壞你的地位和愛情，但是不必擔心，它會用別的東西來彌補你的損失。這樣一來，你還怕些什麼呢？

　　你之所以步履維艱，是因為你揹負的壓力太沉重了。你之所以被壓力壓的直不起腰來，是因為你捨不得放棄，捨不得功名利祿、榮華富貴，所以你走的實在太累了。

　　要想學會「捨得」，只要有個良好的心態，便會將它自然地化為自己的一種涵養。

　❶ 認真思索一下自己的生活，搞清楚什麼是自己真正需要的東西。記住，所有的奢侈品都是一種負擔，想要過閒雲野鶴般的自在日子，就必須大大減少身外之物，否則必將為其所累。

　❷ 你要知道，人的慾望是無窮無盡的，所以你永遠都不可能讓

自己真正的滿意起來。無論再怎麼追求，都是一個結果——不滿足，那麼保持現狀不是已經很好了嗎，就沒有必要再給自己增添壓力了。

❸ 做事情時要有眼光，知道什麼東西可以捨得，什麼東西可以因為「捨」而「得」。這並不是說你要練就未卜先知的本領，而是從生活中積累經驗，讓自己能夠花比較少的心血獲得較高的收益。

❹ 要學會拿得起，放得下。你得明白，這個世界上沒有什麼東西能完全擁有而不消失。所以你就不必為了身外之物而過分的操心了。東西既來之，則安之吧，如果它本來就不屬於你，那麼再強求最終還是會失去。這樣的話，與其讓自己日思夜想的痛苦著，倒不如瀟灑的跟它告別，這也算不得什麼失去，至少你還會覺得自己很有雅量的。

古人有句老話：「壁立千仞，無慾則剛。」在這個社會雖不能做到無慾，但是適當的時候放棄一些東西，捨得一些麻煩，無疑是聰明人的做法。唯有捨得，你的心境才會更加從容坦然；唯有捨得，你的生活才會輕鬆自在。

9 ╱ 知足的日子快樂相陪

生活中的煩惱和壓力，大多是因為我們想得到許多還不屬於我們的東西。在某些人看來，得到即是幸福。但是與其讓自己生活在苦苦追求的痛苦中，倒不如認真享受和欣賞現在擁有的東西。只有懂得知足的眼睛，才能看到輕鬆和快樂。六祖禪師慧能說，「世上本無物，何必惹塵埃」。雖然並不能完全照本宣科，否定一切美好的存在，但所說的道理，卻能給紅塵中被慾望折磨的男男婦女女一點啟示，「知足」才是幸福之源。

我們四週總是會出現這樣的人，他們有生而富貴的，什麼都感到滿足，就是身體衰弱，常常鬧病，放著山珍海味不能吃，只是終日與

藥罐為伍。有既富且貴的，身體倒還健康，妻賢貌美，可是一個兒女都沒有，甚至壽命短促，老早就死了，縱有萬貫家財，只落得人死財散。可是他的隔壁鄰居，卻是一個窮小子只有一間小破屋，他人雖窮，身體倒挺結實，娶了一個黃臉老婆，卻生下了一大群兒女，他雖終年終日的賣苦力，但總感到衣食的困難、憂愁不樂，這是什麼原因呢？

　　佛教《遺教經》上曾說過：「汝等比丘，若欲擺脫諸苦惱，當知足，知足之法，即是富樂字隱之處。知足之人，雖臥地上，就為安樂。不知足者，雖處天堂，亦不稱樂戶不知足者雖富而貧。知足之人雖貧而富。不知足者，常五慾所牽，為知足者之所憐憫。」老子道德經上也說：「知足不辱，知止不恥。」古人又說：「晚食以當肉，安步以當車。」這都是給我們的最好的教訓。

　　這世間的萬物，你擁有的愈多就愈不滿足，就愈覺得人生還是多少有一點遺憾，所以日也不寧、夜也不寧的想盡辦法彌補自己的那點不足，而一無所有的人之所以高興，是因為他本來什麼都沒有，突然在地溝邊撿到一角錢，他也高興得緊，以為好運找上他來了。一角錢讓他滿足了，感到了生活還有希望之光，還有幸運之神的光顧，這就是知足者的快樂所在。

　　一個農夫想得到一塊土地，地主對他說：「清早日出時，你從這裏往前跑，跑一段就插一根旗杆作為標記。只要你在太陽落山前趕回來，插上旗杆的地都歸你。」那人聽了之後，就不要命地跑啊跑，太陽偏西了還不知足。太陽落山時他終於回來了，但此時他已經精疲力竭，摔了跟頭倒地就死了，於是有人挖了個坑，將他埋了起來。牧師在給這個農夫做祈禱時，看著面前這座小小的墳頭歎道：「一個人要多少土地才夠呢！就這麼大。」

　　在人的一生中，貪慾控制著大多數時光。人生在世，不能沒有慾望。除了想盡一切辦法的生存，現代社會物慾更具誘惑力，如果管不住自己，任貪念隨心所欲，就必然會給人帶來痛苦和不幸。

　　逝者如斯夫，我們只擁有有限的一段生命，太多的慾望，無疑只是一個個虛幻的海市蜃樓，只會給生命增添負擔與沉重。無論你曾經多麼輝煌，到最後也只能得到一個土饅頭。

　　「身外物，不奢戀」是思悟後的清醒。它不但是超越世俗的大智大勇，也是放眼未來的豁達襟懷。誰能做到這一點，誰就會活得輕鬆，過得自在，遇事想得開，放得下。

　　既然知足給我們減輕不少的壓力，然而未必人人都可學得「上乘心法」，懂得知足常樂。把這門功夫學到手，還要把調整自己的心態作為入門功課。

❶ 知足常樂就要懂得苦中作樂

　　人生有所求就有所壓，就必然會有痛苦。

　　人在努力的時候是最幸福的時光。因為工作雖苦，但你能從中找到希望的棲息地，那就是快樂的源泉。

　　如果你不得不忍受你生活的不幸和工作中的不滿，就試著接受它，從中挖掘出讓你感到幸福的東西，那或者是完成一小階段後的一種成就感，或者是一種經驗，在痛苦之中把這些微不足道的成就當作是自己的運氣，好好地去接受它，這也可算是幸福。

❷ 對變化無常也要笑臉相迎

　　佛蘭克林曾經很諷刺地說過：「在人世間，除了每年必須繳稅，以及終將一死之外，其他沒有一件事是能夠確定的。」

　　「天有不測風雲，人有旦夕禍福」，任何人遇到災難，情緒都會受到影響，這時一定要操縱好情緒的轉換器。

　　儘管我們遭受各種各樣的失意，但擁有的東西仍然很多，就看你是否懂得珍惜。比如，你雖然失業了，但卻有一個和睦的家庭，家中人人健康，無災無病；你的收入雖然不高，但粗茶淡飯管飽管夠，絕無那些富貴病的侵擾；你的配偶或許不夠出眾，但他(她)不嫖不賭不在外惹是生非，能與你相親相愛，真情到老；你的孩子雖然沒有考上一流大學，但他(她)卻懂得尊老愛幼，曉得自尊，知道奮鬥……

❸ 富貴於我如浮雲

孔子曰：「富貴於我如浮雲。」一個人的志氣要在清心寡慾的狀態下表現出來，而一個人的節操都是在貪圖物質享受中喪失殆盡。一個磨練心性、擁有遠大志向的人，必須有木石一般堅定的意志，有如行雲流水般的淡泊胸懷，如此才能成就大業。

❹ 莫為虛名獻此身

名是人間各種矛盾、衝突的重要起因，也是人生活之中諸多煩惱、愁苦的根源所在。

做人只是做人，千萬不要為名聲而做人，為了求人知道而做人。老子說：「知道我的人不多，就顯示了我的貴。」知道我的人多，是因為我過於平淺庸俗；知道我的人少，是因為我高深莫測，所以才顯得尊貴。那麼現在的你還在為什麼高貴的頭銜處心積慮毫不知足嗎？

❺ 對待成功要學會氣定神閒

但當你到達成功的峰頂，倍享殊榮之時，也就是你面臨該思索如何退下之日。這時要做到心境平和、從容，則需要絕大的智慧和堅定的決心。

你要知道，擁有的越多，就越怕失去的多，越會覺得負擔沉重，無從解脫。結果必然導致諸般牽絆與干擾紛至遝來，揮之不去，致使自己舉步維艱，「取」之樂趣就變成人生的拖累了。

❻ 魚和熊掌絕對不可兼得

寬容地對待得失是一種積極的人生態度。在忠孝之間、功名富貴和隱逸山林之間，從政經商乃至戀愛交友之間，都存在著得失問題。只有寬容的人，才會善待自己。

自古人生，有得必有失，有失必有得，若要兼顧，總是很艱難。對於得到的東西，要知道珍惜；對於失去的東西，也不要索懷，這是明智的生活態度，這就是知足常樂。

❼ 最重要的一點是珍視你的健康

古希臘哲學家赫拉克利特說：「如果沒有健康，智慧就難以表

現，文化無從施展，力量不能戰鬥，財產變成廢物，知識也無法利用。」健康是你最大的幸福。

　　「知足常樂」是一種超然的人生態度，更是這個物慾橫流紛繁嘈雜又急功近利的社會所需要的急救針。因為不知足，不知多少社會的菁英，隕落在自己設下的浮華喧鬧的物慾追求的多壓之下。其實無論何時都要知道，還有許多境況不如他們的人過得卻很快樂、很有價值，為什麼？因為他們懂得感恩，懂得知足，所以嘗到了幸福的滋味！這才是任何物質都換不來的一筆人生財富！

10 ／ 名利於我如浮雲

　　人的一生所需的東西，不過是名、利二字。因為它們確實是能帶來讓人用不盡的快樂、地位與尊嚴。甚至是虛榮。但是過份的追名逐利，卻會讓整個世界黯淡下來，失去光華和色彩。你的智慧也會在競爭的大大小小的戰場上消耗殆盡，終有一天回過頭來，卻發現除了剩下一堆徒有其表的軀殼外，根本體會不到任何幸福的感覺。所以淡泊名利成為一切養生大師諄諄告誡我們的東西。

　　《菜根譚》有云：「人生減省一分，便超脫一分。」在人生旅途中，如果什麼事都減省一些，便能超越塵事的羈絆。一旦超脫塵世，精神會更空靈。洪應明又說：「比如減少交際應酬，可以避免不必要的糾紛；減少口舌，可以少受責難；減少判斷，可以減輕心理負擔；減少智慧，可以保全本真；不去減省而一味增加的人，可謂作繭自縛。」

　　以淡泊的心境看待人生，就算是設立的目標努力到最後一個也沒有實現，也不會太過傷感，因為「謀事在人，成事在天」，只要付出努力，投入奮鬥，體味過競爭的殘酷，體會到汗水的甜美，人生就不枉然，你就能擁有充實和幸福的人生。

當一位朋友發現居里夫人的小女兒手裏正在玩的是英國皇家科學院最近授予居里夫人的一枚金質獎章時，他不禁大吃一驚，忙問：「居里夫人，能夠得到一枚英國皇家科學院頒發的獎章是極高的榮譽，你怎麼能讓孩子隨便拿著玩呢？」

居里夫人說：「榮譽就是玩具，只能看看而已，絕不能永遠守著它，否則就將一事無成。」

真正追求成功的人，只是把眼前取得的成就、成就的名聲，看作是對過去的一個總結。

一天在辦公室，三十歲的千萬富翁富勒心臟病突發，而他的妻子在這之前由於他常常忙於工作，無暇顧及她和兩個孩子而痛苦不已，也剛剛打算離開他。他開始意識到自己對財富的追求已經耗費了所有他真正珍惜的東西。他打電話給妻子，要求見一面。當他們見面時，他們熱淚滾滾，於是決定消除掉破壞他們生活的東西——他的生意和物質財富。

他們賣掉了所有的東西，包括公司、房子、遊艇，然後把所得的收入捐給了教堂、學校和慈善機構。他的朋友認為他瘋了，但富勒感到從沒比這更清醒過。

接下來，富勒和妻子開始投身於一樁偉大的事業——為美國和世界其他地方的無家可歸的貧民修建「人類家園」。目前，人類家園已在全世界建造了六萬多套房子。富勒曾為財富所困，幾乎成為財富的奴隸，差點兒被財富奪走他的妻兒和健康；而現在，他是財富的主人，他和妻子為人類的幸福工作，他擁有了自信而樂觀的生活，他覺得他是世界上最富有的人。

面對名，居里夫人沒有被它所帶來的虛榮羈絆住，而是告訴我們，那不過是已成為過去的東西，多想無益；面對利，富勒又告訴我們，財物幾乎買不到世界上所有珍貴的東西——健康、生命、家庭、孩子……他們的生活雖然由於放棄了名利而略顯蒼白，而事實上，他們是天底下最大的富翁！

一生拼命追名逐利而讓自己在難以承受的重壓下逝去的人太多了，很難想像，在臨終時他們的感覺會是因名利而滿足，到那個時候，恐怕最想得到的是心底的救贖和圍繞在身邊的親人傳遞給他的力量吧！淡泊名利，其實就是在給自己儲蓄甜蜜和幸福。

堯把天下讓給許由，說：「日月都出來了，而燭火還不熄滅，要和日月比光，不是很難為嗎？先生一在位，天下便可安定，而我還占著這個位，自己覺得很羞愧，請容我把天下讓給你。」

許由說：「你治理天下，已經很安定了。而我還來代替你，為著名嗎？是為著求地位和利益？小鳥在深林裏築巢，所需不過一枝，偃鼠到河裏飲水，所需不過滿腹。你請回吧，我要天下做什麼呢？」

這寓言是說天地之間廣大無比，而在此之中，人所需又如此的渺小，拿自己的所需與天地相比，那不是很可憐嗎？何不效法天地之自然，而求得心性的自由和逍遙呢。

看看我們身邊，何況有如此多的身外之物，如此多的被名利所擾的疲憊之人。天下雖大，名利雖多，換不來的是內心的寧靜與祥和。既然想擁有卻不能擁有的東西是一種痛苦，那麼不如選擇放棄吧！淡泊名利就是要在天地間來去自由，無牽無絆，就是要讓自己過得比別人輕鬆和優雅！

11／解讀「半」字人生

所有的人都承認，來到這個世界上就是為了享受自己所夢想得到的人生，這並無過錯。然而，當你有了想法願意花費大量心血去求得一個「正果」，卻又從不知道對你的追求加以限制和控制的話，那麼就肯定的會出現現代社會中的大多數人的生活疲憊不堪、生命品質江河日下的狀況。到了這個時候還談什麼抱負、什麼理想、什麼追求，你除了感到世界的痛苦，人生的無助外，就只剩下驚慌不知所措了。

於是無休止的爭鬥和勾心鬥角的無限膨脹也就應運而生。

在這場戰爭中，有人將獲取無限財富，並躋身於世界十富的排行榜，視做自己一生的奮鬥目標；有人聲色犬馬、日耗斗金，過著奢靡得不能再奢靡的生活；還有人為了名聲地位、出人頭地，以至於殫精竭慮、無所不用其極。如果你也陷入了某一種苦苦掙扎難以抽身，可是又時刻祈求著能擺脫這種壓力的魔掌的控制的話，你不妨學學林語堂老先生的「半半」哲學的人生觀。

林語堂一生深受儒家學派思想的影響，特別是孔子，所以林語堂對中庸思想推崇備至。他說：「我像所有的中國人一樣，相信中庸之道。」林語堂還非常喜歡清代李模(密庵)那首《半字歌》，認為它最好地反映了自己的人生理想。

這首《半字歌》寫道：

「看破浮生過半，半之受用無邊。半中歲月盡幽閒，半裏乾坤寬展。半郭半鄉村舍，半山半水田園。半耕半讀半經廛，半士半姻民眷。半雅半粗器具，半華半實庭軒。衾裳半素半輕鮮，肴饌半豐半儉。童僕半能半拙，妻兒半樸半賢。心情半佛半神仙，姓字半藏半顯。一半還之天地，讓將一半人間。半思後代與滄田，半想閻羅怎見。飲酒半酣正好，花開半時偏妍。半帆張扇免翻顛，馬放半韁穩便。半少卻饒滋味，半多反厭糾纏。百年苦樂半相參，會佔便宜只半。」

這是對中庸哲學的形象闡釋，更是將天地人生的種種導致壓力的現象與關係寫得繪聲繪色，一覽無遺，其中在對天地萬物的悲憫中，又有著達觀超然的人間情懷。沒有對世界、人生的本質性理解，如何能深刻、透徹以至於此。作者也將天地間的冷暖、得失、出入、是非、進退、悲歡，描述得更是入木三分。

基於這一「半半」哲學思想，你就沒有什麼必要給自己施加難以承受的一切任務。你要做出這樣一個決定：大膽的反對過於努力工作和過於慵懶閒適的生活。這正是回應壓力過大和沒有壓力都不是人生

的成功之道的正確口號。唯有認識壓力，好好的和它商量一番，在達成共識的基礎上，聰明的規劃出工作和休閒相結合的生活方式，才能在事業上有所收穫的同時，還有時間和精力去盡情享受生活。林語堂先生還說過：「我主張『盡力工作盡情作樂』的人，英文只有 workhard，playhard 二字，這樣才得生活之調劑，無意中得不少收穫。」而且他本人即是這一生活原則的實行者，一方面他筆耕不輟，直到七十七歲還沒有放下手中之筆，他平均每年寫一本書，《生活的藝術》這本書，林語堂僅用了三個月時間就寫出七百多頁，用他自己的話說就是：「那時的寫作真如文王被囚一樣，一步也不能離開。」如果用「拼命三郎」來概括林語堂的寫作也不為過。但另一方面，林語堂又非常注意休閒和享受，他常去戶外散步，去郊外垂釣，去名山大川自由自在地遊憩，他常在物質和精神兩個方面體會生活的美好及其快樂，以詩意的情懷理解生活中的一切。

　　其實，人生一世需要經受的苦難和痛苦很多，但同時也會有快樂時刻相隨。一個人的精力畢竟是有限的，如果你為了追求此事的「圓滿」，就必然得放棄別的東西。那樣的話，你就可能要忍受某種遺憾和苦惱了。人生永遠有兩個方面，工作與消遣、事業與遊戲、應酬與燕居、守禮與陶情、拘泥與放逸、謹慎與瀟灑。其原因就在於人之心靈總是一張一弛，若海之有潮汐，音之有節奏，天之有晴雨，時之有寒暑，日之有晦明。

　　人生苦短，最長命者亦不過百歲。以往我們的人生觀可能比較注重不斷地奮鬥、獲得，扼住命運的咽喉並與之抗爭之精神，但卻相對忽略了充分地體會人生，細細地咀嚼生命中的每一時刻。

　　《菜根譚》中有以下幾句話：

　　花看半開，酒喝微醉，此中大有佳趣。

　　若至爛漫爛醉，便成惡境。經歷盈滿者，慎思之。

　　凡事適可而止，追求只求適度而已，不應該過火，太過猶如不及。對事情過分的執著，結果一定不美。不如放寬胸懷，追求另一種

簡單和殘缺的美感，才更能將美發揮的淋漓盡致，將生活的壓力趕殺的無影無蹤。然後你就會擁有了控制局面的寶貴能力，生活肯定不會像現在那麼累。如果你不聽勸告，冥頑不化，偏要打破砂鍋的追尋到底，就只會把自己活生生地釘死在無窮無盡的壓力釘板上，忍受著痛苦並掙扎著耗盡最後一滴血。

曾有心理學家說：「若不能改變眼前的事實，則改變自己對這事實的看法。」正如一句歌詞中唱的一樣：「人生就像一場戲，又何必太認真。生旦淨末丑，我通通扮一回」千萬不要對一些事情過份的認真和操心，只有做想做的自己，過想過的日子，管他什麼春秋冬夏，角色分配，都信手拈來，輕鬆自在。

儒家講「中庸」，佛教則提倡「隨緣」。膽憨山大師的醒世歌，大有哲理，合乎中庸、隨緣之道。

紅塵白浪兩茫茫，忍辱柔和是妙方，

到處隨緣延歲月，終身安分過時光。

休將自己心田昧，莫把他人過失揚，

謹慎應酬無懊惱，耐煩作事好商量。

是非不必爭人我，彼此何須論短長？

世界由來多缺陷，幻軀焉得免正常。

語氣何等踏實，內容何等豐富，不愧為真材實料的緩壓箴言。笑對人生，你需要邁出的一步不一定非要是最踏實的，但一定要是最有效、最能讓你感到遊刃有餘、收放自如的。認真是一種良好的態度，證明你有責任心，但是認真過度就變成了死板，僵化，讓人感到無可救藥了。所以你的生活必須注重勞逸結合，在有壓和無壓之間摸索出一個制衡點。如果你能夠做到，那麼勤奮和休息就都可以為你所用了，你就可以對生活放聲高歌「瀟灑走一回」了。難道這不是一種緩解你人生壓力的好辦法嗎？

12／做時間的教皇

　　許多人坦言，他們更喜歡把事情拖到最後一刻來完成。因為這樣似乎更有「動力」，完成工作後也會更有種由然而生的自豪感。並且還可以得意洋洋的對外宣稱，你只花了一星期就做完了一個月的工作！看，是多麼出色、多麼有能力啊！只不過這個星期是排在月末的。那麼一個月裏餘下的那些日子你都在做什麼？上網、玩遊戲、逛街、聚會？反正是在做許多無聊的事情或者乾脆蒙頭大睡，反正是浪費掉了。

　　把工作拖到最後時刻才去做的不良習慣，對於任何一個人來說，往往是難以克服的，因為這個問題存在於世界上每個有工作人員的角落，成為通病，並且它的本質並不容易被理解。只能歸咎於是人性使然。工作的人只是覺得自己得在工作中偷出點時間來找樂子，緩解壓力，既然如此，就得把煩人的工作暫時拋到腦後去，抓緊時間及時行樂。最後有一天突然「良心發現」，意識到成山的工作還在辦公桌上堆著而時間似乎不夠用了，才慌裏慌張的加班加點開始忙碌起來，夜以繼日的趕任務，像個不知疲倦的百靈鳥。到了最後，可算是繳上任務了，面對新的一個月的開始，上班族們仍是不吸取「月初逍遙快活，月末累到吐血」的教訓，不思悔改，以至於一次又一次的重蹈痛苦的覆轍。但是令人感到五雷轟頂的是上班族們竟然還會厚著臉皮痛苦的說，工作壓力太大了，時間太緊張要累死人了！

　　其實，惡果都是你自己親手造成的。正是由於工作上的拖逻習慣，使你自己處於巨大的壓力之下。即使你完成了任務，通常也是懷著緊張的心情，並伴隨著內心的恐懼和身體的顫抖。但是結果卻令你很有成就感，因為你認為自己出色而有效率地完成了一項艱鉅的任務。相當出人意料。

　　正因為如此，你下次還會這樣去做，即使你主觀上並不希望看到

這種情況。在不知不覺中，你就陷入了拖遝造成的惡性循環。將來你還會主觀地誇大各項任務的重要性，再次讓自己面臨壓力。

其實每個人所擁有的時間都是相同的，假如你的理想是當名作家，你有沒有想過，在工作生活之餘完全可以「擠」出一些時間來按部就班的實現它的。你不是沒時間，而是完全浪費掉了，不管你願不願意承認，這都是事實。就像在工作中習慣於拖遝一樣，你總是想找一段時間來「集體」、一次性的完成它。可是重要的是首先你沒有明確的目標，並且永遠都覺得資料準備不夠，這時的表現可能就是把手一推，歎口氣說哪有那麼多時間去做準備工作啊；其次，你會努力在夢想這條路上狂奔一陣子後，因為看不到風景而放棄了，回到原地。你覺得實在沒必要再為之付出心血，畢竟這東西在短期之內還不像工作那樣是有一定回報的。

你感到挫折，感到生活壓力大，感到工作路程上也毫無希望，其實都是你不會正確管理分配自己的時間，辦事拖遝養成的惡習！有人每天都是忙碌個不停，卻從未見他們有任何成就，因為他們太不會管理自己的時間了！

卡爾·華爾德是華森的鋼琴教師。有一天給他教課的時候，忽然問他，每天要花多少時間練琴，他說大約三、四個小時。

「你每次練習，時間都很長嗎？」

「是的，只有長時間練習才會有所收穫，」華森說。

「不，不要這樣。」他說，「你將來長大以後，每天不會有長時間的空閒。你可以養成習慣，一有空閒就幾分鐘幾分鐘地練習。比如在你上學以前，或在午飯以後，或在休息餘暇，五分、十分鐘地去練習。把練習的時間分散在一天裏面，如此彈鋼琴就成了你日常生活的一部分了。」

當他在哥倫比亞大學教書的時候，他想兼職從事創作。可是上課、看卷子、開會等事情，把他白天晚上的時間完全占滿了。差不多有兩個年頭他一字未動，他的藉口是沒有時間，這時，他才想起了卡

爾‧華爾德先生告訴他的話。

到了下一個星期，他就把老師的話實踐起來。只要有五分鐘的空閒時間，他便坐下來寫作一百字或短短幾行。

出乎他意料之外，在那個週末，他竟積有相當的稿子了。

後來他用同樣的方法積少成多，創作出了長篇小說。他的授課工作雖然十分繁重，但是每天仍有許多可以利用的短短餘閒。他同時還練習鋼琴。他發現每天小小的間歇時間，他可從事創作與彈琴兩項工作。

利用短時間，其中有一個訣竅，快速。事前思想上要有所準備，到了工作時間來臨的時候，即把心神集中在工作上。

如果能毫不拖延地充分利用極短的時間，就能積少成多地供給你所需要的長時間。

向時間要效益，合理利用時間就是與時間爭奪寶貴的生命。「忙裏偷閒」，會這樣做的人，才是會生活的人。學會從拖逯的惡習中解脫，學會「立刻」去實現手頭的工作，就應該懂得這些道理。

❶ 無論是對別人還是對自己，都不要說「我必須」。因為你在說「我必須」時，大腦必須完成兩項相互矛盾的任務：你選擇其中一方面，另一方就必然有損失。你的身體會同時為奮鬥和逃避做好準備。結果這兩種能量相互抵消，最後會使你無力面對眼前的工作。

比較好的解決方法是你應該大聲說「我想」或者「我能」，並且讓自己真正這樣認為。不要在內心設想失敗的情景，你應該想像一下，自己會如何漂亮地完成手頭的任務。

❷ 把精力集中在開始階段。如果你心裏清楚自己是在按計劃一步步前進，工作過程中就不要老是想看結果。最好還是把精力集中在工作的初始階段，邁出堅實的第一步。不要過多地在意結果，過程對你來說才是最重要的。你應該學會深情地看待腳下這條通往成功的道路，而不僅僅是熱衷最後的路盡頭可能出現的風景。

❸ 不要追求完美。對完美的追求是造成人們放棄嘗試機會最常

見的原因。許多人不去寫書，就是因為他們知道自己寫不好。這些人
死守著接班的、不利於健康的、收入微薄的工作崗位不放，就是因為
他們覺得世上沒有十全十美的工作。與這些人相比，那些敢於寫書，
敢於換工作，卻並不追求十全十美的人，才是你學習的榜樣。

❹ 留給自己更多的娛樂時間。有些人在工作壓力之下會對自己
進行懲罰。比如刪掉電腦裏的遊戲、不再抽時間散步等。他們不僅在
生活中失去平衡，變得毫無樂趣，連工作效率也開始降低。

為此，你必須給自己安排好時間，比如散步半小時、玩十分鐘電
腦遊戲等。這種遊戲式的休息，不僅會令你精力充沛，你的創造力也
能從中得到培養。沒有負罪感的放鬆，為你在剩餘時間內高品質地完
成工作提供了保障。

❺ 正視你內心的恐懼。當你面臨一個大的項目時，通常會感到
害怕、不安，因為你首先想到了那高不可攀的山巔，看到了目標所在
的非同尋常的高度。由於內心的恐懼，許多人會選擇放棄。你要告訴
自己，這種恐懼是很自然的。你應該做的不是放棄，而是合理地把這
條通往成功的漫長道路分成若干段。

❻ 要有遠慮。設想一下最壞的情況：如果你未能按時完成任務
怎麼樣？（「我會丟掉工作的。」）僅僅想到這一點還不夠，你還要想
得更遠些：如果最糟的情況真的出現了，我該怎麼辦？（「我能鬆口
氣了」還是「我將去進行系統的進修」。）

要贏得屬於自己的時間，就要從重視每一天開始，無論什麼時
候，對手頭的工作絕對不能放鬆，要立刻著手去辦。對待理想亦如
此。只要你決意去做，每天總是會找出時間來的，合理分配你工作和
夢想的時間，你會發現一切都可以實現！

13 ／ 疲憊了嗎？讓興趣愛好成為你的避難所！

　　快樂的人都有自己獨特的愛好。當他們感到煩悶無聊時，愛好便成了最令人神往的避難所。從現實的壓力的撕扯中找回自己真正感興趣的事情，那真是一種莫大的幸福啊。

　　如果你沒有興趣愛好，那可真是令人同情的事情。因為你永遠都享受不到愛好所帶給你的鼓舞人心的動力感覺了。事實上。幾乎每個人都有自己釋放壓力的有效方法。在你唱歌、跳舞、猜數字，閱讀之後，感到精神上輕鬆愉快，不再為壓力所煩惱了，不妨就將它稱之為你的愛好，人們的愛好可謂是世界上最公平的事。貧窮的人可以喜歡收集煙斗，可以喜歡文學，甚至是高深莫測的物理學，富有的人可以喜歡收集蝴蝶標本，喜歡野炊，喜歡回山裏當獵人等等。儘管人們愛好不同，但所體會到的美好心情卻是相同的。

　　最近專家們對快樂的起因進行研究後得出結論，即「真正的休閒」才是快樂的最佳保證，它是你全心投入的一種愛好或活動。什麼樣的愛好都無關緊要，只要你發現它具有挑戰性，有吸引力能夠讓你從中獲得收益，能夠將你從該死的壓力中解救出來就是好的。

　　培養新的興趣要學習很多東西，要準備好脫離你熟悉的「舒適領域」去探索未知領域。你若加入了一個新的俱樂部，或選修一門課程，就應當預料到剛開始你會感到沮喪，因為你在陌生人中，可能會感到自己是局外人，與他們格格不入。滿意與快樂不可能招手即來，必須做好不屈不撓的心理準備，直到情況有所改變。要有信心，不必擔心他人會怎麼想。培養新的興趣需要積極的態度，即使事情沒有成功，你也應當告誡自己：「這不是失敗，因為我已學到了一些東西」而且有時候這些新的興趣愛好，不僅會幫你走出困境，長期的堅持還會讓你得到意想不到的成績。

　　說到興趣愛好，當今世界著名的化學公司——杜邦公司的總裁格

勞福特・格森瓦特，每天擠出一小時來研究蜂鳥，並用專門的設備給蜂鳥拍照。在他這樣興致勃勃的研究了幾年後，終於寫出了關於蜂鳥的著作，權威人士把他寫的關於蜂鳥的書稱為「自然歷史叢書中的傑出作品」。格勞福特的這種個人情趣，其實不僅反映高品質生活的一個側面，更是因為他的興趣使然，讓他在本不屬於他的生活圈子的領域中小有成就，這樣欣喜地對待自己熱愛的事業，即使沒有豐厚的報酬也可以與任何一筆收入媲美。當然，它也反映了這個健康向上的內心世界。

那麼怎樣做才能尋找你的愛好呢：

❶ 列出過去幾年中你喜愛的二十種活動。例如海邊渡假、宴請朋友、在鄉村散步等。

❷ 列出十種你未曾參與過但很想去從事的活動。

❸ 給自己承諾從以上兩種列表中各選出一種活動於近期去進行。這會對你的生活產生巨大的積極力量，讓你興奮難耐，也就更有精力和效率的去完成手頭的事。

如果我們的人生沒有什麼興趣愛好，那天空就是真只剩一片陰霾了。面對與日俱增的壓力，我們會感到失望、沮喪、沒有信心、無法釋懷。並最終會影響到我們的生命品質，讓我們越來越深陷於痛苦中不能自拔。可是有了愛好的就不一樣，它們在每一階段取得的小成就都是讓人欣喜的，都是讓人振奮的！所以為了快樂，努力尋找和培養你的興趣愛好吧！

14／遵循緩壓黃金法則

不管怎麼說，壓力並不可怕，在你眼中，如果覺得它是不可戰勝的，你就會永遠被它踩在腳下，如果能很快的適應它、接受它，就一定能想到好主意來化解它。人沒有壓力活著就沒有意義，可是面對過

大的壓力，對人的身心也不會有什麼好處。所以懂得手到擒來的緩壓大法，是十分重要和必要的。現在讓我們來溫習一下緩解壓力的黃金法則吧！

❶ 自己動手做東西，享受這種滿足和快樂，記得要用有助於讓心情喜歡起來的材料哦！

❷ 常鍛鍊身體或做瑜珈學會冥想和沉思。溫習幾種有效的舒緩壓力的方法。

❸ 培養愛好，比如音樂、美術等，這可以達到放鬆身心的目的。

❹ 每天抽出時間進行自我放鬆。

❺ 學會合理的管理你的時間。

❻ 寧靜以致遠，淡泊以清心。淡泊名利，降低慾求是最佳養生之道。

❼ 經營好你的人際關係，這樣你的日子會過得更從容！

當你感到被壓力堵得胸口煩悶、無所適從的時候，你會失望，會自責，像個洩了氣的皮球。這時，你需要讓自己馬上放鬆一下，挑喜歡的方式努力高興起來。沒有了外界的壓力和刺激，沒有了讓你不安的聲音。把腦袋裏的「不愉快的東西」統統打包扔進垃圾桶，你的時間就會變得愉快，臉上也漾起輕鬆的笑容了！

chapter 09

沒有壓力，人生註定黯淡無光

狹路相逢勇者勝。面對壓力，懦弱的人們會縮著
脖子乖乖讓到一旁，而勇敢的人不但敢於向它挑
戰，還會主動迎接這場戰爭。他們不是狂妄，不
是衝動，更不是愚笨，而是因為這些笑傲沙場的
勇士們懂得，只有壓力才會讓一個人從渺小走向
偉大，從青澀走向成熟，從孱弱走向堅強。沒有
壓力的人生，註定是一粒微不足道的塵埃，永遠
沒有變成黃金的機會。所以，給自己加壓吧！

1 ／ 擁有一顆「高壓」心臟

讓自己處於高壓之中？別誤會，這不是說讓你興致勃勃的爭著去得高血壓，不是說要你做耷拉著腦袋拼命狠幹的老黃牛，不是說讓你變成永不停歇而且不用上油的機器，更不是讓你鑽入事業的圍城中鑽不出來。擁有一顆「高壓」心臟，是在適當的時候給自己加壓，是在經過慎重考慮之後，為自己的人生之路所選擇的一種積極態度，是為了避開尖刺摘到那朵嬌豔的玫瑰，是為了給單調的天空抹上一道彩虹的色彩。給自己壓力，是為了給自己添一場風雨，讓自己變得鐵骨錚錚，給自己壓力，是為了在雪崩之前到達山頂，留得性命。

大家都知道，沒有狼群就沒有草原上黃羊的矯健身影，沒有危機感的人註定庸庸碌碌，一事無成。生命中缺少了壓力，就如同咖啡缺少了苦味、喪失了芳香，如同停留在沒拉開弦上的弓箭，看不到矯健的身影和飛躍的激情。所以給自己一些壓力吧！只有懂得它的可貴之處的人，只有經受生命考驗的人，只有敢於向它提出挑戰的人，才有可能成為真正的強者。現在，讓我們學習不知死亡、不知疲倦、不知危險的一隻海燕吧，在狂風暴雨下高呼：讓壓力的暴風雨來得更猛烈些吧！

壓力是人生的磨刀石，在它粗勵身體的打磨下，生命會變得更加鋒利和生機勃勃。

壓力是人生的一場暴雨，雨過天晴後，堅硬的樹木會蔑視身下七零八落的花花草草。

不要害怕壓力，不要認為自己能力有限。只要你充滿信心，就有可能用稚嫩脆弱的肩膀扛起整個世界！然而，它就真的是你的了！相信嗎？如果你仍心存疑慮，那就試著來這樣做吧，從現在開始起，閉上眼睛，大聲地告訴自己：「我要給自己加壓！」

2／**堅持是收穫成功的鎌刀**

不管前途有多少艱難險阻，都要無怨無悔於當初的那個選擇。雖然壓力無限，困難重重，但只要是承受得起堅持得住，總有一天會苦盡甘來。堅持！就是給自己加壓，堅持！就是所向無敵的高貴品質！

士兵在叢林裏作戰要做好偽裝，並和森林融為一色，無論如何是不能暴露自己的，否則就會給整個部隊招來了滅頂之災。這時不管是吸血的肥大螞蟥，還是吐著信子在身邊遊走的毒蛇，不管是沼澤裏冒著臭味的腐氣，還是正在不遠處盯著你想把你當成美餐的鱷魚，都不能讓你的身子有所晃動。在這片叢林中，堅持就是給自己精神加上壓力，壓上戰友的生命，壓上戰爭的勝利，壓上成功後的無數榮譽。

最先學會堅持的人是最先成熟的人，最先學會給自己加壓又能衝破難關走到最後的是最有勇氣的人！成熟加上勇氣，就能讓你具備了領導自己走向勝利的必備素質。

現實生活中，從來就沒有什麼真正的絕境。面對困難時，不要就此絕望、妥協，先從精神上認了輸，低了頭，而是應該發揮自己的勇氣和智慧，用堅強的意志支撐下去，到那時，你就會發現世界上並沒有什麼不可能做到的事，更別說是困難了。

一個大學籃球教練，他執教一個很爛的、剛剛連輸了十場比賽的球隊；這位教練給隊員灌輸的觀念是「過去不等於未來」，「沒有失敗，只有暫時停止成功」，「過去的失敗不算什麼，這次是全新的開始」，在第十一場比賽打到中場時，他們又落後了三十分，休息室裏每個球員都垂頭喪氣。教練問球員：「你們要放棄嗎？」球員嘴巴講不要放棄，可肢體動作表明已經承認失敗了。教練又說：「各位，假如今天是籃球之神麥克‧喬丹在場，他會放棄嗎？」球員道：「他不會放棄！」教練又道：「假如今天是拳王阿里被打得鼻青臉腫，但在鐘聲還沒有響起、比賽還沒有結束的情況下，他會不會選擇放棄？」

球員答道：「不會！」「假如發明電燈的愛迪生來打籃球，他遇到這種狀況，會不會放棄？」球員回答：「不會！」教練問他們第四個問題：「米勒會不會放棄？」這時全場非常安靜，有人舉手問：「米勒是誰，怎麼連聽都沒聽說過？」教練帶著一個淡淡的微笑道：「這個問題問得非常好，因為米勒以前在比賽的時候選擇了放棄，所以你從來就沒有聽說過他的名字！」

這個故事告訴我們，只要你不放棄，有毅力，有勇氣堅持住，你就有機會成功，但如果放棄，你就連最後一點機會都沒有了。它也是人生能夠成功的秘訣。如果你還是失敗了，不需要強調什麼客觀的理由，你唯一的失敗就是選擇了放棄，因為成功者的格言是：「堅持就是勝利！」

我們怎麼樣才能頂住壓力堅持不懈呢？這與一個人的心理素質有關。儘管沒有什麼簡便的方法，但以下的建議倒是可以做個參考，希望它能夠幫你擺正心態，鍥而不捨地追求自己的目標。

❶ 有所為有所不為。孟子說：「人有不為也，而後可以有為。」意思是說先要決定哪些不應該做的事，然後才能積極去做那些應該做的事。

過人的耐心需要自律支撐。自律就是要做出選擇。每次你肯定一個目標時，你就要否定許多東西。也就是你必須付出的代價。著名美籍烏克蘭男中音歌唱家伊戈哥林曾談到他早期學音樂的情形。那時候他喜歡抽煙斗，可是有一天他的教授對他說：「伊戈，你要決定你到底想成為一個傑出的歌唱家，還是成為一個傑出的抽煙斗者，你不能兩者兼得。」結果他明智的放棄了煙斗。

❷ 堅持自我。有耐心的人生活得較為快樂，因為他們發揮了內在的潛力。在耐心的督促下，你會學到更多知識和技能，積累到更多的經驗，這些都將對你的成功有很大的好處。

❸ 努力改變自己的某些習慣。許多人失敗是因為他們在改變一種壞習慣的時候，只著重原有的不良行為，而非著重一種可以取代它

的新行為。

很多人曾說過，他們想改善飲食習慣，可是他們又不願意「放棄」味道好的食物。其實他們不應該只是想著那些「不能」吃的東西，而是應該想著他們「可以」吃的東西。果汁加有汽的礦泉水，味道絕不比高熱量的汽水差；用海苔捲的牛柳也可以與鐵板燒一決高下。

❹ 習慣成自然。不少兒童每天早上都要母親叫：「該起床了！」但他們往往總是賴在床上，拖到最後的一刻，常常弄到母親生氣。等到逐漸長大，就可以自己催促自己起床了，因為他們已經養成了習慣。

過人的耐心可以培養成為習慣。由於你越來越想得到耐心的好處，因此這種習慣會累積得越來越多。到你終於克服了惰性之後，你就會在各方面覺得比以前好得多。而耐心發展到足以支撐我們取勝的時候就更變成了毅力，變成了催促你向前的精神支柱。

我們常常只看到成功人的無限風光，卻看不到他們堅毅的臉和奮鬥的汗水，我們常常羨慕某人的機會、運氣，卻看不到他們的信念和信心。一個人在向著自己目標的前進過程中，只要勇敢揹負起壓力給他造成的創傷，定有一天會取得成功。就像一個古老的故事裏所說的，一個渴死在沙漠裏的人，周圍挖了無數的坑，只要他再堅持一點點，再往深處挖一點點，數眼甘泉就會噴湧而出，他就可以逃離噩夢了。所以鼓起你的勇氣，堅持住，繼續尋找屬於自己的甘泉吧！

3 ／ 逆境是杯裏的咖啡

在人生的奮鬥之路上，逆境就像個永不知疲倦的摯友，不離不棄地時刻與你相隨。在它面前，如果你選擇逃避，它就嘲笑你，並且永遠成為你路上的擋路虎；如果你畏畏縮縮不知所措，它遲早會把你嚇

跑，如果你大踏步迎上去與之對抗的話，說不準你會有力量扳倒它！所以接受自己跌了一個跟頭的現實，你爬起來後，身體會更加堅強！意志也一樣。

身處逆境的人都曾有過這樣的經歷：事業破產、家庭崩潰、親人去世、朋友分道揚鑣⋯⋯幾乎一個接一個跟頭都突然喜歡上了你，開開心心地與你玩起了遊戲。為此你流淚了、失望了、頹唐了，覺得整個世界都成了你的敵人。可是面對逆境，有人擦乾淚水和鮮血後爬了起來，堅定地繼續向前走，而有的人卻葬身其中，永不瞑目。其實誰都有失意的時候，不同的是勇敢的人向它發起了挑戰，向逆境加在自己身上的命運開始挑戰了！所以他們也就有了獲得勝利的機會。事實證明他們這麼做確實成功了。為什麼呢？因為站不起來的人們實在太多了，命運之神不得不將本想賦予所有人的戰利品送給他們幾個。所以要站起來，把失意的壓力轉化為激起你鬥志的不竭動力吧！

有一次一場大火，燒光了愛迪生的設備和成果，但他卻說：「大火把我們的錯誤全都燒光了，現在我們可以重新開始了。」

當一名記者問美國前總統威爾遜：「是否理解什麼是貧窮時？」這位總統向我們講述了一段他自己的故事：「我十歲時就離開了家，當了十一年的學徒工，每年接受一個月的學校教育。在經過十一年的艱辛工作之後，我得到了一頭牛和六隻綿羊作為報酬。總價值八十四美元。二十一年來，我從來沒有在娛樂上花過一美元，每個美元都是經過精心算計的。我完全知道拖著疲憊的腳步在漫無盡頭的盤山路上行走，是什麼樣的痛苦感覺，我不得不請求我的同伴們丟下我先走⋯⋯在我二十一歲生日之後的第一個月，我帶著一隊人馬進入了人跡罕至的大森林，去採伐那裏的大圓木。每天我都是在天際的第一縷曙光出現之前起床，披星戴月後再回家。在一個月夜以繼日的辛勞努力之後，我獲得了六美元作為報酬，當時在我看來，這可真是一個大數目啊！每個美元在我眼裏都跟今天晚上那又大又圓、銀光四溢的月亮一樣」。

在這樣的窮途困境中，威爾遜下決心，不讓任何一個可以改變這種境遇的機會溜走。他像抓住黃金一樣緊緊地抓住了零星的時間，不讓一分一秒被毫無意義的浪費掉，在他二十一歲之前，他已經設法讀了一千本好書——想一想看，對一個農場裏的孩子，這是多麼艱鉅的任務啊！面對逆境，威爾遜沒有失望、沒有放棄，最後他成功了。一位貧苦人家的孩子竟當上了美國總統，這是多麼令人讚歎和驚訝的事情！

對待逆境的態度，從某種意義上來說是觀察一個人是否具有成功前途的標誌之一。

巴爾扎克說：「苦難對於一個天才是一塊墊腳石，對於能幹的人是一筆財富，而對於庸人卻是一個萬丈深淵。」有的人在逆境面前不屈服，不後退，不動搖，頑強地和命運抗爭，因而在重重困難中衝開一條通向勝利的路，成了征服困難的英雄，掌握自己命運的主人。而有的人在生活的失意和打擊面前，垂頭喪氣，自暴自棄，喪失了繼續前進的勇氣和信心，於是成了庸人和懦夫。培根說：「好的運氣令人羨慕，而戰勝厄運則更令人驚歎。」生活中，人們對於那些衝破困難和阻力、堅持到底的人，懷有深深的景仰之情，也將他們當作自己的偶像和奮鬥的榜樣。

其實面對逆境，你也可能征服它，讓它成為你成功之路上的動力。

❶ 堅持到底。局面越是棘手，越要努力嘗試。過早地放棄努力，只會讓你一輩子都失去信心，不敢再去嘗試改變自己命運的方法。只有堅持下去，加倍努力和增快前進的步伐，下定決心堅持到底，並一直堅持到把事情辦成。

❷ 時刻都不能小看問題。要現實地估計自己面臨的危機，不要低估問題的嚴重性。在行動之前做好充足的準備，這樣會讓你放開手腳做事。

❸ 做最大的努力。既然你已經失去那麼多了，還怕什麼呢？放

手處理困難吧，不要擔心把精力用盡。你擁有的越少就損失得越少！因此沒什麼可怕的。

❹ 控制好情緒。當不幸的環境把你推入危機之中時，不要壓抑自己的情緒，生氣是正常的。一方面對你來説，重要的是要弄明白自己在造成這種困境中起了什麼作用；另一方面，你是有權利為了這些問題花了那麼多時間而惱火的，但在生氣過後，你必須馬上調整好自己的情緒，不能一直沮喪下去。

❺ 不要試圖一下子解決所有的問題。當經歷了一次嚴重的危機和事件之後，在你的情緒完全恢復以前，要滿足於每次只邁出一小步。不要企圖當個超人，一下子解決自己所有的問題。要挑一件力所能及的事，就做這麼一件。而每一次對成功的體驗，都會增強你的力量和積極的觀念。

❻ 堅持嘗試。扭轉逆境的方法不是輕易就能找到的。然而如果你堅持不懈地尋求新的出路，願意在成功的可能性很低的情況下去嘗試，你就能找到出路。與其專注於災難的深重，莫若努力去尋求一線希望和可取的積極之路。即使是在混亂與災難中，也可能形成你獨到的見解，它將把你引導到一個值得一試的新的冒險之中。

把逆境當成山間的風暴吧，只有頂著它，繼續向山頂攀登，才能有生存下來的希望。讓它挖掘出你的潛能、你的力量、你的信念，挖掘出你的智慧、你的勇氣、你的希望，將它們凝聚成成功的結晶吧！逆境如同黑咖啡，永遠都瀰散著苦盡甘來的誘人滋味，要學會含淚品嘗。

4／**快人一步，獨佔先機**

快人一步永遠是克敵致勝的法寶。讓自己處在領先地位，就是要在別人睡覺的時候，你攻讀熱門的技術課程，在別人逛街的時候，你

在網路上搜尋淘金的資訊。

總之，做事情走在別人前面的人是最先遇上機會的人。

想要佔據競爭中的有利位置，辦法只有一個，就是能人所不能。這就要求你不僅要有智慧的大腦，扎實的技能，更要有敏銳的眼光和時刻充滿危機感，並具有發現一切的意識，當這一切都化為你的習慣時，你已經站在領先的位置上了，在這個時候別人可能還在慢吞吞的做準備工作。你說第一名會花落誰家呢？

有一個缺水的偏遠小鎮，居民要到五里外的地方去挑水吃。

聰明的村民甲看到其中的商機，他挑起水桶，以挑水、賣水為業，每擔水賣二角錢，雖然辛苦點，還算是一條不錯的路子。村民乙看了，也走上挑水、賣水之路，並且將兩個兒子也動員起來，很快也賺了不少錢，甲想，你家勞動力強，我比不過，索性買來了二十副水桶，請了二十個閒散勞工，由他們挑水，自己坐鎮賣水，每擔水得到五分錢。這樣既省了力氣，又多賺了錢。可時間一長，這些閒散勞工熟悉了門道，不再願意被抽成，紛紛自己去做了。於是甲一下子成了光棍司令。

略加思索，甲請人做了兩個大水櫃車，並租來兩頭牛，用牛拉車運水，每次四十擔，效率又提高了，成本卻降低了，因此賺頭更大了。這讓其他人看得直眼紅。

人們很快看到「規模經營」的優勢，於是紛紛聯合起來，或用牛拉車，或用馬拉車，參與到競爭中。

然而正當競爭日益激烈時，人們突然發現，自己的水竟然賣不出去了——原來甲買來水管，安裝了管道，讓水從水源處直接流到村子裏，自己只要坐在家裏賣水就行了，且價格大幅度下降，一下子壟斷了全部市場。

這不只是一個故事，而是告訴我們社會就是這樣，善於動腦筋的人走在前頭，其他人則在後面跟著走。如果你是走在前邊的人，你也會成為佼佼者。

　　培養新習慣就要變換新思路，遇事腦子多轉幾個彎，尋找習慣的空隙，用智慧創造奇蹟，這樣才能永遠走在別人的面前。同時要冷靜思考，觸類旁通，藉他山之石以攻玉，棄人之短，取人之長。

　　在人生的旅途中，每個人都要積極開發自己的潛力，養成靈活看待問題的好習慣，用快人一步的智慧來獲得一生的不斷成功。在現代社會，許多人、許多企業有一個共同的苦惱。好不容易想出一個好主意、好辦法、好點子，可沒過多久發現不是其他人已經率先註冊了，就是讓人家偷走了，模仿的、克隆的、假冒的，無所不用其極。

　　為此，你必須讓自己的思維永遠快人一步，做法技術永遠高人一籌。這樣即使別人可以偷走你現在的成果，卻永遠偷不走你的智慧。因此我們要永遠開創新的路子，永遠擁有獨到的智慧，最終將創新變成自己的日常習慣，使自己永遠立於競爭的潮頭。

　　想要永遠走在別人前邊，除了思考遇到眼前這種情況後別人是怎麼想的，參考成功者的事例外，還要注意以下幾點：

　　❶ 要有充分的思想準備，我們今天的生活中，各種新的東西猶如市場上的各種貨物，琳琅滿目，相互競爭，供你選擇。

　　如果以遲鈍的、保守的眼光看待和對待今天的生活，就勢必會被不斷向前的生活新潮流遠遠拋在後面，從而成為一個「不識時務」或「不合時宜」的人。

　　❷ 腦袋要靈活，不要拘泥於任何形式、習慣和經驗，不受任何既定的思路和方案的束縛，隨時拿出新的招數來應付新的情況，以快速的心理反應來對付快速變化的形勢。

　　傳統的人常以一種「一條道走到黑」的方式想問題，沿著筆直的思路深鑽下去，並且矢志不渝。當然也有鑽出成果來的，但是因此而鑽進死胡同的人亦屢見不鮮。因為現代社會變化太快了，在一個封閉的系統內深鑽，鑽得越久，離飛速發展的現代社會差距就有可能越遠。

　　所以必須時刻保持高度靈活性，表現為反經驗性的特點，才有可

能開創一片屬於自己的天地。是的，一項重大決策，其因素之繁多，結構之複雜，功能之綜合，時空跨度之大，參變數之眾多，輸出輸入訊息量之巨大，都是傳統社會所不曾具有的。複雜多變的社會，大大加速了已有經驗的陳舊化。死守著過去的經驗的人，難免會碰大釘子。生命之樹常青，萬事萬物都在變，認識事物、改造事物的方法也在變。今天適用的方法明天不一定適用；此地適用的方法，彼地不一定適用。

❸ 未雨綢繆。每當面臨複雜的局勢和關係重大的場合，必須反覆考慮自己所應採取的相應措施和行動。以及這樣做會出現的結果。走在別人前邊雖需要冒險精神，但絕不是單純的冒險。任何時候面對挑戰，都要做最周密的準備。

❹ 不拘泥於形式，效益為先。許多有抱負、有才華、有幹勁的人，太著重於工作的嚴密性和步驟，以致成功甚少。

心理學家的一個發現：快人一步的人，幾乎從不受工作的性質和形式所限制，他們從不把失誤看成失敗；相反，他們從中吸取教訓，以便使今後的工作更為出色，這就是他們處理事情靈活機動的原因，從失誤中找到可行性並對其處理加工。

❺ 不要畏懼新生事物在生活中，由無聊、重複、單調而產生的寂寞會逐漸腐蝕人的心靈。相反，消除一些單調的常規因素倒會使你避免精神崩潰。積極嘗試新事物，能使一蹶不振、灰心失望的人重新恢復生活的勇氣，重新把握住生活的主動權。

❻ 計畫不如變化快。缺乏自信的人相應地缺乏安全感，凡事都喜歡追求穩妥保險。沒有辦法訂出所謂清晰的計畫，其中有許多偶然的因素在發生作用。有條有理並不能給人帶來幸福，成功的火花往往是在偶然的機遇和奇特的直觀感覺中迸發出來的，只有欣賞並努力捕捉這些轉瞬即逝的火花，思想才會變得生氣勃勃，富有活力。

永遠快人一步是成功的不二法則。第一個敢於吃螃蟹的人不僅會贏得聲譽，更會贏得物質的獎勵，走在最前面的人也一定能得到清晨

第一縷曙光的祝福。為了這些，為了生命因此而多姿多彩，讓自己從現在就行動起來，追上他人並超越他人吧！

5／尋找懸崖上的那一株靈芝草

過了一段平庸無聊的日子後，你突然發現時間不能再被這樣浪費掉了，生活需要被新的激情之火點燃，於是你開始了尋找新鮮工作的冒險之旅。

生於憂患，死於安樂，這是千百年來亙古不變的真理。在歷史上，多少首倡者揭竿而起白手打拼出自己的一片江山。陳勝吳廣的農民起義，對原本是「小民」的他們來說是生命的一次冒險，不管結局如何，他們都永載史冊；華佗試用麻沸散是種冒險，也因此而製成了世界上最早的麻醉藥劑，澤被後世；諾貝爾發明炸藥是一種冒險，卻為人們帶來了甘苦不同的果子……這樣的人和他們所留在世界上的豐功偉績實在是太多太多了。究其成功之道我們不難發現，那就是他們都敢於冒險！敢於把自己的生命壓在自己的事業之上！

有人問：人為什麼要冒險？因為你不冒險就永遠不會有勝利。每一個人心裏都希望自己成為某種人物，能達到某種境界。問題出在大家坐等機會來臨，而機會是不會光臨守株待兔的人的，只有進取的人才能抓到機會。就像戰場上的士兵，如果不冒險去完成一項艱難的任務，他是永遠得不到榮譽的。

一個人若想有所成就，不主動出擊，不頂風暴險，奇蹟是不會出現的。但這並不是說為了一件你根本做不到的事情，隨隨便便就把寶貴的生命押在上面。只是教你懂得只有敢於冒險，善於冒險，用它所製造出來的一個個麻煩來壓迫你、鞭策你，才有可能讓平凡的生活變得不平凡，讓單調的世界不再單調，為此，你也要享受冒險的樂趣！

在經濟大蕭條時，不少工廠和商店紛紛倒閉，被迫賤價拋售自己

堆積如山的存貨，價錢低到一美元可以買到一百雙襪子。

那時，約翰·甘布士還是一家織製廠的小技師。他馬上把自己積蓄的錢用於收購低價貨物，人們見到他這股傻勁，都公然嘲笑他是個蠢才！

約翰·甘布士對別人的嘲笑漠然置之，依舊收購各工廠和商店拋售的貨物，並租了很大的貨倉來貯貨。

他妻子勸說他，不要把這些別人廉價拋售的東西購入，因為他們歷年積蓄下來的錢有限，而且是準備用做子女教養費的。如果此舉血本無歸，那麼後果便不堪設想。

對於妻子憂心忡忡的勸告，甘布士笑過後又安慰她道：

「三個月以後，我們就可以靠這些廉價貨物發大財。」

甘布士的話似乎兌現不了。

過了十多天後，那些工廠賤價拋售也找不到買主了，便把所有存貨用車運走燒掉，以此穩定市場上的物價。

太太看到別人已經在焚燒貨物，不由得焦急萬分，抱怨起甘布士，對於妻子的抱怨，甘布士一言不發。

終於，美國政府採取了緊急行動，穩定了但維爾地方的物價，並且大力支持那裏的廠商復業。

這時，甘布士家所在的地區因焚燒的貨物過多，存貨欠缺，物價一天天飛漲。約翰·甘布士馬上把自己庫存的貨物大量拋售出去，一來賺了一大筆錢，二來使市場物價得以穩定，不致暴漲不斷。

在他決定拋售貨物時，他妻子又勸告他暫時不忙把貨物出售，因為物價還在一天一天飛漲。

他平靜地說：「是拋售的時候了，再拖延一段時間，就會後悔莫及。」

果然，甘布士的存貨剛剛售完，物價便跌了下來；他的妻子對他的遠見欽佩不已。

後來甘布士用這筆賺來的錢，開設了五家百貨商店，生意十分興

旺。

如今，甘布士已是個美國舉足輕重的商業鉅子了。

應該說明的是冒險並不是探險，而是平中生變，鋌而走險卻又成竹在胸的奇招，是認準機緣、創造機遇、抓住機遇的主動表現，要想具備這種精神，你的頭腦中必須有以下的概念。

❶ 冒險首先要求的是勇敢精神，但不是盲目冒險。成功者首要的是目的明確，在目標召喚下勇敢地去做、冒險地去做。

❷ 永遠不犯錯，就永遠做不成大事。因此你需要養成乾脆俐落的習慣，而不是做事拖拖遝遝，畏首畏尾。首先，遇到有小事要決定的時候，練習「快動作」。譬如說決定看哪一部電影、寫什麼信、要不要買某一件外套。電影只用五分鐘決定，信用一小時，外套大約二、三小時。

❸ 強制自己在某一時限內做決定，決定好了就不要改變，或許你會覺得某件事太莽撞，太不顧慮後果，但事情過了幾天，說不定會意想不到地對自己的決定感到滿意。

❹ 當然比較重大長遠的事還是要慎重考慮的，不要在有限的多少小時或分鐘之內迅速決定婚姻、生子、投資之類的問題。不過平時多採用快動作，可培養面臨重大事項時的決斷力。

讓自己具備冒險精神，是成功之神在遠處的微笑和肯定。勇敢地去摘懸崖上的靈芝草吧！只要你不盲目、有目標並且有毅力的話，你拽住的就不只是機遇，而是屬於你的整個世界了。冒險之路永遠是給聰明人和有勇氣、有魄力的人敞開的。所以讓自己學會冒險吧！

6／預則立，不預則廢

永遠不要打無準備的仗！當你為了一個突發奇想的目標蠢蠢欲動時，請牢記這一點，它會幫你避開許多失敗設下的陷阱，也會讓你不

錯過來到身邊的每一次機遇。

「未雨酬繆」永遠是成功者告誡我們的。在生活之路上，如果在想奪取某個目標之前，就提前給自己腦中打個預防針，提前預感到危機和壓力的話，也許成功的機率會高很多。因此未做事之前就意識到壓力的存在，並痛快的承擔起來，多積累經驗，並時刻提高警惕，即使最後不能取得成功，也能全身而退。當你抓住機會的時候，就會說：「我太幸運了！」其實不是命運之神偏愛你，而是你的前期準備活動的到位助你獲得成功。然後回想起來，你會發現在做事之前就讓自己做好充分的準備是多麼明智的做法！

有一次，安納先生打算買一所華盛頓的老旅店。拍賣人決定賣給出價最高的投標人，而投標的數額將在指定的一天公之於眾。就在到達這一期限的前幾天，安納提出了一份價值十六萬五千美元的投標。那天晚上，他睡覺時模糊地感到一種內心的煩亂，醒來時強烈地預感到他的投標將不會獲勝。「這僅僅是感覺不妙」，他後來說。由於服從了這一奇怪的直覺，他又提交了另一份投標數額，十八萬美元。這是最高的投標，比他少一點的第二號投標額是十七萬九千八百美元。

聽上去似乎是有些神奇，但事實上安納的預感，本來就是湧上心頭的、原來儲存在他心靈深處的那些事實。自從他年輕時在德州買下了第一所旅館，他一直在收集關於這一行的資訊。不僅如此，在對華盛頓旅館的投標中，他毫無疑問是預先知道很多有競爭可能的投標人的情況的。當他的有意識的大腦，集合了已知的資料並且提出一個投標額時，他的潛意識正在一間巨大而隱秘的倉庫裏翻找著其他那些事實，並且推論出那個投標額：太低了。他相信了這個預感，它竟是令人吃驚的準確。這並不是說人的第六感能起到絕處逢生的作用，更不是在宣揚神秘主義，從這個例子中我們可以看出，預感是由於事先做好準備，早已在腦中形成的意識所造就的，安納先生的成功之處，其實是在他收集足夠多的資料，有了足夠的經驗的基礎上的。

要做到大事未謀，小事先行，暗中砥礪、有效準備的話，貴在堅

持，貴在細心，貴在有把握全局、統籌規劃的能力。

❶ 給自己一個努力的方向

目標是引導生命之舟行進的燈塔，要付出努力，就得首先明白你將為什麼效力。然後就要行動去實現它。如果不化目標為行動，那麼所制訂的目標就成了毫無意義的東西。

❷ 在為目標奮鬥的過程中做個有心人

時時保持專注。不要貪圖一時快意，而分心去做和行動計畫毫不相干的事。否則你將會得不償失。瞭解和它相關的一切並保持應變能力。保持應變能力與專心致志並不會互相衝突。當你收集的東西越多，努力越多，越靠近目標時，可能會發現它與你所想的有很大出入，這時你要及時調整步調避免損失。

❸ 心態始終要積極

為了確保行動計畫的成功，你需要保持高度興致。慾望是聯結行動與計畫的動力，也是成功的重要關鍵。你對自己所從事的事業真正喜歡時，你才有可能做好一切準備。

積累和準備並不是一種負累，而是一種知識和經驗，它可以內化為人自身的素質並指引其成功的方向。就像考試前的功課，只有平時注重積累才能在考試取得好成績。所以當你心甘情願地想為一個理想努力的話，就一定要立刻行動起來，著手做充分有效的準備吧！

🌿 7 ╱ 「小」中自有乾坤在

古人訓：勿以善小而不為，勿以惡小而為之。不管你有多麼高的抱負，多麼遠大的理想，都要把身邊這份微不足道的工作先做好。有時候一個認真的態度能養成一個好習慣，一個好習慣能成就一生的事業。

抱怨可不是什麼好的開始。也許你國立大學畢業，卻沒有高薪又

輕閒的工作要你；也許你是「海歸」一族，卻沒有自己創業的機會；也許你人生理想很高，卻擺脫不了庫管員的命運……面對這一切，如果你看不起它，任由苦惱破壞掉你的夢想、你的態度的話，可就得不償失了。正確的做法是接受現實，不要把它們當作垃圾隨便「處理」掉，而要把它們當作自己的事業，隨時隨地都要嚴陣以待。

也許你覺得在如此不起眼的崗位上、工作上還要給自己壓力，那肯定是吃錯藥了。但是在小事情上能兢兢業業獲得成功，才有可能取到更大的勝利。這也就應了一句古話：「一屋不掃，何以掃天下？」讓自己時刻鬥志昂揚，才是臨危不亂的良藥秘方。

當你全心全意撲在一個事業上時，你會發現這個事業並不小。而且許多富翁當年也是先從「小商小販」做起的。一下子把目標訂的太高難以實行的話，是不會有什麼令人滿意的結果。

有一位曾經做過人壽保險的業務人員，同時在他的事業上也是一位成大事者。他認為若要增加人家對他的好感，應該先把自己的外貌整理好，因此從剛開始做微不足道的業務員開始起，他就每天早上在鏡子前仔細研究，想辦法使別人對他產生好感，所以可以這麼說，他的成大事，便是他平常累積小事而導致的。

萬丈高樓平地起，你不要認為為了一分錢與別人討價還價是一件醜事，也不要認為小商小販沒什麼出息，金錢需要一分一厘積攢，而人生經驗也需要一點一滴積累。在你成為富翁的那一天，你已成了一位人生經驗十分豐富的人。

在這個世界上，很多成大事、賺大錢者，並不是一走上社會就取得如此業績，很多大企業家就是從夥計當起，很多政治家是從小職員當起，很多將軍是從小兵當起，人們很少見到一走上社會就真正叱吒風雲的人！所以當你的條件只是「普通」，又沒有良好的家庭背景時，那麼先踏實做好小事再向著大事奮進，絕對沒錯！你絕不能拿「機遇」賭，因為「機遇」是看不到抓不到難以預測的，而且一旦錯過了，想鹹魚翻身就有些難度！

那麼先做好手頭的工作，有什麼好處呢？

❶ 在「不顯眼」的崗位上也兢兢業業的最大的好處，是可以在低風險的情況之下積累工作經驗，同時也可以藉此瞭解自己的能力。當你做小事得心應手時，就可以做大一點的事。

❷ 「做小事」還可培養自己踏實的做事態度和金錢觀念，這對日後的創業發展以及一生的生活習慣，都有莫大的助益！

所以千萬別自大地認為自己天生就是個「做大事，賺大錢」的人，而不屑去做小事、賺小錢。

你要知道，連小事也做不好，連小錢也不願意賺或賺不來的人，別人是不會相信你能做大事、賺大錢的！你自己也會為自己的這種態度絆幾個大跟頭的！而無論在什麼方面都用心去做的人，最終會成就自己耐心的態度和豐富的經驗，然後你就會突然發現自己具備做大事的種種條件了。

8 ╱ 和差距過過招

不得不承認，人們之間還是有很大差距的，從智商、從口才、從容貌等等。就算在某些事情上你可能做得比你的朋友好，但他比你聰明卻是不爭的事實。這個時候打退堂鼓沮喪失望可不是什麼辦法。你應該做的是正視人與人之間的差距，努力把這種壓力負擔起來，並讓它成為促進自我發展的一種積極心態。你要大聲喊出：天生我材必有用！

歌德曾說過：「失掉了勇敢的信念，就等於你把一切都失掉了。」

鄧亞萍是大陸乒壇乃至世界乒壇上的神奇選手。自她一九八六年十三歲那年拿到第一個大陸乒乓球錦標賽冠軍開始，到一九九七年五月的第四十四屆世界乒乓球錦標賽上，在短短的十一年間，一共拿到

一百五十三個冠軍。這不但在大陸乒壇，而且在世界乒壇史上都寫下了光彩的一頁，所有專業人士都聲稱她是個幾千年才出這麼一個的超級天才。

在鄧亞萍小的時候，為了培養她成才，父親曾將她送到河南省乒乓球隊去深造。然而去後不久便被退了回來，其理由是個子矮，手臂短，沒有發展前途，這在少年鄧亞萍的心靈上留下了一道深深的傷痕。令人欣慰的是在父親的鼓勵下，倔強的鄧亞萍並未因此一蹶不振，為了彌補自己和條件優秀的運動員之間的差距，為了改變同伴嘲笑的眼神，她練得更加刻苦。可以這樣說，是她本身的不足，成就了乒壇「大姐大」。

和人一比較，任何人能看到自己的差距所在，即使你只比姐妹重了半公斤。在人們成長的道路上，更不可能是一帆風順的，總免不了要經受各種譏諷和困難，「艱難困苦，育汝於成」，「寶劍鋒從磨礪出，梅花香自苦寒來」，這些都是許許多多成功人士的經驗總結。

哲人說得好，你聽到的一切並不完全正確，也不要因他人成功的議論而鄙視、否定自己，否則就會陷入自卑的「心靈監獄」。深陷其中的人們認不清自己身上蘊藏著無窮無盡的潛力，心緒萎靡，不知不覺中成了失敗的奴隸。

其實與其讓差距消耗掉你最後一點勇氣和自信，倒不如正視它，並把它當作人生奮鬥進的一種積極壓力，這種自卑情緒所產生的動力，要遠比本身的優勢更具有強大的效果！現在就讓我們學會自我激勵的有效步驟吧！

❶ 大哭一場

專家都說傷心一陣子很有作用。當我們正視自己的弱點時，請盡情流淚吧。這並不可恥，流眼淚不只是傷心的表現，而且是悲哀或感情的發洩。

即使悲痛在傷心事發生後一段時間才顯露出來，也沒有關係，只要終究能發洩就行。

❷ 寫日記

許多人把遭逢不幸之後的平復過程逐一記載下來，從中獲得撫慰。此法甚至可以產生自療作用。

❸ 安排活動

要想到人生中還有你所期盼的事；這樣想可以加強你勇往直前再創造前途的態度。不妨現在就開始為改變你的弱點做準備。

❹ 學習新技能

當你發現弱點難以彌補時也不用沮喪，找個新嗜好，可以學打球。你可以有個異於往昔的人生，可以藉新技能贏取你嶄新的人生。

❺ 獎勵自己

在極端痛苦的時刻，在艱苦的奮鬥之路上，應把完成每一項工作(不論多麼微不足道)都視為成就，獎勵自己。

我們應該學會和差距過過招，在我們得意忘形取得成績時，在我們失意痛苦一蹶不振時，要提醒自己：你距離真正的成功還有那麼一段距離呢！為什麼要讓情緒威脅到你為成功所做出的努力和奮鬥呢！這樣的話，你還來不及驕傲和消沉，就又開赴成功的戰場了！

9／出走是一種幸運

生活在羽翼之下的小鷹，如果不是頂住恐懼的壓力而跳下懸崖練習飛翔，它們一輩子都學不會要靠自己的力量才能生存下去的硬道理。

不管你是剛走出校園的學生，還是身有殘疾而備受呵護的青年，當你們確定要走真正屬於自己的人生之路時，首先可以確定的是你已從社會的一名弱勢角色中開始轉型了。瞭解並接受來自四面八方的壓力，不是讓你去面對痛苦，而是讓你以平等的角色開始準備接受生活的荷槍實戰的真實戰爭。從別人的樹蔭中走出來，給自己一個勇敢者

的姿態，給自己的肩膀壓上實實在在的壓力，去尋找屬於自己的大樹！讓自己獨自承擔風雨吧，並且在它的「摧殘」和磨煉下，你的人生終會像歷經打磨的鑽石，迎著陽光折射出璀璨奪目的華彩！

「天行健，君子以自強不息；地勢坤，君子以厚德載物」，要走向成功，首先就要自強自立，把命運牢牢把握在自己手中，哪管他前方有多少妖魔鬼怪，艱難險阻！

清代書畫家、文學家鄭板橋，五十二歲時才得一子，萬分寵愛，但從不溺愛，經常以各種方法培養其自立能力。他病危時，寄養在鄉下老弟家中的兒子特地來看他。他要兒子親手做幾個饅頭給他吃。但兒子從來沒有做過，只好去請教廚師。當兒子將親手做的饅頭端到父親床前時，父親已嚥了氣。兒子悲痛得放聲大哭，突然發現茶几上壓著一張紙條，原來是父親臨終前寫的一首遺詩，大意是：淌自己的汗，吃自己的飯，自己的事業自己幹；靠天、靠人、靠祖宗，不算是好漢！

當今社會習性的缺失是很多汲汲於功利者的普遍狀態。他們不敢讓自己單獨去迎接挑戰，也就不能練就自強的心態，也就養成了一個浪漫的理想化的陰柔狀態，還自以為魅力無限。

有人說人生實際上活得就是一份感覺，這句話不無道理。這種成就感，這種自強奮鬥的快樂，絕不是父母、愛人、朋友的贈予所能感悟到的，也不是靠輕而易舉地交換自己的青春美貌就能獲得的，沒有經過奮鬥就享受；靠別人的創造來裝扮自己、追求享受，其實是自欺欺人。就算你成功了，也沒有什麼值得向別人炫耀的資格。因為你從來沒有為自己的理想奮鬥過一天，也就不懂得汗水的珍貴，不懂得成功的果實的來之不易，所以失去的也就相當迅速了。

那麼什麼是自強自立呢？如果你已經認識到，那麼怎樣才能邁出這關鍵的一步呢？

❶ 自強的心態，是一種尊重自己、珍視自己的心態。同時也是一種堅定的意志和堅強的決心，「有志者事竟成。破釜沉舟，百二秦

關終屬楚；苦心人天不負，臥薪嚐膽，三千越甲可吞吳」。落第秀才蒲松齡以歷史上自強者的事蹟自勉，終於使自己成為一位名留青史的自強者。

❷ 自強是一種永無止境的追求。舊問題解決了，新的問題就會出現；一個困難克服了，另一個困難就會到來。人生的過程就是不斷克服困難、解決問題的過程。生命不止，自強不止。面對富裕的生活，我們更不能拋棄這種進取的精神。現在社會心浮氣躁，抵制各種誘惑的確需要非一般的定力。

❸ 要有遠大的目標，不能投機取巧、急功近利，對紛繁的社會要學會平衡自己的心態，扎實進取，如果你的知識、人格魅力積累不夠，你終將會被這個社會淘汰。

❹ 不要沉溺於自己的優勢中，一個人的成功主要不在其有多高的天賦，也不在其有多好的環境，而在於是否具有堅定的意志、堅強的決心和明確的目標。理想是自強的力量之源。

如果不選擇出走，不選擇靠自己的力量生存和成功的話，究其一生也品嘗不到苦盡甘來的甜美。所以從現在開始起就掙脫讓你「安樂死」的溫床吧，給自己壓力，讓自己享受重生之喜悅！

10／在自己的天地裏遨遊最自在

別人的東西即使再美好也與你無關。想擁有幸福的人生，最佳途徑無外乎就是開創自己的事業，並且不顧一切阻力，前進！前進！在自己的天地裏呼吸是最暢快的！

也許你說我只是個普通人，沒有才華，沒有金錢，沒有權勢，怎麼可能開創自己的事業呢？一生就過小老百姓的日子算了。如果你已經在這麼想，你的日子可能就會過得不那麼如意了。人若是給自己訂的是高目標，他的生活可能會算得上是中等，如果給自己訂的是中等

的，那日子一定過得就是下等，如果給自己訂下了最下等的目標，那麼……

假使你不想浪費人生虛度光陰的話，就讓自己的眼光訂的高一些吧，即使這樣意味著你將承受更大的壓力和責任。可是當你克服重重的阻力和困難，終於有了自己的成果時，你才會發現當初自己選擇奮鬥的創業之路真是高明之舉。

假使菲特力當時真的一直留在馬丁的店中當一個夥計，他一輩子確實不會有什麼轉機。做了兩年學徒的他也沒有跟隨父親回到鄉下，而是獨自跑到芝加哥去闖天下了。

初到芝加哥的時候，菲特力只得到處去尋找適合自己的職業。

那些徵聘夥計的老闆都這樣告誡他：我從前也是從做最艱苦的工作和拿最低微的工資一步步奮鬥過來的。正是有這些出人頭地的神奇鬥士為榜樣，使他因為找不到合適的工作而幾乎泯滅的志氣突然被喚醒，從此他心中燃起決心做一個大商人的希望之火。他一遍遍地反問自己：「他們都可以做出如此神奇的事來，我為什麼不能？」

經過多次的艱苦奮鬥和長期不懈的努力，菲特力終於成為了聞名世界的大商人，他非常感謝自己找工作走投無路的時候。正是一次又一次的打擊，讓他決定走上自己的創業之路，也正因為他及早看到這一點，並為它付出了巨大的心血後才取得成功。

一般人常以為志氣是天生的，是無法被人加以改進的。但是實際上，大多數人的志氣都是被人喚醒，或是受刺激而醒悟過來。

我們中間的大多數人都具有非凡的創業潛力，但這種潛能在大部分時間裏都處在酣睡蟄伏狀態，它一旦被喚醒，就會做出許多改變你一生的神奇的事情來。

在任何情況之下，你都應不惜一切努力，投入能喚醒你的志氣、能刺激你走上自我發展之路的環境中。也就是就說，不要拒絕進入「菁英」們的圈子，不要制止自己也要成菁英的想法，自己不要怕給自己思想上帶來成功的壓力。與其在別人麾下苟且偷生地虛度一生，

還不如開創自己的事業取得成功，雖然可能要經受一番痛苦的磨練，但當你摘到成功的果子時，你就會感激自己當初的這一抉擇了。

其實普通人要想像這些成功人士一樣創造屬於自己的未來，也未必是一件難事，只要按照以下三點去做就可以了：

❶ 面對命運，改變命運，種瓜得瓜，種豆得豆。我們所得的報酬取決於我們所做的貢獻。只有不懈的努力和堅強的意志，才有可能助你改變命運，取得成功。

❷ 給自己一個合理的定位。在莎士比亞的著名戲劇《哈姆雷特》中，大臣波洛涅斯告訴他的兒子：「至關重要是你必須對自己忠實；正像有了白晝才有黑夜一樣，對自己忠實，才不會對別人欺詐」。對自己有一個清醒的認識，並努力彌補不足，是讓你完善自我、走向成功的第一步。只有你自身的素質達到要求了，你才有可能開始向你的目標前進，而目標是重新發現你自己的第一步。

❸ 設計好職業生涯規劃。你不可能適合做所有的工作；也不可能所有的工作都適合你。找到自己最恰當的職業定位點，你面對工作可能會樂此不疲，做起事來則是遊刃有餘；你會贏得尊重，你會獲得自尊；當然也能得到應得的高額報酬，壓力在你面前只是一個接一個有趣的挑戰，而不是能夠壓垮你的負擔。

❹ 正視壓力而不是逃避。在巨大的壓力之下，我們許多人會變得沮喪，失去對生活原本的嚮往和追求。

適應生活壓力的最好方法之一，就是簡單地把它們作為正常的東西加以接受。生活中的逆境和失敗，如果我們把它們作為正常的回饋來看待，就會幫助我們增強免疫力，防禦那些有害的、特別要注意的反應。

❺ 保持樂觀。樂觀與悲觀可以說是人們給自己解釋成功與失敗的兩種不同方法。樂觀者把失敗看作是可以改變的事情，這樣他們就能轉敗為勝，獲得成功；悲觀者則認為失敗是其內部永恆的特性所決定的，他們對此無能為力。這兩種迥然不同的看法，對人們的生活品

質有著直接的、深刻的影響。

❻ 積極的自我暗示。我們要多對自己說一些：「我行！我能勝任！我很堅強！我不懼怕壓力！我喜歡挑戰！」少對自己說一些：「我不行！我太差了！我受不了了！我要崩潰了」。積極的自我暗示可以影響你的心態，進而影響你的行為及其行為結果。開創自己的事業並不是一件難事，成功所需的基本素質幾乎人人都是具備的，重要的是你能讓自己的知識、能力、人際等重重壓力下，還可以協調發展。也許奮鬥之路是充滿血淚和艱辛的，但成功後的榮耀和財富，相信是所有人都期待已久的吧！

11 ／ 把成功賭在壓力上

壓力可以成為人生的密友，如果你正處於壓力之中，並在它的嚴密監督下為改善自己的境遇而努力中的話，那可是一件值得高興的事，倘若你還是一盤散沙，既感覺不到自己存在的意義，又體會不到生命的激情和價值時，就要給自己一點壓力、一點動力了。因為沒有壓力，人生就註定沒有希望，沒有奔頭，沒有值得珍惜的東西。所給自己加壓不是將自己拋在痛苦的沙漠中，而是為了品嘗踏遍沙漠找尋的一眼清泉的甘甜！

給自己加壓是勇敢者的遊戲。勝與敗，輝煌與隕落，都在歲月的微笑中化為笑談，只是你的名字會被牢牢地記住，你的人生會成為傳奇。如果你夢想成功，選擇有壓力的人生吧！

❶ 走自己的路，讓別人去說吧！雖然困難看上去永無止境，但戰勝它們的成就感的滋味真是妙不可言！

❷ 在惡劣環境中的植物會更加堅強，就像沙漠裏的胡楊，直立不死一千年，死後不倒一千年，倒而不朽一千年，逆境中的你會得來更加強壯的勝利果實！

❸ 靈敏的頭腦是你的資本，快人一步永遠是值得嘗試的，因為它本身就帶著成功的氣味而來。

❹ 拒絕平淡無奇的安逸生活，世界便會揭下它的神秘面紗，壓力會讓你的日子精彩起來，只因為你正感受到冒險所帶來的刺激與快樂，當然還有如約而至的成功。

❺ 在踏上奮鬥征程之前，讓自己認真起來，做好準備，提高警惕，就不會錯過身邊想悄悄溜走的任何機會。

❻ 做好小事是成就事業偉績的第一步，所以不要讓大腦鬆懈下來，要隨時準備調動所有智慧。

❼ 努力改善自己的弱點！在心靈堅強起來的同時，你還會有意想不到的收穫——成功。

❽ 衝出庇護之翼，飛向自己的天空，衝破壓力的你對一切未知，都將不再恐懼。

❾ 自己的事業，自己的天地，自己的美麗，與別人無關，只為自己的努力而欣喜異常。

給自己加壓，你會看到自己一天天的改變，會發現生命原來可以重寫，在你決定停下來享受美景的時候，你就會感謝壓力，感謝它沒有任由任性的你浪費生命，感謝它們賜予你幸福的一切，感謝它讓你不虛此生！

國家圖書館出版品預行編目（CIP）資料

別讓壓力毀了你／方艾君編著. -- 初版. -- 新北
市：菁品文化， 2018.02
　　面； 公分.--（大眾心理叢書；32）
　　ISBN 978-986-95645-5-7（平裝）

1.壓力　2.抗壓　2.生活指導

176.54　　　　　　　　　　　　106025565

大眾心理叢書 032
別讓壓力毀了你

編　　　著　方艾君
發 行 人　李木連
執 行 企 畫　林建成
封 面 設 計　上承工作室
設 計 編 排　菩薩蠻電腦科技有限公司
印　　　刷　普林特斯資訊股份有限公司
出 版 者　菁品文化事業有限公司
　　　　　　地址／23556 新北市中和區中板路 7 之 5 號 5 樓
　　　　　　電話／02-22235029　傳真／02-22234544
　　　　　　E - m a i l：jingpinbook@yahoo.com.tw
郵 政 劃 撥　19957041　戶名：菁品文化事業有限公司
總 經 銷　創智文化有限公司
　　　　　　地址／23674 新北市土城區忠承路 89 號 6 樓（永寧科技園區）
　　　　　　電話／02-22683489　傳真／02-22696560
網　　　址　博訊書網：http://www.booknews.com.tw
版　　　次　2018 年 2 月初版一刷
定　　　價　新台幣 320 元　（缺頁或破損的書，請寄回更換）

I S B N　978-986-95645-5-7
版權所有・翻印必究　　　　　（Printed in Taiwan）
本書 CVS 通路由美璟文化有限公司提供　02-27239968